natürlich oekom!

Mit diesem Buch halten Sie ein echtes Stück Nachhaltigkeit in den Händen. Durch Ihren Kauf unterstützen Sie eine Produktion mit hohen ökologischen Ansprüchen:

- 100 % Recyclingpapier
- mineralölfreie Druckfarben
- Verzicht auf Plastikfolie
- Finanzierung von Klima- und Biodiversitätsprojekten
- kurze Transportwege – in Deutschland gedruckt

Weitere Informationen unter www.natürlich-oekom.de und #natürlichoekom

Bibliografische Information der Deutschen Nationalbibliothek:
Die Deutsche Nationalbibliothek verzeichnet diese Publikation in der Deutschen Nationalbibliografie; detaillierte bibliografische Daten sind im Internet über www.dnb.de abrufbar.

oekom – Gesellschaft für ökologische Kommunikation mbH
Goethestraße 28, 80336 München
+49 89 544184 – 200
www.oekom.de

Lektorat: Elena Bruns
Layout und Satz: Markus Miller
Korrektur: Maike Specht
Umschlaggestaltung: Laura Denke, oekom verlag
Umschlagabbildung: © Adobe Stock / Briddy
Druck: Elanders Waiblingen GmbH, Waiblingen

ISBN 978-3-98726-130-5
https://doi.org/10.14512/9783987263958

Silvia Tornier

Das fehlende Narrativ

Wie mächtige Lobbys, Politik und Medien die Klimakrise verschleppen und was wir für eine nachhaltige Zukunft brauchen

Mit einem Gastbeitrag von Wilhelm Möller und einem Vorwort von Dirk Steffens

Für Mama, die schon immer nachhaltig gelebt hat,
und für Carsten, der mit mir zusammen auf eine
wunderbare Reise gegangen ist

Inhaltsverzeichnis

Vorwort von Dirk Steffens

Erschütternd, wie viel Zeit wir schon verloren haben, wie lange wir schon untätig sind, obwohl wir es doch besser wissen: Die Physik hinter dem Klimawandel ist seit einem ganzen Jahrhundert bekannt, die menschengemachte Erwärmung seit einem halben Jahrhundert eine wissenschaftliche Tatsache, und das legendäre Pariser Klimaabkommen ist auch schon ein Jahrzehnt alt. Doch die Treibhausgasemissionen sind so hoch wie nie zuvor. Und sie steigen weiter. Es ist uns bis heute nicht gelungen, den dringend notwendigen Wandel hin zu einer nachhaltigeren Lebensweise einzuleiten.

Ich reise seit 30 Jahren als Wissenschaftsjournalist um die Welt, drehe Dokumentarfilme und versuche zu verstehen, wie das eine zum anderen führt, wie im Ökosytem Erde alles mit allem zusammenhängt. Meine Expeditionen haben mich zum unfreiwilligen Augenzeugen des globalen Wandels gemacht. Ich habe mit eigenen Augen gesehen, dass ganze Lebensräume unwiderruflich zerstört und unzählige Arten für immer ausgelöscht wurden.

Doch es gibt auch positive Entwicklungen: Immer mehr Länder, Städte und Gemeinden setzen auf erneuerbare Energien. Ein Beispiel dafür ist die Stadt Kopenhagen, die sich zum Ziel gesetzt hat, bis 2025 die erste CO_2-neutrale Hauptstadt der Welt zu werden. Diese Ambition zeigt, dass wir, wenn wir gemeinsam handeln, die Zukunft positiv gestalten können.

Obwohl wir die drohenden Gefahren kennen, werden oft Entscheidungen getroffen, die alles andere als nachhaltig sind. Dies liegt meist nicht daran, dass es an Informationen fehlt, sondern an unserer menschlichen Eigenart, kurzfristige Interessen höher zu bewerten als langfristige. Wie die Kinder beim berühmten Marshmallow-Test grabschen wir gierig nach dem, was wir sofort haben können, ohne an die Zukunft zu denken.

Die Art und Weise, wie wissenschaftliche Erkenntnisse in den gesellschaftlichen Diskurs eingebracht werden – oder eben nicht –, spielt eine entscheidende Rolle. Umweltschutz ist häufig negativ besetzt und wird mit Verzicht, höheren Kosten und Einschränkungen der persönlichen Freiheit assoziiert. Doch um echte gesellschaftliche Veränderungen herbeizuführen, benötigen wir ein motivierendes Narrativ. Ein Narrativ, das nicht nur die Dringlichkeit der Klimakrise verständlich macht, sondern auch die zahlreichen Vorteile aufzeigt, die durch umweltbewusstes Handeln entstehen.

Daher freue ich mich über dieses Buch, das genau an dieser Stelle ansetzt. Es bietet eine verständliche Einführung in die komplexen Zusammenhänge der Klimakrise und regt zum Nachdenken und kritischen Hinterfragen an. Es zeigt auf, welche Transformationen für eine nachhaltige Zukunft notwendig sind und was wir tun müssen, um dorthin zu gelangen. Ein zentrales Thema dabei ist unser derzeitiges zerstörerisches Ernährungssystem. Es trägt maßgeblich zur Abholzung der Wälder, zum Verlust der biologischen Vielfalt und zur Verschmutzung der Umwelt bei und ist dennoch nicht in der Lage, uns nachhaltig zu ernähren. Die Frage, wie wir diese Transformation gestalten können, gehört zu den größten Herausforderungen unserer Zeit. Doch es gibt Grund zur Hoffnung. Denn wir haben heute bereits mehr Lösungen als Probleme, um gemeinsam ein nachhaltiges Ernährungssystem zu schaffen. Ob man dies vegan, vegetarisch, flexitarisch oder sonst wie tun möchte, kann jeder und jede für sich selbst entscheiden. Dass es nachhaltig sein muss, ist allerdings alternativlos.

Es geht bei den großen Umweltdiskussionen unserer Zeit darum, mutig und optimistisch über die Zukunft zu sprechen und dabei eine Vision zu entwickeln, die uns alle inspiriert. Denn die Zukunft wird so aussehen, wie wir heute über sie denken und sprechen. Und wer mal wirklich darüber nachdenkt, gelangt am Ende wahrscheinlich zum selben Schluss wie ich: Es gibt zum Optimismus keine vernünftige Alternative.

[1] Einleitung

Der Klimawandel ist angekommen – in der Wissenschaft schon längst, in unserer Gesellschaft seit ein paar Jahren, in der Politik immer mal wieder und bei uns allen auf unterschiedliche Art und Weise. Der Klimawandel polarisiert und ist mit verschiedenen Gedanken und Emotionen besetzt. Die wenigsten nehmen ihn allerdings als akute Krise wahr. Im Gegensatz zur Coronapandemie oder zum russischen Angriffskrieg auf die Ukraine ist der Klimawandel ein schleichender Prozess und seine Bedrohung diffus. Wir wissen, dass irgendwann etwas Schlimmes passieren könnte, aber alles andere ist komplex, abstrakt und ungewiss. Die wenigsten sind in akuter Gefahr, ihr Haus oder ihren Hof zu verlieren, und darüber hinaus sind wir Gewohnheitstiere, die möglichst lange an Verhaltensweisen festhalten und wenig ändern wollen. Dies spiegelt sich auch in der Politik wider. Klimaschutz genießt in fast allen Parteiprogrammen eine hohe Priorität, aber Politiker tun sich schwer damit, aktiv zu werden und unliebsame Maßnahmen zu ergreifen. Daher ist es wichtig, diese Bedrohung besser verstehen und einordnen zu können, denn die Bedrohung ist nicht das Problem, sondern die Unwissenheit darüber und die damit verbundene Hilflosigkeit, die zu Untätigkeit führt. Ein besseres Verständnis nimmt der Klimakrise das Abstrakte, gibt uns Kontrolle und ermöglicht ein zielgerichtetes Handeln.

Tatsache ist, dass wir im Vergleich zur vorindustriellen Zeit auf eine Erderwärmung von 2,7 Grad Celsius im Jahr 2100 zusteuern. Der Meeresspiegel hat sich in den letzten dreißig Jahren schon um knapp zehn Zentimeter erhöht und wird bis 2100 auf über 70 Zentimeter ansteigen, sofern wir unsere Emissionen nicht deutlich reduzieren. Pro Minute geht weltweit eine Fläche von elf Fußballfeldern Wald verloren. Und knapp 30 Prozent aller Tier- und Pflanzenarten sind bereits vom Aussterben bedroht. Das weltweit größte Risiko für die nächsten zehn Jahre liegt weder im wirtschaftlichen, im technologischen noch im geopolitischen Bereich, sondern es ist das Scheitern der Eindämmung des Klimawandels. Dies hätte nicht nur stärkere Extremwetterereignisse zur Folge, sondern auch Zusammenbrüche von ganzen Ökosystemen, weitreichende Ernteausfälle und hohe Flüchtlingswellen. Allein für Deutschland werden bis 2050 durch den Klimawandel verursachte volkswirtschaftliche Folgekosten in Höhe von bis zu 32 Milliarden Euro pro Jahr prognostiziert. Die Gefahren und wirtschaftlichen Risiken sind real und steigen, je mehr Zeit vergeht. Seit den 1960er-Jahren ist bekannt, dass die von den Menschen verursachten Treibhausgasemissionen die Erde erwärmen und katastrophale Auswirkungen haben. Wie konnte es so weit kommen, dass erst ein schwedisches Schulmädchen im Jahr 2018 mit ihrem Schulstreik Politiker und Gesellschaft wachrüttelte und auf den Klimawandel aufmerksam machte? Welche Rolle spielen mächtige Lobbys, und wie können wir uns aus dieser Bedrohungslage befreien? Noch ist es nicht zu spät zu handeln. Je mehr wir über den Klimawandel und die aktuellen Herausforderungen wissen, desto eher können wir alte Denkmuster aufbrechen und nach eigenem Ermessen einen Beitrag leisten. Dieses Buch soll aufklären, sensibilisieren, zum Nachdenken und kritischen Hinterfragen anregen, Akzeptanz für Veränderung schaffen und zu einer unabhängigen und starken Zivilgesellschaft beitragen.

[2] Eine Bestandsaufnahme: Was passiert eigentlich mit unserer Erde?

1 Warm, wärmer, heiß

Wird es tatsächlich immer wärmer, oder ist es nur ein persönliches Empfinden? Ist es nicht immer mal vorgekommen, dass es wärmere und kühlere Zeiten gab? Die letzte Eiszeit ist doch noch gar nicht so lange her. Sind wir Menschen wirklich schuld an den steigenden Temperaturen? Und wenn ja, ist das wirklich so schlimm? Klimawandelleugner streiten den von Menschen verursachten Klimawandel ganz ab und berufen sich unter anderem auf die natürlichen Prozesse der Erde. Aber auch Freunde und Bekannte aus dem eigenen Umfeld sind sich nicht immer sicher. Können wir also zweifelsfrei behaupten, dass es eine unnatürliche Erderwärmung gibt und dass wir Menschen die Schuld daran haben? Eine Antwort darauf liefert die Wissenschaft, die mit anerkannten und gültigen Methoden zum offenen Erkenntnisgewinn beiträgt und zu einem eindeutigen Ergebnis kommt: In einer Forschungsarbeit wurden knapp 90.000 wissenschaftliche Artikel analysiert, die sich auf das Klima beziehen und seit 2012 veröffentlicht wurden. In dieser von Experten und Expertinnen begutachteten wissenschaftlichen Literatur besteht ein Konsens von mehr als 99 Prozent über den vom Menschen verursachten Klimawandel.[1] Die Wissenschaft ist sich in dieser Frage also einig.

Wissenschaftler konnten schon vor vielen Jahren beweisen, dass die globale Erwärmung der letzten Jahre drastisch war im Vergleich zu den Schwankungen, die in den 2.000 Jahren davor auf natürliche Weise aufgetreten sind.[2] Die Temperatur konnte über eine Vielzahl von Aufzeichnungen von Baumringen, Höhlenablagerungen und Korallen nachgewiesen und bis ins Jahr 1 n. Chr. rekonstruiert werden. Die Daten zeigen sehr deutlich den vom Menschen verursachten Temperaturanstieg seit der Industrialisierung in der zweiten Hälfte des 19. Jahrhunderts. Die mittelalterliche Warmzeit und die kleine Eiszeit, die oft zitiert werden, gab es zwar tatsächlich, allerdings sind beide im Vergleich zu den jüngsten Entwicklungen in der Visualisierung kaum sichtbar. Betrachtet man die gesamte Zeit des Holozäns, also die letzten 12.000 Jahre des Erdzeitalters, in dem wir gerade leben, ist laut Wissenschaft die Wahrscheinlichkeit ebenfalls sehr hoch, dass es auch in dieser Zeitspanne keine vergleichbare Erderwärmung gab. Der Mensch ist also zu einem der wichtigsten Einflussfaktoren auf die Prozesse der Erde geworden und prägt damit eine neue Erdepoche, die sehr treffend als Epoche des Menschen, als Anthropozän, bezeichnet wird.

Globale Temperaturentwicklung der letzten 2.000 Jahre (in °C).

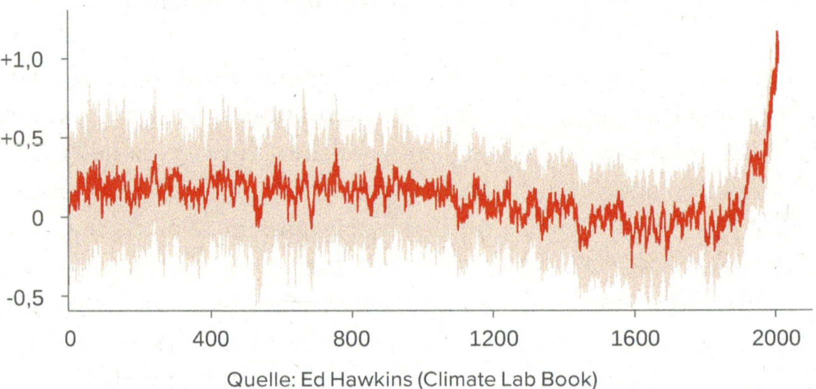

Quelle: Ed Hawkins (Climate Lab Book)

Der Klimawandel macht sich durch viele Veränderungen bemerkbar, insbesondere durch die steigenden Temperaturen. Auch hier zeigt ein Blick auf historische Daten, dass wir weltweit, in Europa und auch in Deutschland deutlich höhere Temperaturen haben als noch vor 30 Jahren. Weltweit ist 2023 das bisher wärmste Jahr mit 1,79 Grad Celsius über dem Temperaturdurchschnitt des Zeitraums von 1910 bis 2000.[3] Schon seit dem Jahr 1977 sind die globalen Temperaturen jedes Jahr überdurchschnittlich hoch. In Europa sind zwar erst die Jahre seit der Jahrtausendwende überdurchschnittlich warm, doch dafür verzeichnet das Jahr 2021 eine Temperatur, die mit 2,17 Grad Celsius über dem Durchschnitt eine noch stärkere Anomalie aufweist als das global wärmste Jahr 2023.

Für viele Menschen scheint eine Erwärmung um 1,5 oder 2 Grad nicht wirklich viel, da sie Klima und Wetter verwechseln und an das kurzfristige Wetter denken. Das Klima wird dagegen über einen längeren Zeitraum beobachtet und beeinflusst unser Wetter. Vergleichen wir den Wärmeanstieg mit unserer Körpertemperatur, wird uns schnell bewusst, welche Auswirkungen eine Erhöhung auf 39 Grad auf unser Wohlbefinden hat. Auch der Vergleich zur letzten Eiszeit vor etwa 20.000 Jahren, in der ein Großteil der Nordhalbkugel von Gletschern bedeckt war, zeigt sehr eindrucksvoll, welche Bedeutung eine Temperaturveränderung von nur wenigen Graden haben kann. Das globale Mittel der Temperatur war damals nämlich nur etwa sechs Grad kälter als heute.

Ein weiterer Indikator für steigende Temperaturen ist die Anzahl der heißen Tage, also der Tage mit einem Lufttemperaturmaximum von über 30 Grad Celsius. Trotz einiger Schwankungen ist der Trend in Deutschland seit 1950 deutlich steigend. Das Jahr mit den meisten heißen Tagen seit 1950 ist 2018, welches insgesamt 20 heiße Tage verzeichnet.[4]

Mittlerweile ist es im Sommer selbst im Norden Deutschlands möglich, auch abends noch kurze Hosen zu tragen. Doch die wärmeren Temperaturen und die heißer werdenden Tage bringen vor allem weitreichende Gefahren. Insbesondere bereits geschwächte Personen wie Senioren oder Kranke leiden unter der Hitze, und mit

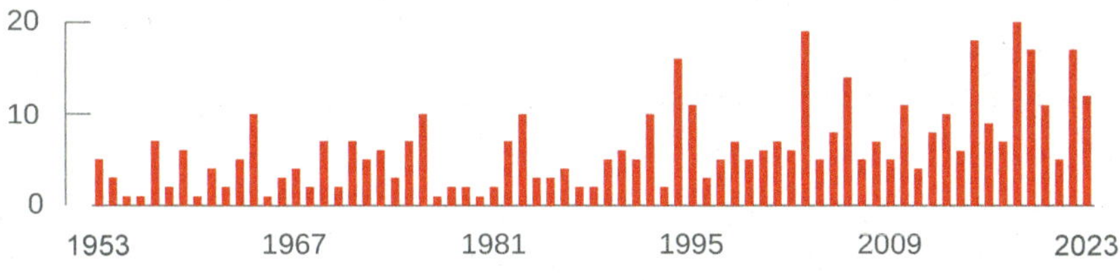

Deutscher Wetterdienst (2023) / eigene Darstellung

steigenden Temperaturen kommt es zu immer mehr hitzebedingten Todesfällen. In den letzten zwei Dekaden gab es weltweit und auch in Deutschland so viele hitzebedingte Todesfälle wie nie zuvor – mittlerweile gibt es sogar mehr Hitzetote als Verkehrstote.

Der Klimawandel hat nicht nur direkten Einfluss auf die Gesundheit der Menschen, sondern fügt der Erde schon seit langer Zeit bedeutenden Schaden zu, wie die folgenden Kapitel beeindruckend zeigen werden. Zunächst einmal ist es jedoch wichtig zu verstehen, warum es überhaupt wärmer wird und welche Rolle die verschiedenen Einflussfaktoren dabei spielen. Stellen wir uns vor, wir sitzen an einem kalten Tag im Wintergarten. Trotz frostiger Temperaturen und ohne zusätzliches Heizen wird es drinnen deutlich wärmer als draußen. Das liegt daran, dass mehr Sonnenstrahlung in den Wintergarten hineinkommt, als im Gegenzug wieder abgestrahlt werden kann. Dieses natürliche Phänomen wird im Wintergarten als Glashauseffekt bezeichnet und auf der Erde als Treibhauseffekt. Was hier vor sich geht, lässt sich recht schnell erklären: Die von der Sonne ausgesendeten Strahlen sind kurzwellig und können die Atmosphäre leicht durchdringen. Die Erde nimmt die Sonnenstrahlen auf und sendet sie als langwellige Wärmestrahlung wieder zurück. Diese langwellige Strahlung kann die Atmosphäre aber nicht so leicht durchdringen wie die kurzwellige, weil die Treibhausgase in der Atmosphäre sie daran hindern. Deshalb wird die Strahlung wieder an die Erde abgegeben, und es kommt zu einem »Wärmestau«, der die Erde erwärmt. Ohne diesen natürlichen Treibhauseffekt hätten wir auf der Erde eine mittlere Temperatur von minus 18 Grad Celsius. Nur dadurch, dass der Treibhauseffekt die Erde um 33 Grad erwärmt, liegt die globale Mitteltemperatur bei rund 15 Grad. So wird das Leben durch die Treibhausgase auf der Erde überhaupt erst möglich.

Wir Menschen verstärken den natürlichen Treibhauseffekt, indem wir der Atmosphäre zusätzlich große Mengen an Treibhausgasen hinzufügen. Die wichtigsten natürlichen Treibhausgase sind Wasserdampf (H_2O), Kohlendioxid (CO_2), Methan (CH_4) und Lachgas (N_2O). Während Wasserdampf den größten Anteil am Treibhauseffekt hat,

Prinzip des natürlichen Treibhauseffektes

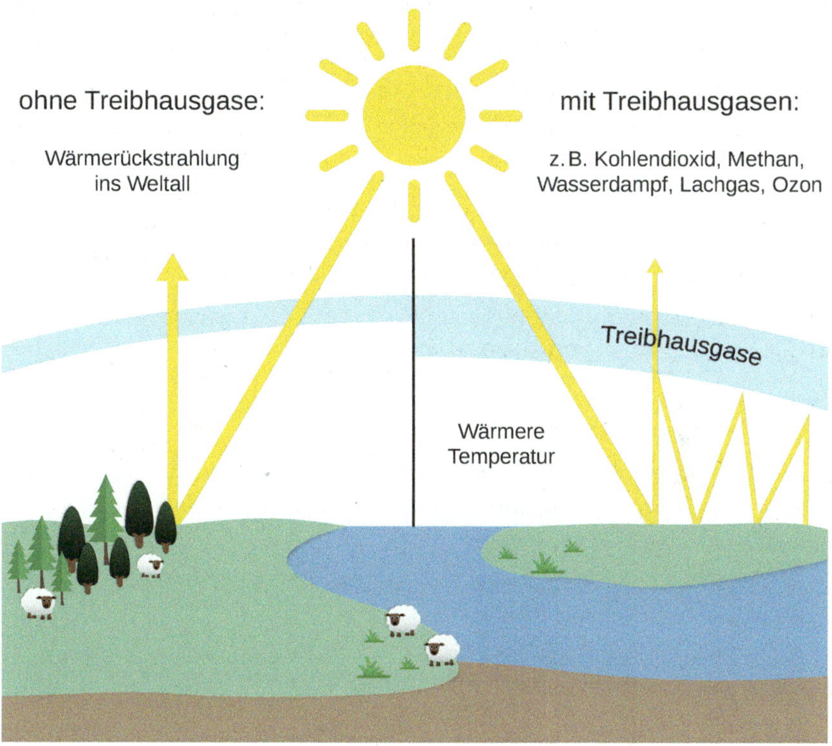

Eigene Darstellung

trägt er dennoch nicht direkt zur weiteren Erwärmung bei und ist daher kein klimawirksames Gas. Besonders schädlich ist das von Menschen verursachte Kohlendioxid, das weltweit der größte Treiber der Erderwärmung ist.[5] Es gelangt vor allem durch die Verbrennung fossiler Brennstoffe (Kohle, Erdgas und Öl) in die Atmosphäre, aber auch durch das Verbrennen von Abfällen, Bäumen und anderen biologischen Materialien sowie durch bestimmte chemische Reaktionen (zum Beispiel bei der Zementherstellung). Methan ist das zweitschädlichste Treibhausgas. Methanemissionen entstehen hauptsächlich durch die Viehhaltung sowie bei Förderung und Transport von Kohle, Erdgas und Öl und durch Landnutzung und Zerfall organischer Abfälle auf kommunalen Mülldeponien. Die fluorierten Gase (F-Gase) werden normalerweise in geringeren Mengen als andere Treibhausgase emittiert, haben in Summe jedoch ebenfalls eine starke Wirkung. Sie werden bei einer Vielzahl von Haushalts-, Gewerbe- und Industrieanwendungen und -prozessen freigesetzt. Lachgas wird vorwiegend bei landwirtschaftlichen und industriellen Aktivitäten, aber auch bei der Verbrennung fossiler Brennstoffe und fester Abfälle sowie bei der Abwasseraufbereitung emittiert.

Beitrag zum Treibhauseffekt durch klimawirksame Treibhausgase

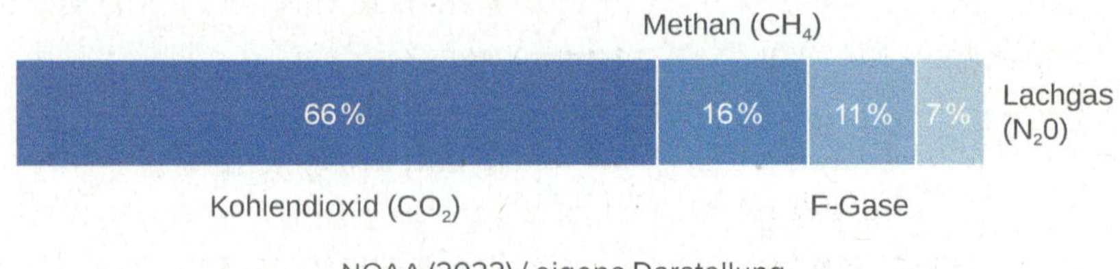

NOAA (2022) / eigene Darstellung

Je mehr Treibhausgase sich in der Atmosphäre ansammeln, desto weniger gelangt die langwellige Wärmestrahlung durch sie hindurch, und umso wärmer wird es auf der Erde. Erschreckend dabei ist die lange Verweildauer von Kohlendioxid. Selbst nach 1.000 Jahren befinden sich immer noch 15–40 Prozent des ausgestoßenen Gases in der Atmosphäre.[6] Methan hat dagegen eine sehr kurze Verweildauer und wird schon innerhalb von etwa zehn Jahren vollständig abgebaut. Doch obwohl es für einen kürzeren Zeitraum in der Atmosphäre bleibt und in kleineren Mengen ausgestoßen wird, ist sein Erwärmungspotenzial (also die Fähigkeit, Wärme in der Atmosphäre einzufangen) 28–34-mal höher als das von Kohlendioxid. Kohlendioxid ist also der bedeutendere Treiber der langfristigen Erderwärmung, eine Reduzierung des weltweiten Methanausstoßes würde allerdings einen schnelleren Temperaturrückgang bewirken und die Erderwärmung kurzfristig leichter bremsen.

2 Die Verursacher

Seit der Industrialisierung und vor allem seit den 1950er-Jahren sind die Treibhausgasemissionen enorm gestiegen. In der Anthropozänforschung taucht dabei immer wieder der Begriff der »Great Acceleration« (Englisch für »große Beschleunigung«) auf, der sich auf den plötzlichen Anstieg verschiedener Messgrößen bezieht. So sind in den 1950er-Jahren Bevölkerungswachstum, Bruttoinlandsprodukt, Energie-, Wasser- und Düngerverbrauch genauso explodiert wie Treibhausgasemissionen, Regenwaldverlust, Nitratbelastungen oder Ozeanversauerung. Insgesamt 55 Milliarden Tonnen CO_2-Äquivalente (Maßeinheit zur Vereinheitlichung der Klimawirkung der unterschiedlichen Treibhausgase) wurden 2021 weltweit ausgestoßen. Das sind sechseinhalb Mal so viel wie zu Beginn des 20. Jahrhunderts und 68 Prozent mehr als vor 40 Jahren.[7]

Und woher kommen die Emissionen? Der höchste Anteil, ein Drittel aller Emissionen, entsteht bei der Bereitstellung von Energie, aber auch in der Industrie, im Verkehr und in der Landwirtschaft wird viel emittiert. Durch die Umwandlung, Nutzung und Bewirtschaftung von Landflächen und Wäldern (LULUCF) entstehen weltweit sogar mehr Emissionen als im gesamten Gebäudesektor.[8]

Die globalen Treibhausgasemissionen

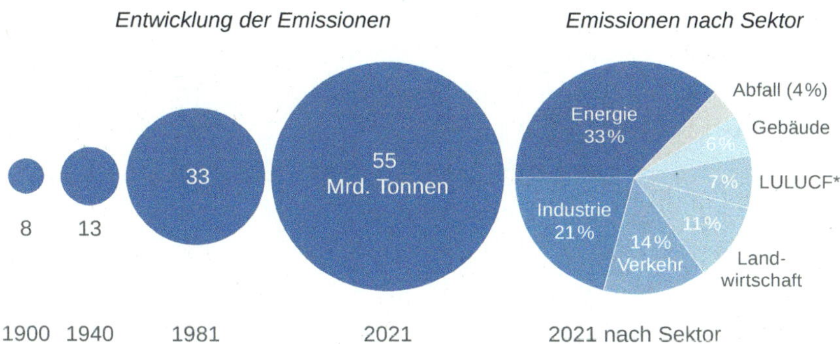

Quelle: H. Ritchie, OurWorldInData.org (2023), New Climate Institute (2023) / eigene Darstellung; * LULUCF = Landnutzung, Landnutzungsänderung und Forstwirtschaft

Die USA waren lange Zeit das Land mit den höchsten Emissionen, bis sich China im Jahr 2004 an die Spitze setzte. Seitdem hat China seinen Ausstoß auf knapp 14 Milliarden Tonnen verdoppelt und ist damit für ein Viertel der globalen Treibhausgasemissionen im Jahr 2021 verantwortlich. Während die USA ihren Ausstoß seit der Jahrtausendwende reduzieren konnten, verzeichnen Indien, das mittlerweile bevölkerungsreichste Land der Welt, und Russland jeweils steigende Emissionswerte und liegen weltweit auf den Plätzen drei und vier, gefolgt von Japan, dem Iran und Deutschland.

Entwicklung der Treibhausgasemissionen
(in Milliarden Tonnen CO_2-Äquivalenten und anteilig in Prozent)

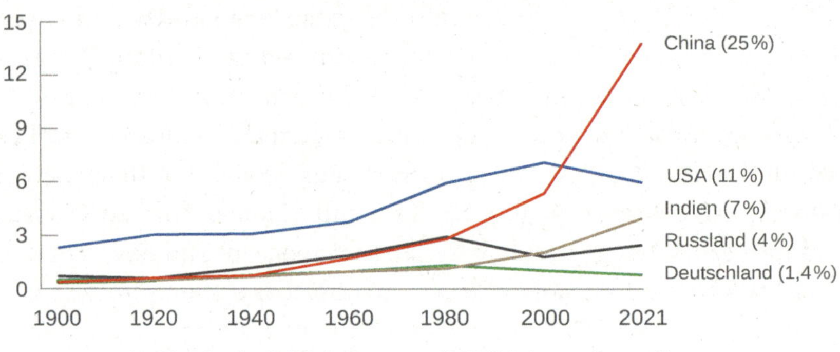

H. Ritchie, OurWorldInData.org (2023) / eigene Darstellung

Deutschland war 2021 für einen Anteil von 1,4 Prozent der weltweiten Emissionen verantwortlich. Man könnte meinen, dass wir mit unseren Aktivitäten die weitere Entwicklung der Emissionen kaum beeinflussen können. Historisch gesehen, verzeichnet Deutschland jedoch mit 94 Milliarden Tonnen ausgestoßenem Kohlendioxid die viertmeisten kumulierten Emissionen der Welt seit 1850 und hat damit eine große Verantwortung. Wir haben in der Vergangenheit maßgeblich zur Erderwärmung beigetragen und sind auch heute noch einer der Spitzenreiter bei den Kohlendioxidemissionen pro Kopf. Hier liegen wir weltweit gemeinsam mit China auf Platz vier. Nur die USA, Russland und Japan haben höhere Pro-Kopf-Emissionen.

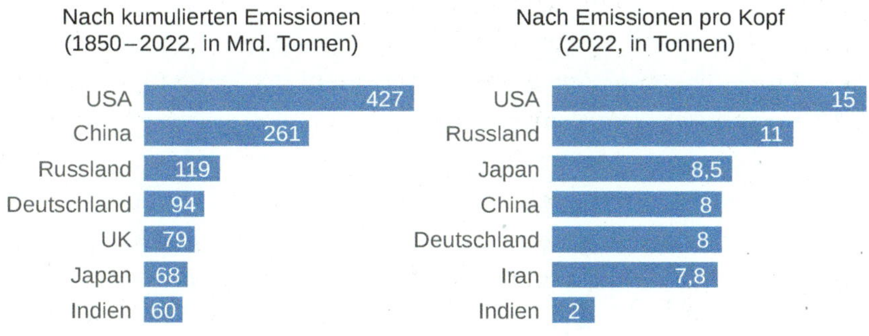

H. Ritchie, OurWorldInData.org (2023) / eigene Darstellung

Die gute Nachricht ist, dass wir es ebenso wie die USA geschafft haben, unsere Treibhausgasemissionen zu reduzieren. Im Zeitraum 1990–2020 sind die Werte in Deutschland bereits um 42 Prozent zurückgegangen.[9] Doch trotz der Erfolge in den letzten 30 Jahren scheint es schwierig, die Klimaziele zu erreichen. Für 2045 strebt Deutschland die Netto-Treibhausgasneutralität an und für das Jahr 2050 sogar negative Emissionen, sodass wir 2030 nur noch 440 Millionen Tonnen CO_2-Äquivalente ausstoßen dürfen – ein Ziel, das in weiter Ferne liegt.

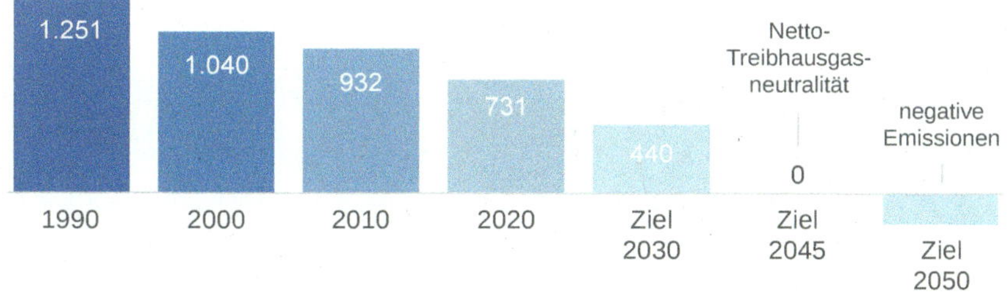

Umweltbundesamt (2023) / eigene Darstellung

Wo in Deutschland am meisten eingespart werden kann, zeigt ein Blick auf die Treibhausgasemissionen der verschiedenen Sektoren.

Auch bei uns entsteht der Großteil der Emissionen in der Energiewirtschaft und in der Industrie. Vor allem die Gewinnung und Bereitstellung von Energie (wie zum Beispiel Fernwärme) führt zu hohen Emissionen. In der Industrie entfällt der höchste Anteil auf das verarbeitende Gewerbe, in dem Rohstoffe und Zwischenprodukte bearbeitet werden, und auf die energieintensive Eisen-, Zement- und Stahlproduktion. Genau ein Fünftel der Emissionen entfällt auf den Verkehr, wobei zu beachten ist, dass die Emissionen des internationalen Luft- und Seeverkehrs, die Deutschland zugerechnet werden, noch nicht im Klimaschutzgesetz berücksichtigt und damit auch nicht vom Umweltbundesamt aufgeführt werden. Das Emissionsbudget für den Verkehrssektor würde um 25 Prozent höher ausfallen, wenn alle Emissionen erfasst würden.[10] Der nationale Luftverkehr macht nur einen sehr geringen Anteil von unter einem Prozent der gesamten Verkehrsemissionen aus. Dafür ist der größte Sündenbock der Straßenverkehr, in dem die PKWs mit 59 Prozent den höchsten Anteil ausmachen, gefolgt von den Nutzfahrzeugen (LKWs, Busse etc.), die für 38 Prozent verantwortlich sind. Der Gebäudebereich hat einen Anteil

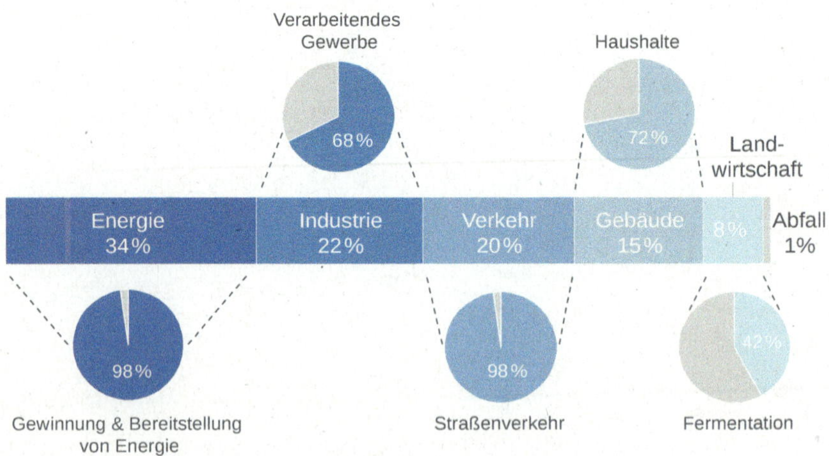

Umweltbundesamt (2023) / eigene Darstellung

von 15 Prozent an den Gesamtemissionen, und fast drei Viertel dieser Emissionen entfallen auf die privaten Haushalte. Hier haben die Bereitstellung von Raumwärme und Warmwasser die größten Anteile am Energieverbrauch. Auf die Landwirtschaft entfallen acht Prozent der Gesamtemissionen, wovon ein Großteil aus der Fermentation stammt, also aus der Verdauung bei Wiederkäuern. Mit einem Prozent entsteht der kleinste Anteil der Emissionen in der Abfall- und Kreislaufwirtschaft, hauptsächlich der Abfalldeponierung.

Die Entwicklungen der Emissionen in den Sektoren sehen recht unterschiedlich aus. Die Sektoren Energie und Industrie sowie der Gebäudesektor konnten ihre Emissionen seit 1990 um über 40 Prozent und die Abfallwirtschaft sogar um 90 Prozent reduzieren. Während sich die Landwirtschaft schwertat, aber ihre Emissionen immerhin um über 20 Prozent reduzieren konnte, verzeichnete der Verkehrssektor mit nur neun Prozent den geringsten Rückgang.

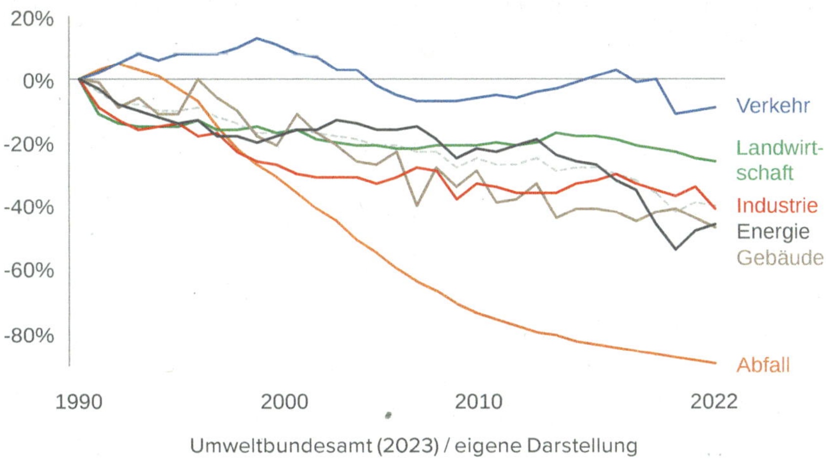

Umweltbundesamt (2023) / eigene Darstellung

Im Bereich Umwandlung, Nutzung und Bewirtschaftung von Landflächen und Wäldern (LULUCF) werden sowohl negative als auch positive Emissionen berücksichtigt. Wälder, Böden und Vegetation speichern viel Kohlenstoff und sind dadurch natürliche Kohlenstoffsenken, die damit negative Emissionen aufweisen. Auf der anderen Seite werden bei der Umwandlung und Nutzung von Ackerböden Emissionen freigesetzt. Da diese Bilanz in Deutschland (noch) negativ ist und Wälder, Böden und Vegetation mehr Kohlenstoff speichern, als sie Emissionen freisetzen, hat Deutschland eine negative Bilanz (-1,8 Millionen Tonnen CO_2-Äquivalente), die in der Sektorbetrachtung nicht berücksichtigt wird.[11] Das Umweltbundesamt spricht jedoch von einer dramatischen Entwicklung, da die deutschen Wälder immer weniger Kohlenstoff speichern und die Acker- und Grünlandböden immer höhere Emissionen aufweisen. Während die deutschen Wälder im Jahr 2022 insgesamt 43 Millionen Tonnen CO_2-Äquivalente aufgenommen haben, waren es vor 30 Jahren noch doppelt so viele. Neben Acker- und Grünlandböden sind trockengelegte Moore regelrechte Hotspots für Treibhausgase und setzen in einem Jahr 54 Millionen Tonnen CO_2-Äquivalente frei – fast genauso viel wie die gesamte deutsche Landwirtschaft.

3 Kohlenstoffkreislauf außer Balance

Der Kohlenstoff hat durch seine Verbindung mit Sauerstoff als klimaschädliches Treibhausgas Kohlendioxid (CO_2) ein besonders schlechtes Image, dabei ist Kohlenstoff ein wichtiger Baustein vieler organischer Verbindungen. Das Leben auf der Erde wird durch den sogenannten Kohlenstoffkreislauf überhaupt erst möglich. Dies ist ein natürlicher Prozess, der Kohlendioxid freisetzt, aufnimmt, umwandelt, speichert und wieder freisetzt. Kohlenstoff setzt sich dabei nicht nur in der Atmosphäre fest, wie das vorangegangene Kapitel gezeigt hat, sondern wird auch von Wäldern, Böden und der Vegetation aufgenommen und in geologischen Tiefen (in Form von Öl, Kohle und Erdgas) gespeichert. Der mit Abstand größte Speicher ist der Ozean.[12] Er enthält über 40-mal so viel Kohlenstoff (37.700 Gigatonnen) wie die Atmosphäre (875 Gigatonnen), und auch die Böden haben eine größere Aufnahmekapazität als die Atmosphäre. Die Vegetation kann mit

450 Gigatonnen am wenigsten speichern, spielt aber dennoch auch eine bedeutende Rolle.

Alle diese Speicher stehen mit der Atmosphäre in einem aktiven Austausch, wobei die meiste Aktivität über die Luft-Wasser-Grenze stattfindet, da die Erde zu 71 Prozent aus Wasser besteht. So gelangt viel Kohlendioxid aus der Luft in den Ozean, wo es sich schnell auflöst und in Teilen in der oberen Schicht des Wassers durch Photosynthese des Phytoplanktons in Biomasse umgewandelt wird. Der Großteil des Kohlendioxids wird über die sogenannte marine Kohlenstoffpumpe in die Tiefen des Ozeans befördert, dort für Hunderte von Jahren gespeichert und dann über die Ozeanzirkulation in noch größere Tiefen und andere Ozeanregionen weitertransportiert. Forscher fanden heraus, dass allein im Meeresgebiet um die Antarktis zwischen 2009 und 2018 pro Jahr knapp zwei Gigatonnen CO_2, also mehr als die jährlichen Emissionen Russlands, aufgenommen wurden.[13] Auch durch die Verwitterung von Gestein an der Oberfläche der Kontinente gelangt Kohlendioxid ins Meer und wird dort in Sedimenten am Meeresgrund gespeichert, wovon ein Teil durch plattentektonische Prozesse in die geologischen Tiefenspeicher zurückgelangt.

Die Photosynthese spielt beim Austausch zwischen Land und Atmosphäre eine weitaus größere Rolle als im Wasser und ist die wohl wichtigste chemische Reaktion auf der Erde. Pflanzen nutzen Kohlendioxid, Licht und Wasser für ihr Wachstum. Zum einen entsteht dabei Sauerstoff, der in die Umgebung abgegeben und von uns Menschen und anderen Lebewesen eingeatmet wird, und zum anderen Zucker (Glucose), der in den Pflanzen gespeichert oder in die Erde abgegeben wird. Die Photosynthese sorgt nicht nur für saubere Luft, sondern macht das Leben auf der Erde überhaupt erst möglich. Über die Atmung von Tieren, Menschen, Bakterien und Pilzen und über die Verrottung von Biomasse gelangt das Kohlendioxid schließlich wieder zurück in die Atmosphäre. Weltweit nahmen Wälder zwischen 2001 und 2022 etwa 17 Gigatonnen Kohlendioxid pro Jahr auf – das ist mehr, als die USA und Indien zusammen in einem Jahr ausstoßen. Da die Wälder nur knapp neun Gigatonnen emittierten, sind sie wertvolle Kohlenstoffsenken, die mehr Kohlendioxid aufnehmen, als sie abgeben.[14]

Der Kohlenstoffkreislauf

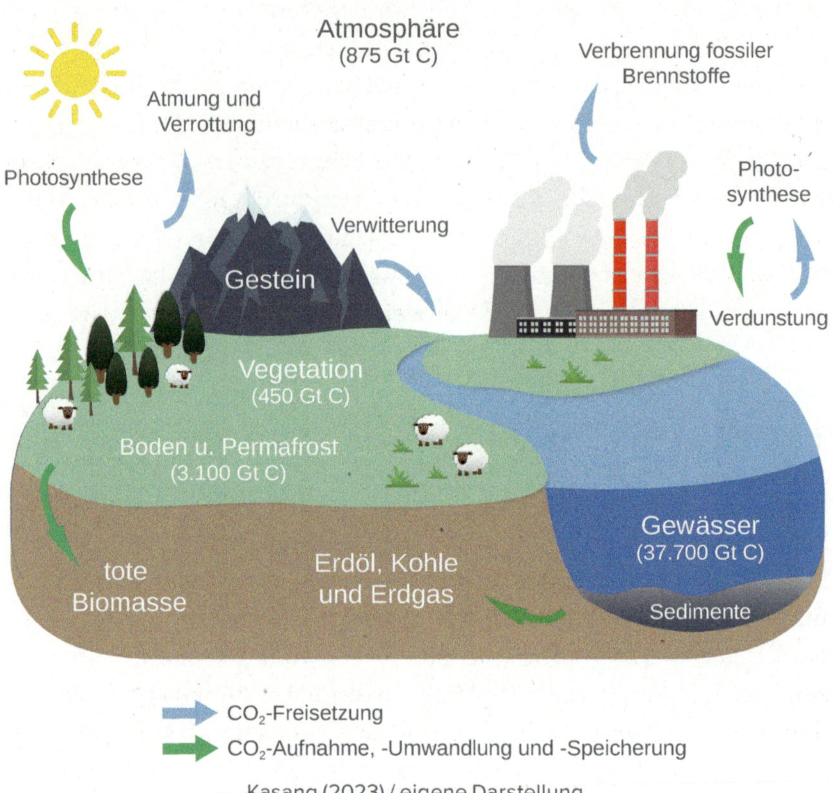

Kasang (2023) / eigene Darstellung

Während der letzten 10.000 Jahre bis hin zur Industrialisierung war der CO_2-Austausch zwischen der Atmosphäre und der Landvegetation sowie zwischen der Atmosphäre und dem Ozean ausgeglichen. Der Mensch bringt das bisherige Gleichgewicht und diesen Kreislauf nun durcheinander. Kohlenstoff, der in Kohle, Erdöl und Erdgas gebunden ist, braucht normalerweise Hunderttausende bis Millionen von Jahren, um in geologische Tiefenspeicher zu gelangen. Ohne den

Einfluss des Menschen würde er auch eine ähnlich lange Zeit benötigen, um wieder in die Atmosphäre zurück emittiert zu werden. Wir sorgen nun aber für eine explosionsartige Beschleunigung des Kohlenstoffkreislaufs, indem wir große Mengen an fossilen Energieträgern extrahieren und verbrennen. So vergehen von der Entnahme bis zur Verbrennung und Emission von Kohlendioxid in die Atmosphäre nur noch Wochen bis Monate. Seit 1850 wurden durch uns Menschen insgesamt 650 Gigatonnen Kohlenstoff zusätzlich emittiert (anthropogene Emissionen), wovon fast die Hälfte durch die Atmosphäre aufgenommen wurde, ein knappes Viertel durch die Ozeane und ein knappes Drittel durch die Böden und die Vegetation. Dadurch, dass wir Menschen weiterhin große Mengen an Treibhausgasen ausstoßen, geht die CO_2-Aufnahmekapazität von Wäldern, Vegetation und Ozean mittlerweile stark zurück.

4 Eis, Wasser und Wind

Der explosionsartige Anstieg von Kohlendioxid in der Atmosphäre bringt den natürlichen Kohlenstoffkreislauf durcheinander und befeuert vor allem den Klimawandel. Infolgedessen steigen nicht nur die Temperaturen in der Luft, sondern auch in den Ozeanen, was dazu führt, dass das Meereis und die weltweiten Eisflächen schmelzen und der Meeresspiegel steigt. Besonders besorgniserregend ist der fortschreitende Eisverlust des Antarktischen Eisschildes und des Grönländischen Eisschildes der Arktis. Beide sind permanent vereiste Flächen kontinentalen Ausmaßes mit einer Ausdehnung von mehr als 50.000 Quadratkilometern. Wenn der Antarktische Eisschild, der größte Eisblock der Erde, komplett schmilzt, würde der Meeresspiegel um unvorstellbare 60 Meter steigen. Der Grönländische Eisschild ist dagegen kleiner, agiert aber dynamischer mit dem umgebenden Ozean und bricht daher noch schneller ab. Die Arktis rund um Grönland erwärmt sich außerdem schneller, sodass die Eisfläche schon bedeutend kleiner ist als noch vor rund 30 Jahren. So ist die arktische Sommereisfläche seit 1980 um circa drei Millionen

Quadratkilometer zurückgegangen. Grönland, welches einen Großteil der Arktis ausmacht, verliert etwa 271 Milliarden Tonnen Eis pro Jahr und die Antarktis rund um den Südpol etwa 150 Milliarden Tonnen.[15] Das aus diesen Eisschilden stammende Schmelzwasser ist für etwa ein Drittel des weltweiten durchschnittlichen Anstiegs des Meeresspiegels seit 1993 verantwortlich. Da die Eisschilde Grönlands und der Antarktis etwa zwei Drittel des gesamten Süßwassers der Erde speichern, bedeutet ihr Schmelzen darüber hinaus einen großen Verlust von Süßwasser.

Ebenso bedenklich ist das Schmelzen des Schelfeises und der Gletscher. Als Schelfeis werden große Eisplatten bezeichnet, die mindestens zwei Meter über den Meeresspiegel ragen und zwischen 200 und 1.000 Metern dick sind. Durch die höheren Temperaturen brechen an den äußeren Rändern des Schelfeises immer wieder Eisberge ab. Forscher beobachteten vor ein paar Jahren ein intensives Abschmelzen an der Unterseite des Ross-Schelfeises in der Antarktis, das mit mehreren 100 Meter Dicke und mit einer Fläche von gut 500.000 Quadratkilometern das größte Schelfeis der Erde ist. Bisher deuteten Satellitenaufnahmen auf eher geringe Abtauraten hin. Auch das Filchner-Ronne-Schelfeis, das zweitgrößte Schelfeis der Antarktis, leidet unter dem Klimawandel. Es wurde sogar weltweit bekannt, als der größte bisher beobachtete Eisberg mit einer Fläche von mehr als 4.300 Quadratkilometern (etwas größer als Mallorca) von ihm abbrach. Ähnlich gravierende Auswirkungen hat das fortschreitende Schmelzen der Gletscher. Selbst wenn der weltweite Temperaturanstieg auf 1,5 Grad begrenzt wird, dürften fast 50 Prozent aller Gletscher bis 2100 schmelzen.[16] Steigen die Temperaturen im schlimmsten Fall um vier Grad, würden sogar 83 Prozent aller Gletscher verloren gehen. Dies hätte katastrophale Auswirkungen auf die rund zwei Milliarden Menschen, besonders die Bewohner der Anden und des Himalaja, die auf Gletscherwasser als wichtigste Trinkwasserquelle angewiesen sind.

Ein weiterer Grund für den Anstieg der Meeresspiegel ist die Ausdehnung des Meerwassers durch die Erwärmung der Ozeane. Dadurch, dass die Ozeane ihre weißen Eisschichten verlieren, die einen Großteil der Sonnenstrahlung reflektieren, kann das dunkle Wasser Wärme besser aufnehmen, was zu einer zusätzlichen Erwärmung führt. Laut Weltklimarat trägt die thermische Ausdehnung der Meere mit über 40 Prozent maßgeblich zum Anstieg der Meeresspiegel bei. In den letzten 30 Jahren hat er sich bereits um knapp zehn Zentimeter erhöht. Auf den ersten Blick erscheint dies nicht besonders dramatisch, doch der Weltklimarat sagt bis 2100 einen Meeresspiegelanstieg zwischen 0,5 und 1 Meter voraus. Je nach Entwicklung der emittierten Treibhausgase könne auch ein Anstieg von mehr als zwei Metern nicht ausgeschlossen werden. Sollte der Pegel um einen Meter steigen, werden allein in China rund 37 Millionen Menschen betroffen sein, in den Niederlanden über fünf Millionen und in Deutschland über eine Million.[17] Weltweit leben 267 Millionen Menschen in Regionen, die weniger als zwei Meter über dem Meeresspiegel liegen und damit potenziell in Gefahr sind. Diese Zahl könnte bis zum Jahr 2100 sogar auf 410 Millionen Menschen ansteigen.[18]

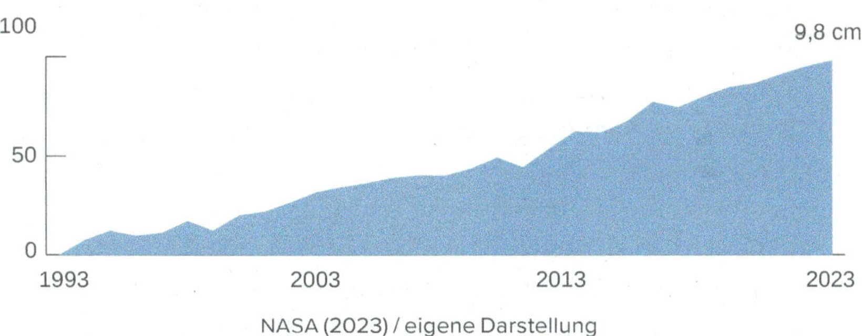

NASA (2023) / eigene Darstellung

Neben den Eisschilden, dem Schelfeis und den Gletschern schmilzt auch der Permafrostboden. Dieser wird auch als Dauerfrost bezeichnet, weil seine Bodentemperatur in mindestens zwei aufeinanderfolgenden Jahren unter null Grad Celsius liegt. Laut dem Alfred-Wegener-Institut besteht etwa ein Viertel der Landfläche auf der Nordhalbkugel aus Permafrostböden, ein Großteil davon in den

Polarregionen, in Sibirien, Alaska und Kanada.[19] Auch in Deutschland gibt es alpinen Permafrost auf der Zugspitze. Die südliche Permafrostgrenze hat sich aufgrund des Klimawandels bereits nach Norden verschoben, was weitreichende Gefahren mit sich bringt. Permafrost speichert große Mengen abgestorbener Pflanzenreste, die nur abgebaut werden können, wenn der Boden taut. Taut Permafrost auf, entlässt er gewaltige Mengen an Kohlenstoff und Methan, die teilweise Hunderte bis Tausende von Jahren in den Pflanzenresten gespeichert waren, in die Atmosphäre. Dies hat gewaltige Auswirkungen auf das Klima. Allein der arktische Permafrost enthält schätzungsweise 1.700 Milliarden Tonnen Kohlenstoff, das ist ungefähr das 51-Fache der Menge an Kohlenstoff, die weltweit im Jahr 2019 als Emissionen fossiler Brennstoffe freigesetzt wurde. Getauter Permafrost führt aufgrund des unregelmäßig verteilten Eises außerdem zu einem Absinken der Landoberfläche, was wiederum große Schäden an der Infrastruktur, wie zum Beispiel an Eisenbahnen und Ölpipelines, hervorrufen kann. Darüber hinaus sammelt sich in den Senken Wasser, sodass sogenannte Thermokarstseen entstehen, die wiederum das Auftauen des Permafrosts beschleunigen. Getaute Permafrostböden sind also auch eine große Gefahr für die dort lebenden Menschen.

Die Auswirkungen von schmelzendem Eis auf den Meeresspiegel kann man sich recht gut vorstellen. Schwieriger zu verstehen, weil nicht so greifbar, sind dagegen die Einflüsse des Klimawandels auf Windmuster und Meeresströme. Diese werden jedoch ebenso stark von höheren Temperaturen beeinflusst und haben wiederum Auswirkungen auf Wetter und Klima. Einen großen Einfluss auf das Wetter hat der Jetstream, ein sehr schneller, bandförmiger Windstrom, der sich in 9–14 Kilometer Höhe befindet und mit Windgeschwindigkeiten von bis zu 500 Kilometern pro Stunde von West nach Ost weht. Es gibt jeweils einen Jetstream auf der Nordhalbkugel (Polar-Jetstream) und einen auf der Südhalbkugel (Subtropen-Jetstream). Der Polar-Jetstream beeinflusst das Wetter bei uns in Mitteleuropa, indem warme Luft am Äquator aufsteigt und sich, nach Ausgleich strebend, zum kalten Nordpol hin bewegt. Da sich die Erde dreht, wird der Wind durch die Corioliskraft nach rechts abgelenkt, sodass der Jetstream auf der Nordhalbkugel von West nach Ost weht. Gebirge sowie Temperaturgegensätze zwischen Land und Ozean erzeugen Wellen im Jetstream. Dieses sogenannte Mäandern bringt uns die bekannten Hochs und Tiefs, die unser Wetter maßgeblich beeinflussen.

Je höher die Temperaturunterschiede zwischen Äquator und Arktis, desto stärker sind die Jetstreams; und je geringer die Temperaturunterschiede zwischen Äquator und Arktis, desto schwächer verlaufen die Jetstreams und desto stärker mäandern sie. Da sich die Arktis durch den Klimawandel schneller erwärmt als die Äquatorregion, nehmen die Temperaturunterschiede zwischen Äquator und Polen ab, sodass der Jetstream seinen Antrieb verliert und stärker mäandriert. Hochs und Tiefs halten damit länger an, und es kommt zu sogenannten blockierten Wetterlagen. Eine solche Wetterlage

Omega-Lage

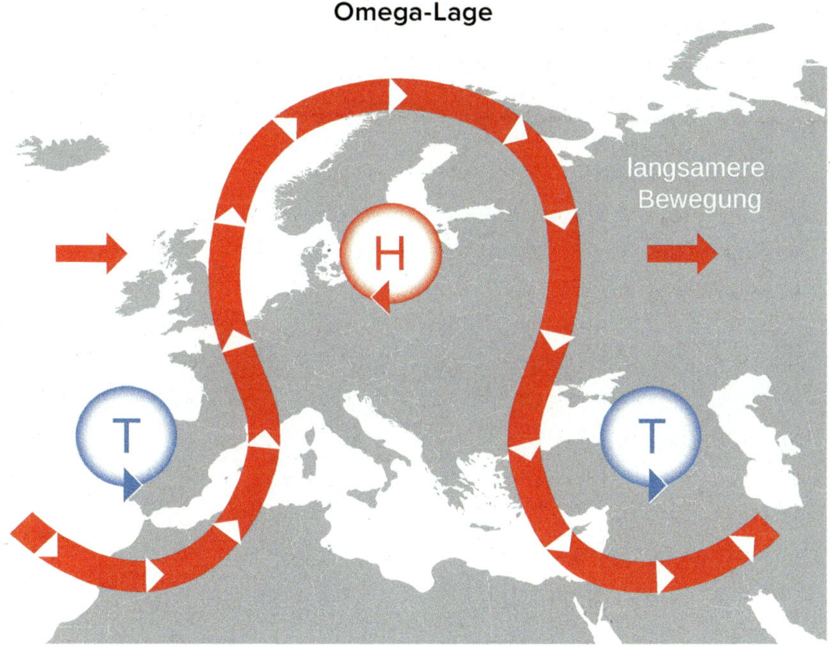

Eigene Darstellung

ermöglicht Extremwetterereignisse wie andauernden Regen und Überschwemmungen sowie Hitze und Dürren. Vermehrte Hitzewellen können durch eine Zunahme dieser Wetterlagen entstehen. Ein Beispiel für solch eine blockierte Wetterlage ist die Omega-Lage, bei der das Hochdruckgebiet eine Form umströmt, die dem griechischen Großbuchstaben Omega ähnelt. Die Omega-Wetterlage zeichnet sich durch ein lang anhaltendes Hochdruckgebiet aus. Auf der anderen Seite gibt es natürlich auch Dauertiefs, die zu Extremwetterereignissen wie Starkregen und Überschwemmungen führen können.

Temperaturunterschiede beeinflussen nicht nur die Windmuster und Wetterlagen, sondern haben auch große Auswirkungen auf die Strömungen der Ozeane und damit den gesamten Wasserkreislauf der Erde. Die Strömungen der Ozeane beeinflussen den Wasserkreislauf maßgeblich durch eine Wärmeaufnahme und -abgabe und durch Verdunstung an der Wasseroberfläche. Mit einer sogenannten thermohalinen Zirkulation sorgen sie für einen permanenten Wärmetransport, der durch Temperatur- und Salzkonzentrationsunterschiede innerhalb der Ozeane hervorgerufen wird, warme Wassermassen in kühlere Regionen bringt und umgekehrt. Diese thermohaline Zirkulation hat große Auswirkungen auf das Klima und wird umgangssprachlich auch als globales Förderband bezeichnet, da es für einen Temperaturausgleich zwischen den Gebieten rund um den Äquator und den Polargebieten sorgt. Eine besondere Rolle kommt dabei der Zirkulation im Atlantischen Ozean zu. Die Atlantische Umwälzzirkulation (Atlantic Meridional Overturning Circulation, AMOC) ist eines der wichtigsten Zirkulationssysteme der Erde.[20] Warme, oberflächennahe und salzhaltige Strömungen aus den Tropen fließen dabei nach Norden, wo der Golfstrom als Teil der westlichen Randströmung die warmen Wassermassen vom Golf von Mexiko in den Atlantik transportiert. In hohen Breiten des Nordens werden die Wassermassen kalt und dichter, sinken schließlich ab und bewegen sich als tiefe, kalte Bodenströmungen am westlichen Rand des Atlantiks wieder gen Süden. Durch die Zirkulation erleben wir im Nordatlantik, in Europa und im Osten der USA milde klimatische Bedingungen. Ohne die AMOC und den Golfstrom wäre ein Großteil Europas mehrere Grad kühler.

Die thermohaline Zirkulation (AMOC)

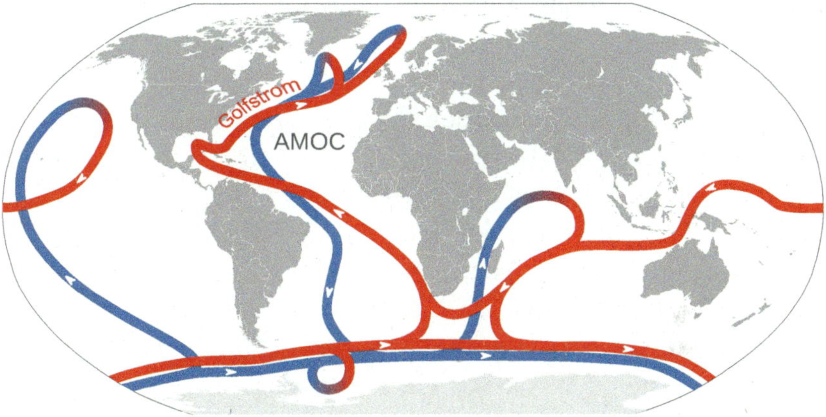

R. Simmon, NASA (2009) / eigene Darstellung

Forschungen haben ergeben, dass sich die AMOC immer mehr abschwächt und sich derzeit sogar an ihrem schwächsten Punkt innerhalb der letzten 1.000 Jahre befindet.[21] Der Klimawandel ist zwar nicht die Hauptursache, hat aber zumindest einen bedeutenden Anteil daran, da dem Nordatlantik durch das Abschmelzen des Grönländischen Eisschildes und durch vermehrte Niederschläge immer mehr Süßwasser zugeführt wird. Dadurch verringern sich Salzgehalt und Dichte, sodass das warme Wasser nicht mehr so leicht sinken kann. Verschiedene Klimamodelle deuten darauf hin, dass die Erderwärmung die AMOC weiter abschwächt. Wenn dies der Fall sein sollte, und Daten belegen, dass diese Prozesse schon im Gang sind, könnten sich ganze Klimamuster ändern. Infolgedessen würden sich Teile des Nordatlantiks abkühlen und weiter südlich gelegene Gebiete entlang der Ostküste der USA erwärmen. In Europa könnte es deutlich kälter werden und mehr Extremwetterereignisse wie Winterstürme geben. Im schlimmsten Fall könnte das Strömungsverhalten ganz kippen und damit schwerwiegende Folgen wie den Zusammenbruch von ganzen Meeresökosystemen haben. Ein weiteres Abschmelzen von Eisschilden und Schelfeis würde die thermohaline Zirkulation darüber hinaus radikal verändern.

5 Extremwetter wird zur Norm

Wie wir mittlerweile fast täglich den Nachrichten entnehmen können, werden Extremwetterereignisse wie Starkregen, Überschwemmungen und Dürren in Zukunft weiter zunehmen. Vor allem Dürren und der damit zusammenhängende Wassermangel bedrohen schon heute viele Regionen der Welt. Dabei ist Wasser für die meisten von uns in Deutschland einfach da, sobald wir es brauchen. Wir duschen, waschen, kochen, sprengen unseren Garten und trinken es sogar direkt aus der Leitung – wann und so viel wir wollen. Wir machen uns keine Gedanken darüber, wo das Wasser herkommt und was passiert, wenn es in den Ausguss fließt. Die Erde ist aber nicht in der Lage, neues Wasser herzustellen.[22] Seit der Entstehung unseres Planeten ist die Menge an Wasser auf der Erde weitgehend dieselbe geblieben. Es wechselt nur zwischen den Aggregatzuständen Eis, Flüssigkeit und Wasserdampf und zirkuliert zwischen Meer, Land und Atmosphäre. Durch den Klimawandel ändern sich nun aber die Aggregatzustände. Die wärmer werdende Erde schwitzt immer stärker und gibt immer mehr Feuchtigkeit in die Atmosphäre ab. Weil auch die Luft immer wärmer wird, kann sie mehr Feuchtigkeit aufnehmen, und zwar sieben Prozent mehr Feuchtigkeit pro Grad Celsius. Da die Erde immer mehr Feuchtigkeit abgibt, bleiben ausgedörrte Böden zurück. Zusätzlich hat das gestiegene Wasserdampfvolumen in der Luft immer mehr Regen mit verheerenden Überschwemmungen zur Folge. Satellitenbeobachtungen zeigen, dass das Wasser im Süd- und Nordpolarmeer wegen verstärkter Niederschläge bereits an Salzgehalt verloren hat und der Salzgehalt des Mittelmeers dagegen aufgrund der trockenen Luft gestiegen ist. Auch die dünnen Ringe der durstigen Bäume zeugen von austrocknenden Böden. Dürren sind natürlich nichts Neues, sie existieren schon lange. Wie Forschende feststellten, kam es in den letzten zwei Jahrtausenden auf allen Kontinenten außer der Antarktis zu außergewöhnlich lang anhaltenden, schweren oder weitverbreiteten Dürren. Doch der menschliche Beitrag zu einzelnen Dürren oder Starkregenperioden kann mittlerweile quantifiziert werden, und es wird immer klarer, dass der Klimawandel die Dürren nicht nur verstärkt und verlängert, sondern sie leider auch zur Norm macht.

Dürren gehören zu den verheerendsten Naturkatastrophen auf der Erde. Durchschnittlich sind weltweit pro Jahr über 70 Millionen Menschen betroffen.[23] Darüber hinaus sind laut Weltgesundheitsorganisation schon 40 Prozent der Weltbevölkerung von Wasserknappheit betroffen, und 700 Millionen Menschen droht die Gefahr, bis zum Jahr 2030 aufgrund von Dürre ihr Land verlassen zu müssen. Sehr stark von Dürren und Wasserknappheit betroffen sind wichtige Nahrungsquellen wie Weizen, Mais und Reis. Über 20 Prozent der weltweiten Weizenproduktion stammen aus Gebieten mit hoher bis sehr hoher Dürregefahr,[24] sodass gravierende Ernteausfälle mit weltweiten Auswirkungen vorauszusehen sind. Mangelnde Niederschläge bedeuten für die lokale Bevölkerung nicht nur Ernteschäden und Trinkwasserknappheit, sondern sie muss darüber hinaus mit wirtschaftlichen und sozialen Katastrophen wie Hungersnot, erzwungener Abwanderung aus Dürregebieten und Konflikten um verbleibende Ressourcen rechnen. Die Regionen mit dem schlechtesten Verhältnis von Wasserbedarf zu verfügbarer Wasserversorgung, dem sogenannten Grundwasserstress, befinden sich laut World Resources Institute in Nordafrika, im Mittleren Osten, Indien und Südafrika. Diese Regionen leiden schon heute unter vielen gesundheitlichen Risiken, die mit einer ungenügenden Wasserversorgung einhergehen, oft ausgelöst durch Dürren, Überschwemmungen und durch Wasser übertragene Krankheiten. Das International Rescue Committee erstellt jedes Jahr eine Emergency Watchlist[25] mit denjenigen Ländern, die von humanitären Krisen und Katastrophen betroffen sind. In erster Linie dient sie dazu, die Notfallbereitschaft sicherzustellen, ist aber auch ein wichtiges Instrument zur Sensibilisierung der Öffentlichkeit. Auf

Platz eins der Watchlist stand 2023 zum ersten Mal Somalia. Nach vielen konfliktreichen Jahren und der fünften ausgefallenen Regenzeit kämpft das Land mit einer verheerenden Dürre. Über acht Millionen Somalier, das ist die Hälfte der Einwohner, sind von Ernährungsunsicherheit bedroht. In Äthiopien, das auf Platz zwei der Watchlist steht, sind nach fünf ausgefallenen Regenzeiten bereits 24 Millionen Menschen von Dürren und 20 Millionen von Ernährungsunsicherheit bedroht.

Besonders bitter ist die Dürre im Kongo, und sie könnte weitreichende Auswirkungen haben. Forscher entdeckten hier vor einigen Jahren das wahrscheinlich größte tropische Torfmoor der Erde, das schätzungsweise 30 Milliarden Tonnen Kohlenstoff enthält, gleichzusetzen mit einer Menge an Kohlendioxid, die die USA in 20 Jahren ausstoßen. Falls dieses Torfmoor austrocknen sollte, würden riesige Mengen an Kohlendioxid in die Atmosphäre gelangen. Auch der Südwesten der USA leidet schon seit der Jahrtausendwende unter der sogenannten Megadürre. Im Vergleich zu normalerweise auftretenden Trockenperioden sind Megadürren außergewöhnlich schwerwiegend, lang anhaltend oder weit verbreitet. Schwere Trockenperioden verändern die Landschaft dramatisch, trocknen Seen aus, führen zu extremen Waldbränden und gefährden die Wasserversorgung. Die Megadürre im Südwesten der USA ist die schlimmste seit mehr als 1.000 Jahren. Der Klimawandel ist dabei zur Hälfte für die Schwere der aktuellen Dürre verantwortlich.[26] Die andere Hälfte ist hauptsächlich auf La Niña zurückzuführen, ein wiederkehrendes Muster der Meeresoberflächentemperatur im Pazifischen Ozean, das mit der Atmosphäre interagiert und das Klima beeinflusst. Aufgrund der Dürre und Übernutzung trocknet auch der größte und wichtigste Fluss der Region, der Colorado River, aus. Seine Austrocknung ist nicht nur für die USA alarmierend, sondern auch für das angrenzende Mexiko, das kaum noch Wasser aus dem Colorado River erreicht. Für die Seen, die vom Colorado River gespeist werden, sind die Bedingungen nicht viel besser. So haben Lake Mead, der größte Stausee der USA, und Lake Powell derzeit die niedrigsten Wasserstände seit ihrer ersten

Befüllung. In Mexiko-Stadt, einer Metropole mit mittlerweile mehr als 22 Millionen Einwohnern, droht der »Day Zero«, der Tag, an dem die Wasserversorgung vollständig zusammenbrechen wird.

Der Klimawandel hat natürlich auch Einfluss auf die Niederschlagsmengen in Europa. Das European Drought Observatory der Europäischen Kommission hat in den letzten 20 Jahren einen gravierenden Rückgang der Regenmengen in Frankreich, Deutschland, Italien und Spanien festgestellt, wobei Deutschland mit einem Minus von 34 Prozent sogar den stärksten Rückgang unter den ausgewählten Ländern aufweist. Die geringeren Regenmengen haben starke Auswirkungen auf die Bodenfeuchte, die in Europa seit 2011 (mit Ausnahme des Jahres 2016) unter dem Durchschnitt der Jahre 1991–2020 liegt.[27]

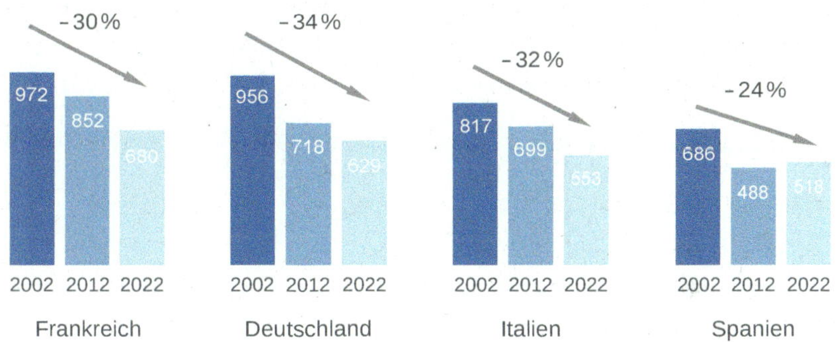

Europäische Kommission, EDO (2023) / eigene Darstellung

Je trockener die Böden, desto höher das Dürrerisiko. Das Aqueduct-Tool vom World Resource Institute misst das Dürrerisiko nach Ländern und zeigt auf, wo Dürren wahrscheinlich sind, welche Bevölkerung und Vermögenswerte gefährdet und wie anfällig diese für Schäden sind.[28] Während die Ukraine und Moldawien die gefährdetsten Länder in Europa sind, liegt Deutschland mit einem mittleren Risiko auf Platz 63 im Länderranking. Innerhalb Deutschlands ist Sachsen-Anhalt das Bundesland mit dem höchsten Dürrerisiko, gefolgt von Mecklenburg-Vorpommern und Schleswig-Holstein. Durch die Dürre kommt es auch in Deutschland und vor allem in den gefährdeten Bundesländern zu Ernteausfällen. Ist der Boden einmal ausgetrocknet, fehlt es den Pflanzen nicht nur an Wasser, sondern auch an Nährstoffen, sodass Wiesen und Weiden nicht mehr genügend Futter für die Viehbetriebe liefern und Futter teuer zugekauft werden muss. Ein trockenes Land stellt auch eine Gefahr für Wald-

Dürrerisiko in Europa

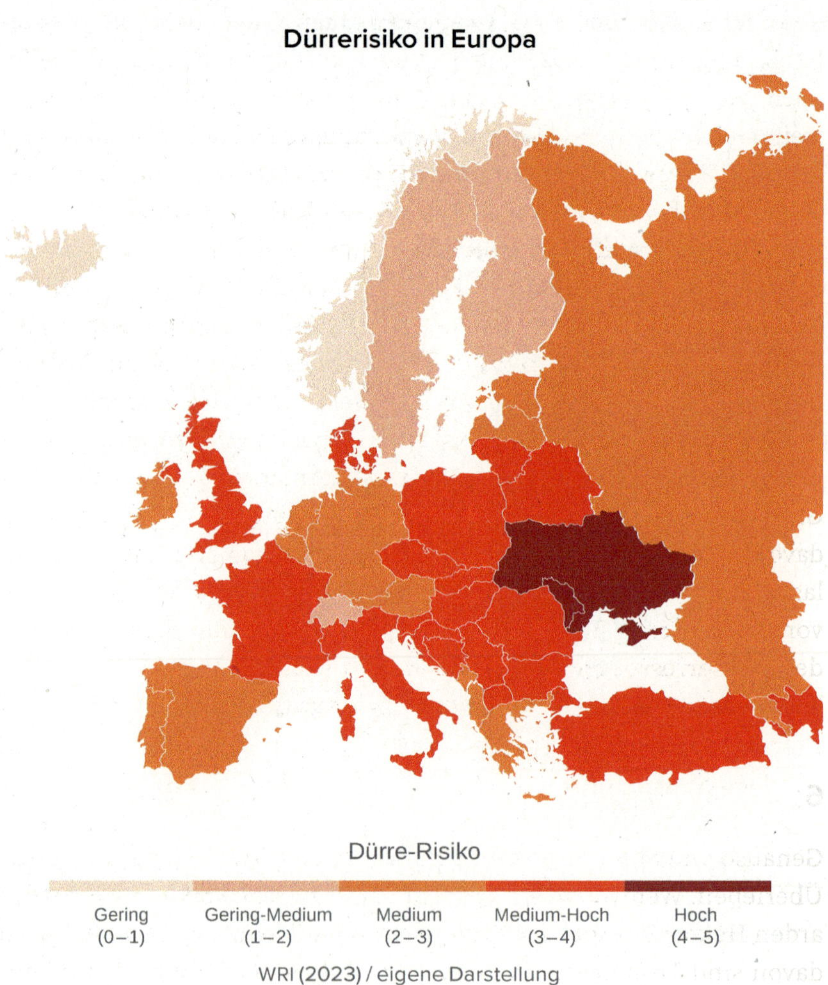

Dürre-Risiko

Gering (0–1) | Gering-Medium (1–2) | Medium (2–3) | Medium-Hoch (3–4) | Hoch (4–5)

WRI (2023) / eigene Darstellung

brände und Starkregen dar. Der Weltklimarat prognostiziert, dass das Dürre- und Überschwemmungsrisiko und die damit verbundenen gesellschaftlichen Schäden voraussichtlich mit jedem Grad der globalen Erwärmung weiter zunehmen werden.

Die immer häufiger auftretenden Dürren und Überschwemmungen gefährden auch die Wasserversorgung. Doch die Versorgung mit sauberem Wasser ist nicht nur für die menschliche Gesundheit, sondern auch für Industrie, Landwirtschaft und Energieerzeugung von entscheidender Bedeutung. Wasserrisiken, insbesondere Wasserknappheit, werden daher zu einer großen humanitären Bedrohung, auch weil der Wasserbedarf mit einer wachsenden Weltbevölkerung weiter steigt. Aufgrund von Bevölkerungswachstum und Verdopplung des Wasserverbrauchs pro Kopf hat sich der weltweite Wasserverbrauch zwischen den Jahren 1930 und 2000 versechsfacht.[29] Schon heute haben etwa zwei Milliarden Menschen keinen Zugang zu sauberem Trinkwasser,[30] und etwa 450 Millionen Kinder leben in Gebieten mit hoher oder extrem hoher Wasserknappheit, haben also nicht genug Wasser, um ihren täglichen Bedarf zu decken. Es muss uns bewusster werden, dass Süßwasser eine sehr wertvolle Ressource ist. Es macht nur etwa 2,5 Prozent der weltweiten Wasserreserven aus und ist vor allem als Eis in der Arktis und Antarktis gebunden und als Grundwasser tief unter der Erde versteckt. Nur ein sehr geringer Teil davon (0,3 Prozent) ist für uns Menschen in Seen, Flüssen und Stauanlagen zugänglich. Der steigende Meeresspiegel droht nun das wenige vorhandene Süßwasser auch noch zu versalzen und die verbleibenden Wasserressourcen zu gefährden. Daher müssen wir schnellstens lernen, behutsamer mit unserem Wasser umzugehen.

6 Wälder verlieren ihre Magie

Genauso wie Süßwasser sind auch unsere Wälder wichtig für unser Überleben. Weltweit machen sie mit einer Fläche von über vier Milliarden Hektar 31 Prozent der globalen Landfläche aus. Fast die Hälfte davon sind Tropenwälder, die sich zwischen dem Äquator und dem

23,5. Grad nördlicher und südlicher Breite befinden. Knapp ein Drittel sind boreale Wälder, die sich ausschließlich im Norden von Skandinavien über Sibirien und Alaska bis in weite Teile Kanadas hinein erstrecken und überwiegend aus Nadelbäumen bestehen. Gemäßigte Wälder setzen sich überwiegend aus sommergrünen Laub- und Mischwäldern zusammen, sie machen 16 Prozent der Wälder aus und befinden sich hauptsächlich zwischen dem 25. und 50. Breitengrad jeweils auf der Nord- und Südhalbkugel, also auch in Deutschland und Mitteleuropa. Die subtropischen Wälder haben mit elf Prozent den geringsten Anteil an der globalen Waldfläche.

Wälder sind nicht nur Lebensraum für unzählige Tier- und Pflanzenarten und bieten uns Menschen Erholung, Ruhe und Entspannung, sondern erfüllen auch wichtige Funktionen in unserem Klimasystem. Als wertvolle Kohlenstoffsenken nehmen sie mehr Kohlendioxid auf, als sie abgeben, sie leisten einen erheblichen Beitrag zum Wasserhaushalt und geben enorm viel Sauerstoff an ihre Umgebung ab. So produzieren ausgewachsene Buchen pro Stunde etwa 1,7 Kilogramm Sauerstoff.[31] Außerdem übernehmen Wälder verschiedene Schutzfunktionen: Sie filtern Feinstaub und Gase aus der Luft, gleichen Temperaturschwankungen aus, verhindern den Bodenabtrag durch Wasser und Wind und liefern Holz als vielseitigen und kohlendioxidneutralen Rohstoff. Trotz all dieser Vorteile erfahren die Wälder nicht den Schutz, den sie verdienen. Durch massive Rodungen, Landnutzungsänderungen und Brände ist der globale Waldbestand in den letzten Dekaden stark zurückgegangen. Dabei verzeichnen die 1990er-Jahre den weltweit größten Verlust mit knapp acht Milliarden Hektar Wald pro Jahr.[32] Seitdem hat das Ausmaß der Entwaldung etwas abgenommen, dennoch verschwinden seit der Jahrtausendwende jedes Jahr immer noch immense Flächen an Wald. So gab es in 2022 einen Verlust von 4,1 Millionen Hektar Wald – das entspricht einer Fläche von elf Fußballfeldern, die pro Minute verloren gehen.

Der größte Waldverlust fand in den letzten 30 Jahren in Südamerika, vor allem im Amazonas-Regenwald, und in Afrika statt. Erfreulicherweise gab es in Europa und Asien durch Aufforstungen und

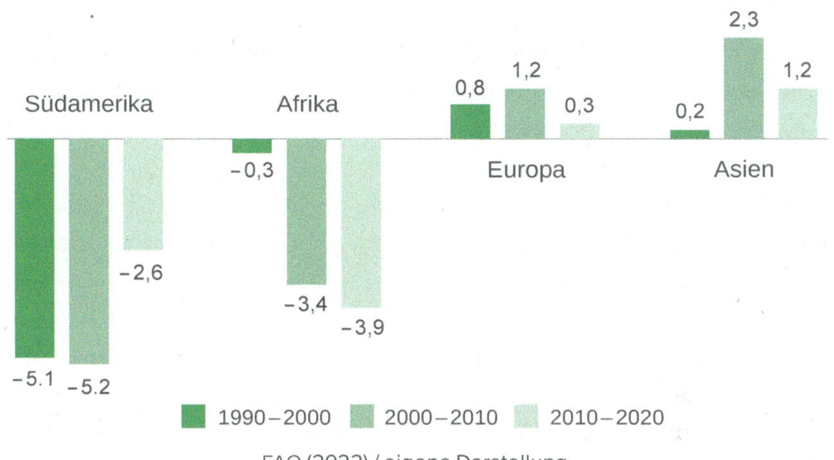

FAO (2022) / eigene Darstellung

eine klimabedingte Vergrößerung der Wachstumszonen einiger Baumarten eine Waldzunahme. Während es in Südamerika in der letzten Dekade zu einem Rückgang der Entwaldung kam, nimmt die Abholzung in Afrika leider weiter zu. Hier kam es weniger zu großen Kahlschlägen, sondern zu einem langsamen Aushöhlen auf kleinen Flächen durch Kleinbauern sowie Minen- und Holzarbeiter. Ursache dafür ist eine wachsende Bevölkerung, die ernährt werden muss und Holz als Brennstoff benötigt. So hat Afrika von dem 350 Millionen Hektar großen Waldbestand von 1900 bereits mindestens ein Drittel verloren. In den Gebieten zwischen Senegal und Nigeria und in ostafrikanischen Ländern wie Äthiopien sind sogar schon 80–90 Prozent der Wälder verschwunden.[33] Schuld an dieser Entwaldung war bisher die oben beschriebene Subsistenzlandwirtschaft, doch mittlerweile sind immer mehr ausländische Investoren an Afrikas Naturressourcen und Exportgütern wie Palmöl, Sesam oder Kakao interessiert und drängen auf weitere Abholzungen. Eine lokale Entwaldung hat jedoch weltweit dramatische Auswirkungen, da die CO_2-Aufnahmekapazität der Wälder stark reduziert wird.

Tragisch ist vor allem der Rückgang der Tropenwälder in Südamerika im Amazonasgebiet, die für die Klimaregulation besonders wichtig sind und eine enorme Artenvielfalt beherbergen. Mit einer Fläche von etwa sechs Millionen Quadratkilometern ist der Amazonas-Regenwald der größte Regenwald der Welt und macht damit mehr als die Hälfte aller Regenwälder aus. Der Großteil seiner Fläche liegt mit 60 Prozent in Brasilien, er umfasst aber noch acht weitere Länder in Südamerika. Das Amazonasgebiet spielt eine wesentliche Rolle im weltweiten Wasser- und Kohlenstoffkreislauf. Es trägt allein 16 Prozent zur globalen Photosynthese bei,[34] speichert gewaltige Mengen an Kohlendioxid in Boden und Vegetation und wirkt wie eine riesige Klimaanlage durch die Aufnahme und Freisetzung von Wasser in die Atmosphäre. Laut WWF bindet der Amazonas-Regenwald zwölf Prozent des Süßwassers der Erde und speichert so viel Kohlendioxid wie kein anderes kontinentales Ökosystem.[35] Der Amazonas ist auch der artenreichste tropische Regenwald der Welt. Hier finden sich zehn Prozent aller auf der Welt lebenden Arten, mehr als 400 verschiedene Säugetiere, 1.200 Vogel-, eine Million Insekten-, 3.000 Fisch- und 40.000 Pflanzenarten.[36] Dieser einmalige Schatz an Biodiversität ist jedoch

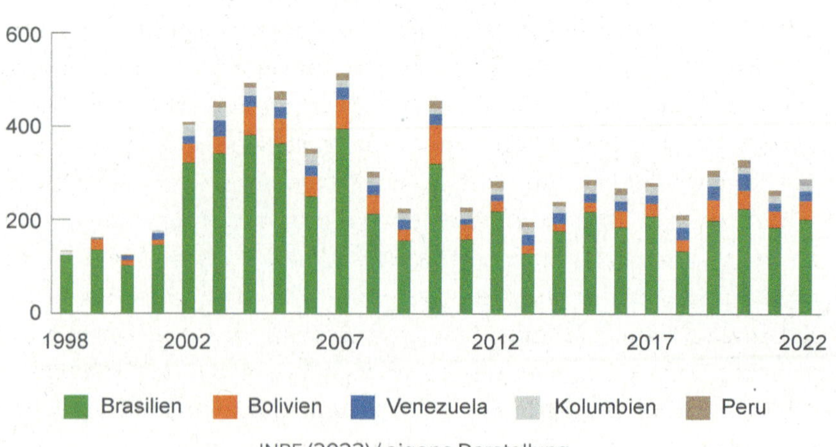

INPE (2023) / eigene Darstellung

stark bedroht. In den vergangenen Jahrzehnten wurden bereits etwa 20 Prozent der brasilianischen Regenwaldflächen für immer vernichtet. Allein im Jahr 2007 wurden knapp 400.000 Waldbrände in Brasilien aufgezeichnet. Damit ist Brasilien mit Abstand das Land mit dem weltweit größten Regenwaldverlust. Zu starker Entwaldung kam es auch in den benachbarten Ländern Bolivien, Venezuela, Kolumbien und Peru.[37]

Hauptursachen für die meist illegale Rodung des Amazonas sind die Schaffung von Weideland für Rinder und die landwirtschaftliche Nutzung, insbesondere für den Anbau von Sojabohnen und Palmöl. Weitere Treiber sind der Abbau von Rohstoffen wie Öl, Coltan oder Gold und die Nutzung von Holz zur Herstellung von Papier und Tropenholzmöbeln. Einer der größten Nutznießer der Entwaldung ist das brasilianische Unternehmen JBS, das mittlerweile mit einem Umsatz von über 70 Milliarden US-Dollar zum größten Fleischkonzern der Welt aufgestiegen ist. Durch die radikale Rodung konnte Brasilien das weltweit größte Anbauland und größter Exporteur von Sojabohnen werden und ist dabei auch Zulieferer von deutschem Schweinefutter.[38]

Die Ausdehnung der Landwirtschaft durch die Entwaldung des Amazonas hat zwar stark zum wirtschaftlichen Aufschwung Brasiliens beigetragen, hinterlässt aber sichtbare Spuren der Verwüstung und beeinträchtigt die Biodiversität des Regenwaldes. Darüber hinaus sorgt der Klimawandel für immer wärmere Temperaturen und trockenes Wetter, das die ohnehin schon anfälligen Böden weiter ausdörrt. Daher besteht die akute Gefahr, dass das Amazonasbecken seine wichtigen Funktionen und seine Artenvielfalt verliert und im schlimmsten Fall zu einer Savanne verkommt. Tritt dies ein, würde der Amazonas in Zukunft mehr Kohlendioxid freigeben, als er aufnimmt, und nicht mehr so funktionieren, wie wir ihn kennen. Die Nahrungsmittelversorgung der Region wäre bedroht, das Risiko von Infektionskrankheiten würde steigen, und aufgrund der Temperaturen und Luftfeuchtigkeit würde der Lebensraum sogar zur tödlichen Bedrohung für die dort lebenden Menschen.

Neben den Tropenwäldern sind auch die borealen Wälder, die aufgrund ihrer Größe und ihrer hohen CO_2-Speicherkapazität eine bedeutende Rolle spielen, durch Holzeinschnitt und Brände zurückgegangen. Dies stellt eine große Gefahr für die vielen Säugetiere und Fische, die Milliarden von brütenden Zugvögeln und die vielen großen Raubtiere dar, die in borealen Wäldern leben oder sie auf Langstreckenwanderungen durchqueren. Die Hälfte aller borealen Wälder wird mittlerweile für die Holzwirtschaft genutzt, sodass es durch den massiven Holzeinschnitt zu einem Verlust der Widerstandsfähigkeit gekommen ist. Trotz des Einschnitts konnten sich die borealen Wälder durch den Klimawandel weiter nach Norden verschieben und der Zugewinn an Wald den Verlust kompensieren. Leider gibt es dennoch einen bedeutenden Rückgang der Biodiversität und eine Verkleinerung der Wanderungskorridore für Lebewesen, die darauf angewiesen sind, andere Klimazonen zu erreichen. Daher befinden sich mittlerweile auch Tiere wie das Rentier, eine nationale Ikone der Kanadier, unter den bedrohten Tierarten.

Waldbrände lassen sich nicht nur in tropischen und borealen Wäldern beobachten, sondern sorgen überall auf der Welt für Schlagzeilen. Ob in Australien, Kanada, den USA, China oder Europa, überall haben Waldbrände verheerende Auswirkungen auf die Umwelt, die Tierwelt, die menschliche Gesundheit und die Infrastruktur. Blitzeinschläge und menschliche Nachlässigkeit haben schon immer unkontrollierte Brände ausgelöst, doch durch Klimawandel, Entwaldung und Landnutzungsänderungen kommt es immer häufiger zu Waldbränden. Die sich ändernden Wetterbedingungen sind dazu ein idealer Treibstoff, der die Brände länger andauern und intensiver werden lässt. Waldbrände werden immer unberechenbarer und nehmen auch an unerwarteten Orten zu, wie in austrocknenden Torfmooren und im auftauenden Permafrost. Große Waldbrände stellen eine riesige Gefahr für unseren Lebensraum dar, sie führen zum Verlust von Tieren und Biodiversität, verschmutzen die Luft und kontaminieren das Wasser. Darüber hinaus treiben sie die Erderwärmung immer weiter an, indem sie riesige Mengen Kohlendioxid in die Atmosphäre entlassen. Besonders besorgniserregend ist, dass sich viele Wälder der Erde bereits von Kohlenstoffsenken in Kohlenstoffquellen verwandelt haben und somit mehr Kohlendioxid freisetzen, als sie aufnehmen können.

Im Vergleich zu Ländern wie Australien oder Staaten wie Kalifornien gibt es in Deutschland bedeutend weniger Waldbrände. Aber auch hier haben die Anzahl der Brände und die Waldbrandfläche in den letzten Jahren zugenommen. In 2022 zerstörten insgesamt 2.397 Waldbrände eine Fläche von 3.058 Hektar – vergleichbar mit der Fläche der Insel Borkum. Die verbrannte Fläche war damit mehr als dreimal so groß wie der jährliche Durchschnittswert seit 1991. Auch in Deutschland macht der Wald einen Anteil von 30 Prozent der Gesamtfläche aus. Die häufigsten Baumarten sind hierzulande die Nadelbäume Fichte (25 Prozent) und Kiefer (23 Prozent), gefolgt von den Laubbäumen Buche (16 Prozent) und Eiche (10 Prozent). Trotz der gestiegenen Waldbrände ist der Waldbestand in Deutschland relativ stabil, was man von der Gesundheit der Wälder leider nicht behaupten kann. Das Bundesministerium für Ernährung und Landwirtschaft (BMEL) begutachtet jährlich den deutschen Waldbestand und untersucht seit 1980 die Schadstufen der unterschiedlichen Bäume in unseren Wäldern.[39] Beurteilungsmaßstab ist hierbei die Verlichtung der Baumkronen im Vergleich zu einer voll belaubten beziehungsweise benadelten Krone. Dabei bedeutet eine Verlichtung von null Prozent eine voll belaubte Krone, während bei einer Verlichtung von zum Beispiel 40 Prozent gegenüber einer voll belaubten Krone 40 Prozent der Blattmasse fehlen.

Das BMEL unterscheidet drei Stufen:

a) »ohne Kronenverlichtung«: keine oder sehr geringe Kronenverlichtung (0–10 %)
b) »Warnstufe«: schwache Kronenverlichtung (11–25 %)
c) »deutliche Kronenverlichtung«: mittelstarke bis starke Kronenverlichtung (über 25 %)

Die Ergebnisse zeigen welch starkem Stress unsere Wälder ausgesetzt sind. Zwar hat es im Jahr 2022 keine deutliche Verschlechterung im Vergleich zum Vorjahr gegeben, aber das Schadensniveau befindet sich weiterhin auf dem höchsten Niveau seit Beginn der Aufnahmen. Der Anteil der gesunden Bäume ohne Kronenverlichtung ist in den letzten Jahren um knapp 20 Prozentpunkte zurückgegangen. In 2022 waren damit nur noch 21 Prozent aller Bäume schadfrei, während 35 Prozent eine deutliche Kronenverlichtung aufwiesen.

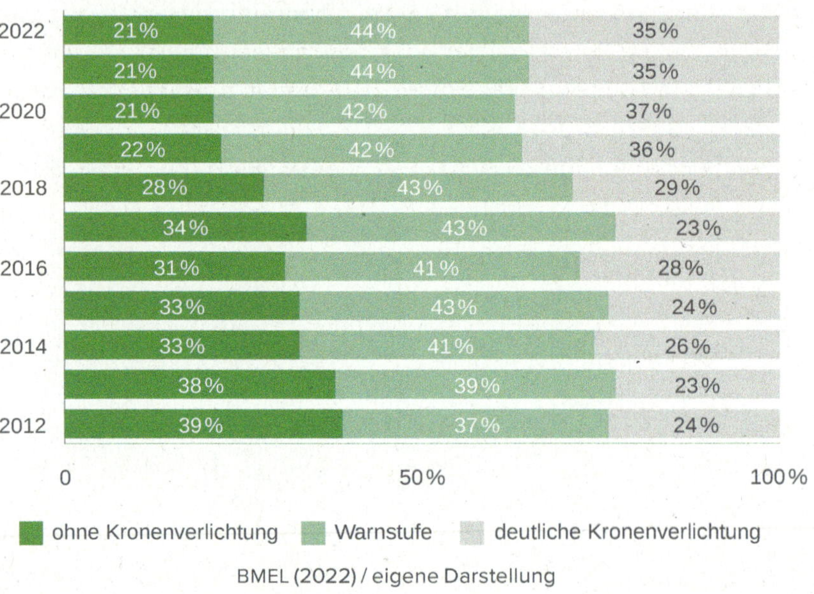

BMEL (2022) / eigene Darstellung

Interessant ist auch ein Blick auf die Entwicklung der sogenannten Ausscheiderate, die seit 2005 kontinuierlich gestiegen ist. Diese gibt an, welche Anteile der Bäume, die in der Erhebung des Vorjahres noch gelebt haben, seitdem entweder abgestorben sind, gefällt wurden oder aus anderen Gründen ausgeschieden sind. Auffällig ist dabei, dass die durch den Klimawandel bedingten Ausscheidegründe zunehmen und es immer mehr sogenannte biotische Ausfälle gibt, an denen Lebewesen, wie zum Beispiel Pilze oder Borkenkäfer, beteiligt sind. Der Borkenkäfer ist einer der gefährlichsten Schädlinge in der Forstwirtschaft und kann sich durch die Trockenheit in Deutschland stark vermehren. Er befällt die von der Dürre geschwächten Bäume, vor allem Fichten, und findet dort ideale Bedingungen für die Vermehrung vor. Steigt die Käferpopulation stark an, können auch gesunde Bäume durch ihren Angriff absterben. Neben den biotischen gibt es auch immer mehr durch den Klimawandel beeinflusste abiotische Ausfälle, an denen keine Lebewesen beteiligt sind. Das sind Ausfälle in erster Linie durch Hitze und Feuer (also Vertrocknen und Verbrennen), durch Wasser, Wind oder Emissionen. Der Zustand der deutschen Wälder ist also genauso besorgniserregend wie die Entwaldung des Amazonas, da unsere hiesigen Wälder ebenfalls wich-

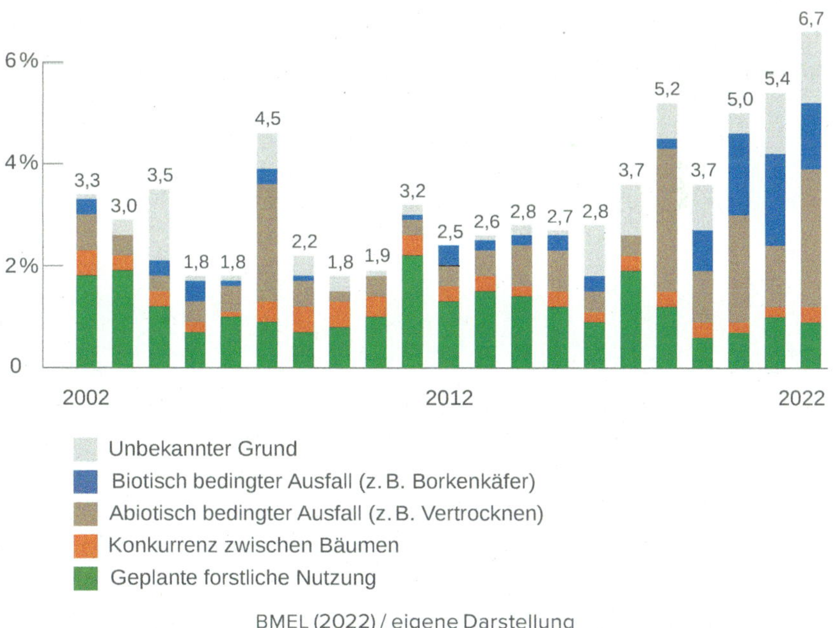

BMEL (2022) / eigene Darstellung

tige Ökosystemleistungen erbringen, deren Verlust deutlich negative Auswirkungen hätte.

7 Die dunkle Seite der Landwirtschaft

Wie die Landnutzungsänderungen im Amazonasgebiet zeigen, nimmt die Landwirtschaft als Teil der globalen Nahrungsmittelindustrie immer mehr Raum ein. Seit der Industrialisierung ist die Landwirtschaft nicht nur stark gewachsen, um eine immer größer werdende Weltbevölkerung zu ernähren, sondern hat sich auch deutlich professionalisiert. Dank der technischen Fortschritte und dem Einsatz von Dünge- und Pflanzenschutzmitteln kam es zu einer enormen Produktivitätssteigerung. So hat sich die Zahl der Erwerbstätigen in der Landwirtschaft zwar von 4,8 Millionen im Jahr 1949 auf nur noch knapp 500.000 im Jahr 2021 reduziert, die Erträge sich aber teilweise mehr als verdoppelt.[40] Während ein Landwirt vor 70 Jahren insgesamt zehn Menschen ernähren konnte, sind es heute mit 139 Menschen 14-mal so viele. Die Landwirtschaft hat die Meisterleistung vollbracht, innerhalb weniger Jahrzehnte die Nahrungsmittelproduktion so anzukurbeln, dass eine mittlerweile doppelt so große Weltbevölkerung davon leben kann. Es gibt jedoch auch die Kehrseite der Intensivlandschaft mit schädlichen Auswirkungen für Mensch und Umwelt.

Eine Folge der Intensivlandschaft sind die Monokulturen auf den Äckern. In dem sehr lesenswerten Buch *Was hat die Mücke je für uns getan?* von Frauke Fischer und Hilke Oberhansberg beschreiben die beiden Autorinnen sehr eindrücklich, wie stark die auf Effizienz getrimmte Landwirtschaft die Biodiversität und Vielfalt der Pflanzen verdrängt hat. So sind in den letzten 100 Jahren etwa 75 Prozent der globalen Nahrungsmittelvielfalt verloren gegangen. Von etwa 200.000 essbaren Pflanzen sind nur 150 Arten in größerem Umfang kultiviert worden, und der Großteil unserer Nahrung wird aus Mais, Weizen und Reis produziert. Diese Monokulturen bergen das Risiko von weitläufigen Ernteausfällen durch spezialisierte Schädlinge, die

Auswirkungen der Landwirtschaft auf die Umwelt

Belastungen	Treibhausgas-emissionen	Stickstoff- / Phosphor-überschuss	Ammoniak-emissionen	Anwendung Arzneimittel	Eindringen in Umwelt	Wasser-verbrauch	Boden-verdichtung
Hauptquellen	Viehhaltung	Düngen	Dung-wirtschaft	Antibiotika	Pestizide	Süßwasser	Schwere Maschinen
Auswirkungen							
Wasserverschmutzung		○	(○)	○	○		
Eutrophierung		○	(○)				
Biologische Vielfalt		○			○		
Bodenfruchtbarkeit					○		○
Antibiotikaresistenzen				○			
Klimawandel	○		○				
Luftverschmutzung	○	(○)	○				
Wasserübernutzung						○	

EEA (2020) / eigene Darstellung

eine bestimmte Sorte angreifen und ausmerzen können. Zudem sind unsere Nahrungsmittelsysteme abhängig von Importen aus wenigen Ländern und damit anfällig bei Engpässen in der Lieferkette.

Darüber hinaus verursacht die Intensivierung der Landwirtschaft eine beträchtliche Umweltverschmutzung und erzeugt elf Prozent der globalen Treibhausgasemissionen. Hinzu kommen die Emissionen, die durch Umwandlung, Nutzung und Bewirtschaftung von Landflächen und Wäldern (LULUCF) entstehen und einen weiteren Anteil von sieben Prozent beisteuern. Die Intensivlandwirtschaft ist nicht nur ein starker Umweltbelaster, sondern beansprucht immer mehr bewohnbare Fläche für die Viehhaltung und trägt durch die umfangreichen Landnutzungsänderungen massiv dazu bei, dass wertvolle Flächen wie Moore für die Beweidung von Milchkühen trockengelegt werden und damit verloren gehen. Ehemalige Moore verursachen allein in Deutschland so viele Emissionen wie der gesamte inländische Flugverkehr.[41]

Der größte Verursacher von Treibhausgasen in der Landwirtschaft ist die Viehhaltung.[42] Durch sogenannte Fermentationsprozesse während des Verdauungsvorgangs von Wiederkäuern, vor allem von Rindern, entstehen schädliche Methanemissionen. Vereinfacht ausgedrückt, ist das Rülpsen und Pupsen der Kühe schädlich für unser Klima. Das Umweltbundesamt schätzt, dass rund 30 Prozent der weltweit emittierten Methanemissionen aus der Viehhaltung stammen. Besonders folgenreich ist auch der Einsatz von Düngemitteln, denn die darin enthaltenen Stickstoffe und der enthaltene Phosphor wirken sich negativ auf die Bodenfruchtbarkeit und die Qualität der Gewässer aus. Während der Verbrauch von Düngemitteln in Deutschland in den letzten 20 Jahren um 34 Prozent zurückgegangen ist, stieg der weltweite Verbrauch jedoch um 40 Prozent.[43] Da in der Landwirtschaft mehr gedüngt wird, als von den Pflanzen aufgenommen werden kann, kommt es zu einem Stickstoffüberschuss, der in die Umwelt abgegeben und im Laufe der Zeit zu Nitrat umgewandelt wird. Das Nitrat belastet das Grundwasser und trägt zur Nährstoffüberversorgung der Gewässer (auch Eutrophierung genannt) bei. Auch Flüsse, Seen und Meere werden durch Nitrat belastet und eutrophieren. Durch die starke Nährstoffversorgung wird die Algenproduktion angeregt, was wiederum zu erheblichem Sauerstoffmangel im Wasser führen kann. Eine Eutrophierung von Gewässern hat nicht nur erhebliche Auswirkungen auf die Umwelt, sondern auch auf die Artenvielfalt, sodass Würmer, Muscheln, Krebse und Fische in diesen sauerstoffarmen Todeszonen oft nicht überleben können. Bei der Umsetzung von Stickstoffverbindungen im Boden entsteht durch natürliche Prozesse außerdem das ebenfalls schädliche Lachgas. Lachgasemissionen aus landwirtschaftlichen Böden haben einen erheblichen Anteil an den Treibhausgasen aus der Landwirtschaft. Darüber hinaus entstehen in der Tierhaltung und durch die Lagerung und Ausbringung von Wirtschaftsdüngern Ammoniakemissionen, welche die Luft beeinträchtigen und die Land- und Wasserökosysteme beschädigen.

Die Verwendung von Tierarzneimitteln ist in der EU zwar streng reglementiert, weltweit werden dennoch große Mengen eingesetzt, insbesondere Antibiotika als Wachstumsbeschleuniger. In den USA werden erstaunliche 65 Prozent der medizinisch wichtigen Antibiotika in der Viehhaltung eingesetzt. Allein Rinder und Schweine bekommen dort 44 Prozent mehr Antibiotika als die Menschen.[44] Ein übermäßiger Einsatz führt jedoch zu gefährlichen Resistenzen, denen wir immer häufiger begegnen. Außerdem gelangen Rückstände in Böden und Grundwasser, die sich ungehindert verbreiten können.

Auch der Einsatz von Pflanzenschutzmitteln (Pestiziden) ist in Deutschland in den letzten Jahren zurückgegangen. Weltweit werden sie aber noch immer in großem Umfang in der Landwirtschaft eingesetzt. Auch wenn Pflanzenschutzmittel vor verschiedenen Schadorganismen schützen, schadet der intensive Einsatz der Umwelt und ist eine der Hauptursachen dafür, dass die Pflanzenwelt verarmt und vielen Tierarten die Nahrungsgrundlage entzogen wird. Die Landwirtschaft gilt daher als einer der Hauptgründe für das Insektensterben. Pestizide belasten darüber hinaus das Grundwasser und sind damit auch schädlich für uns Menschen. Weltweit erkranken jährlich 385 Millionen Menschen an Pestizidvergiftungen.[45] Auch in Deutschland sind die Pestizide nicht immer zweifelsfrei ungefährlich. Das weltweit meistverkaufte Unkrautbekämpfungsmittel Glyphosat wurde schon 2015 von der Internationalen Agentur für Krebsforschung (IARC) als wahrscheinlich krebserregend eingestuft.[46] Dennoch wurde es von der EU im Jahr 2023 für weitere zehn Jahre zugelassen. So werden auch die deutschen Apfelbäume weiter bespritzt – mit durchschnittlich 20- bis 30-mal pro Saison sogar recht häufig.

Ein weiteres globales Problem der Landwirtschaft ist ihr enormer Süßwasserverbrauch. Die Landwirtschaft ist der Sektor mit der höchsten Wasserentnahme weltweit. Laut der Worldbank liegt der Anteil der Landwirtschaft an der globalen Wasserentnahme bei 71 Prozent. Allerdings ist der Anteil regional unterschiedlich. So liegt er in Deutschland bei nur 1,4 Prozent, in den USA bei 40 Prozent, in China und Brasilien bei 62 Prozent und in Somalia und Afghanistan sogar bei über 98 Prozent.[47] Der hohe Verbrauch ist bei der lokalen Wasserknappheit in vielen Regionen der Welt eine große Herausforderung und bereits heute Grund für Krieg und Migration. Eine weitere Herausforderung der Landwirtschaft liegt in der Verwendung von schweren Maschinen wie Traktoren und Mähdreschern, die dazu führen, dass Böden degradieren und verdichten und so die Bodenfruchtbarkeit und das Wasserhaltevermögen abnehmen. Mittlerweile sind mehr als 60 Prozent der Böden in der EU geschädigt.[48]

8 Massentierhaltung macht krank

Die Intensivlandwirtschaft wirkt sich nicht nur negativ auf unser Klima und unsere Umwelt aus, sondern sie beeinflusst auch ganz wesentlich das Tierwohl und die Gesundheit von uns Menschen. Als Teil der Landwirtschaft hat sich die Massentierhaltung in den letzten Jahrzehnten ebenso weiter konzentriert und professionalisiert. Die Anzahl der landwirtschaftlichen und tierhaltenden Betriebe hat in Deutschland kontinuierlich abgenommen, dafür sind die größeren Betriebe stetig gewachsen und die Anzahl der Tiere pro Betrieb stark gestiegen. Anfang der 1990er-Jahre gab es pro Betrieb durchschnittlich 90 Schweine, 313 Hühner und 46 Rinder. Im Jahr 2020 waren es 1.278 Schweine, 3.222 Hühner und 85 Rinder.[49] Milchkühe, Rinder, Masthühner, Legehennen und Schweine sollen heute möglichst effizient Milch, Fleisch und Eier produzieren und so schnell wie möglich ihr Schlachtgewicht erreichen. Und das Schlachtgewicht wird sehr schnell erreicht. Dass die Lebenserwartung von Tieren in der Massentierhaltung kürzer ist als in freier Natur, ist nachvollziehbar, aber wie groß die Unterschiede wirklich sind, ist schon erstaunlich. Die Schlachtung von Mastbullen ist schon nach 18–20 Monaten vorgesehen und die von ausgedienten Milchkühen nach fünf bis sechs Jahren.[50] In freier Natur können Rinder aber bis zu 20 Jahre alt werden. Masthühner werden schon nach fünf bis sieben Wochen und Legehennen nach 16 Monaten geschlachtet. Ihre normale Lebenserwartung liegt bei etwa drei bis fünf Jahren. Schweine können acht bis zehn Jahre alt werden, liegen aber schon nach sechs bis sieben Monaten im Schlachthof. Ein Leben in der Massentierhaltung ist also sehr kurz. Es bleibt zu hoffen, dass dieses wenigstens ohne großes Leid und Schmerzen abläuft. Leider ist das Gegenteil der Fall, auch wenn die verschiedenen Haltungsformen auf den Verpackungen den Verbrauchern etwas anderes suggerieren.

Die meisten Milchkühe (89 Prozent) werden im Laufstall gehalten, und der Anteil der Kühe, die im Sommer Weidegang haben, liegt nur bei 31 Prozent.[51] Schweine bekommen noch seltener Auslauf. Nur rund ein Prozent ihrer Haltungsplätze ist mit einem Zugang zu einem Auslauf versehen. Knapp 96 Prozent der Schweine leben auf Betonspaltenböden, damit der Kosteneinsatz reduziert wird und die Schweine durch die rasche Ableitung der Ausscheidungen gesund und sauber gehalten werden können. Legehennen kommen am häufigsten in den Genuss von Frischluft: 21 Prozent genießen eine Freilandhaltung und 14 Prozent eine ökologische Erzeugung, der Rest lebt aber auch hier in der Bodenhaltung. Man würde meinen, dass die Mindestanforderungen in der Tierhaltung dem Tierschutzgesetz entsprechen. Dieses sieht eine verhaltensgerechte Unterbringung vor und soll Tiere vor vermeidbaren Leiden oder Schäden schützen. Die Haltungsform 1 (Stallhaltung) sieht eine gesetzlich vorgeschriebene Mindestfläche von 0,75 Quadratmetern für ein Schwein vor, das bis zu 110 Kilo wiegt. In der Haltungsform 4 (Premium) bekommt das Schwein 100 Prozent mehr Platz, also ganze 1,5 Quadratmeter, darf auch mal raus und bekommt ein bisschen Stroh zum Zeitvertreib.[52] In der freien Natur verbringen Schweine die meiste Zeit des Tages mit der Nahrungssuche. In Gruppen suchen sie gemeinsam großflächig nach Pilzen, Knollen oder Käfern. Die Masthaltung unterbindet diesen Drang nach Erkundung und ist keineswegs verhaltensgerecht. Rinder sind Pflanzenfresser und fressen Gras, Kräuter und Klee auf der Weide. Der Plan für eine Mastbullenfütterung sieht für eine tägliche Zunahme von 1.350 Gramm allerdings nur einen Anteil von zwei Prozent für Stroh vor.[53] Die Bullen werden zu einem Großteil von Mais als Grundfutter (84 Prozent) mit Beimischungen von Getreideschrot, Soja und Raps ernährt. Weltweit werden knapp 60 Prozent des Maisanbaus und 57 Prozent des Sojaanbaus als Viehfutter verwendet.[54] Artgerecht sieht anders aus.

Der gemeinnützige Verein Foodwatch setzt sich mit den Rechten von Verbrauchern und der Qualität von Lebensmitteln auseinander. Sein aktueller Report »Tierleid im Einkaufskorb«, der die Erkenntnisse von 14 verschiedenen Studien zusammenfasst, zeigt auf, wie die Massentierhaltung die deutschen Nutztiere krank macht. So wurde bei Deutschlands zweitgrößtem Fleischkonzern Vion im ersten Quartal 2022 bei 40 Prozent aller Schlachtschweine eine Erkrankung festgestellt. Etwa jedes fünfte Schwein ist von Atemwegsinfekten wie Lungenentzündungen betroffen, und Schweine in Freilandhaltung leiden an Schäden an den Schwänzen, Arthritis oder Hautverletzungen. Auch Milchkühe leiden häufig unter Krankheiten. Aufgrund der enormen Milchleistung von bis zu 60 Litern am Tag haben über die Hälfte aller Kühe Euterentzündungen. Darüber hinaus erfordert die Milchleistung einen beträchtlichen Energiebedarf, sodass bis zu ein Drittel der Kühe an Untergewicht leidet, welches negative Auswirkungen auf Organe und die Lebenserwartung hat. Bis zu 40 Prozent der Kühe leiden außerdem an Lahmheiten wie Klauenerkrankungen. Ähnlich wie Milchkühe vollbringen die Legehennen mit einer Produktion von 320 Eiern im Jahr eine enorme Energieleistung, die einen hohen Verbrauch von Kalzium mit sich bringt. Dieses fehlt den Hennen für den eigenen Skelettaufbau, sodass bei 97 Prozent aller Legehennen das Brustbein bricht und die Hennen unter ihrem eigenen Gewicht zusammenbrechen. Besorgniserregend sind die Ergebnisse von Foodwatch vor allem deshalb, weil die verschiedenen Haltungsformen dabei keinen Unterschied machen. Tiere aus der Haltungsform 4 (Premium) und aus ökologischen Betrieben sind genauso oft krank wie Tiere aus der Haltungsform 1 (Stallhaltung).

Und auch andere Tiere müssen leiden. Um die Fruchtbarkeit von Schweinen zu erhöhen, wird ihnen das Hormon PSMG gespritzt, welches trächtigen Stuten literweise und oft qualvoll entnommen wird.[55] Diese systemische Quälerei ist kaum bekannt und wird in Kauf genommen. Was zählt, ist die gesteigerte Effizienz in der Schweinezucht. Häufig werden Tiere schon vor der Schlachtung entsorgt, weil sie entweder krank sind oder ihre Aufgabe nicht mehr erfüllen können. Geben sie aufgrund einer Krankheit zu wenig Milch oder legen sie zu wenige Eier, werden sie aussortiert, damit sie keinen unnötigen Stellplatz einnehmen und übermäßig Futtermittel verbrauchen. In Deutschland werden jährlich knapp 14 Millionen Schweine schon

Die Leiden der deutschen Nutztiere

40 %

der Schweine haben krankhafte Befunde wie Lungenentzündungen

97 %

aller Legehennen (auch Bio-Freiland) haben ein gebrochenes Brustbein

54 %

der Kühe aus ökologischen Betrieben haben eine Euterentzündung

Foodwatch (2023) / eigene Darstellung

vor der Schlachtung entsorgt – das sind 21 Prozent der geborenen Schweine. 2021 wurden 590.000 Milchkühe wegen einer Verletzung notgetötet und in Tierkörperbeseitigungsanlagen entsorgt.

Wir trinken also Milch von kranken Kühen, wir essen Fleisch von kranken Schweinen und Rindern, und wir verzehren Eier von kranken Hennen. Natürlich haben die Erkrankungen der Nutztiere auch Auswirkungen auf uns Menschen. Die heute produzierte Milch ist mit Hormonen und Antibiotika belastet, entsteht aus genmanipuliertem Kraftfutter aus Brasilien und stammt aus entzündeten Eutern. Darüber hinaus schreiben immer mehr Studien der Milch eine krebsfördernde Wirkung zu. So hat eine Studie der Loma-Linda-Universität (USA) herausgefunden, dass eine höhere Aufnahme von Milch mit einem höheren Brustkrebsrisiko verbunden ist.[56] Eine Studie aus China kam zu einem ähnlichen Ergebnis: Menschen, die regelmäßig Milchprodukte konsumierten, haben ein deutlich höheres Risiko, an Leber- und Brustkrebs zu erkranken.[57] Ebenfalls bestehen Verbindungen zwischen Milchkonsum und Prostatakrebs.[58] Interessanterweise sind wir Menschen die einzigen Lebewesen, die ihr ganzes Leben lang Muttermilch von einem anderen Tier trinken. Kein anderes Tier trinkt nach dem Abstillen weiterhin Milch, außer vielleicht unsere Haustiere. Daher ist es auch nicht verwunderlich, dass weltweit 75 Prozent aller Menschen eine genetisch bedingte Laktoseintoleranz haben.[59] Kuhmilch ist nicht dafür vorgesehen, von erwachsenen Menschen getrunken zu werden. Trotzdem hat die Milch schon immer einen sehr hohen Stellenwert in der Lebensmittelindustrie und damit auch in unserer Ernährung. Deutschland ist schließlich der führende Milchproduzent in der EU. Während die Auswirkungen eines zu hohen Milchkonsums noch nicht ausreichend erforscht sind, hat die Internationale Agentur für Krebsforschung der Weltgesundheitsbehörde bereits 2015 den Verzehr von rotem Fleisch und Wurst als krebserregend eingestuft.[60] Dabei gilt der Verzehr von Rind, Kalb, Schwein und Lamm als »wahrscheinlich krebserregend« und der Verzehr von verarbeiteten Fleischwaren (Schinken, Wurst, Hot

Dogs, Fleischzubereitungen usw.) ebenso wie das Tabakrauchen als »krebserregend«.

Aufgrund dieser Erkenntnisse und eines daraus folgenden bewussteren Ernährungsverhaltens hat der Verzehr von Geflügelfleisch in den letzten Jahren deutlich zugenommen. Doch kaum einem Verbraucher wird bekannt sein, dass vor allem Hähnchenfleisch sehr häufig mit multiresistenten Keimen belastet ist. Eine Analyse im Auftrag von GermanWatch aus dem Jahr 2019 hat die Fleischqualität der deutschen Discounter Lidl, Aldi, Penny, Netto und Real untersucht und festgestellt, dass mehr als jede zweite Fleischprobe mit Antibiotikaresistenzen kontaminiert ist und mehr als jedes dritte Hähnchen mit Keimen, die Resistenzen gegen Reserveantibiotika aufweisen, belastet ist.[61] Reserveantibiotika werden bei Menschen gegen Infektionserkrankungen eingesetzt, wenn alle anderen Antibiotika nicht mehr wirken. Seit diesen Funden scheint sich aber nicht viel verbessert zu haben. Ein Greenpeace-Test von Fleisch auf antibiotikaresistente Bakterien im Jahr 2021 stellte bei einem Viertel der getesteten Schweinefleischprodukte Belastungen fest,[62] und in einer Untersuchung aus dem Jahr 2023 wurden sogar in 71 Prozent der Hühnerfleischproben Keime gefunden.[63] Durch den hohen Einsatz von Antibiotika in der Massentierhaltung gewöhnen sich Krankheitserreger an Antibiotika und werden immun, was schwerwiegende Folgen wie deutlich längere oder schwerere Krankheitsverläufe oder sogar tödliche Konsequenzen für uns Menschen hat.

9 Überall Plastik

Plastik ist aus unserem Alltag kaum mehr wegzudenken. Wer zu Hause den Müll trennt, ist sich bewusst, wie viel Verpackungsmüll täglich anfällt. Schon 2016 wurden weltweit eine Million Plastikflaschen pro Minute verkauft. Aber nicht nur Flaschen und Verpackungen bestehen aus Plastik, sondern auch die Bau-, Automobil- und Elektroindustrie sind auf kunststoffbasierte Produkte angewiesen, um diese weiterzuverarbeiten. Im Jahr 2021 stieg die weltweite Produktion von Plastik um vier Prozent auf über 390 Millionen Tonnen.[64] Das ist eine ziemlich große Menge Plastik, die genauso viel wiegt wie alle auf der Erde lebenden Menschen zusammen.[65] Aufgrund der wachsenden Weltbevölkerung, erhöhter Kaufkraft und steigender Nachfrage nach Kunststoffprodukten wird die Plastikindustrie voraussichtlich noch weiter wachsen.

Ein überraschender Vergleich

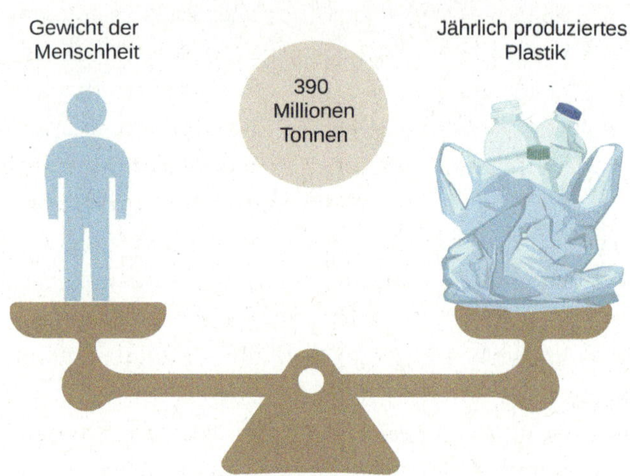

Plastics Europe (2022) / eigene Darstellung

Die Herstellung von Plastik verursacht enorm viele Treibhausgase. Für die Produktion von einer Tonne Plastik werden fünf Tonnen CO_2-Äquivalente freigesetzt.[66] Eine ebenso große Herausforderung ist die Entsorgung von Plastik, weil es nicht abbaubar ist, sobald es in die Umwelt gelangt. Und es gelangt leider sehr viel Plastik als Abfallprodukt oder in Form von Mikroplastik in die Umwelt. Der Anteil des Plastiks, das recycelt wird, lag 2021 weltweit bei nur acht Prozent. Vor allem in Asien ist die Infrastruktur für Recycling und Abfallmanagement oft schlecht oder kaum vorhanden, sodass ein Großteil des Mülls dort verbrannt oder in Flüssen entsorgt wird. Vor allem Müllexporte landen oft auf illegalen Mülldeponien in Asien. Deutschland hat den

Anteil der Müllexporte insgesamt und den Export in asiatische Länder (auch aufgrund von Einfuhrbeschränkungen) in den letzten Jahren zwar reduziert, ist 2022 aber immer noch der größte Exporteur von Plastikmüll aus der EU.[67] Statt nach Asien zu exportieren, landet ein Großteil des aktuellen Müllexports nun in den Niederlanden, die wichtiger Umschlagplatz für die Seefracht sind, sodass anzunehmen ist, dass der Müll von dort aus weitertransportiert wird. Trotz der Einfuhrbeschränkungen der asiatischen Länder entladen diese immer noch große Mengen an Müll in ihre Gewässer. Die fünf Länder China, Indonesien, Thailand, Philippinen und Vietnam sind für die Hälfte des ins Gewässer entsorgten Plastikmülls verantwortlich.[68] Um diese und andere Drittländer vor Plastikmüll zu schützen, hat die EU Ende 2023 ein Exportverbot in jene Länder erlassen, die nicht zur OECD gehören. Laut Heinrich-Böll-Stiftung sind bisher insgesamt 86 Millionen Tonnen Plastik ins Meer eingebracht worden, und es kommen jedes Jahr etwa zehn Millionen Tonnen dazu.

Wollen wir verhindern, dass Plastikmüll in Flüssen und Ozeanen entsorgt wird, müssen wir mehr recyceln. In Deutschland ist das Abfallmanagement fortgeschrittener als in anderen Ländern, und auch die deutsche Bevölkerung hat in den letzten Jahren ein stärkeres Bewusstsein entwickelt und konnte zum Beispiel die Plastiktüte aus dem Alltag nahezu verbannen. Die Recyclingmenge hat sich in Deutschland seit 2006 mehr als verdoppelt, sodass die Recyclingquote mit 42 Prozent weit über dem globalen Durchschnitt liegt. Nur die Niederlande, Norwegen und Spanien recyceln mehr Kunststoffabfälle als die Deutschen. Der Großteil der deutschen Kunststoffabfälle wird als Energie zurückgewonnen. Auch hier stieg die Menge in den letzten Jahren kontinuierlich an. Nur zwei Prozent des Kunststoffabfalls werden auf Deponien entsorgt, was einen Rückgang von 80 Prozent gegenüber 2006 darstellt und sehr positiv zu bewerten ist, da Deponien die letzte abfallwirtschaftliche Option sind, wenn Abfälle nicht recycelt oder anderweitig verwertet werden können. Leider gibt es in Europa aber noch viele Länder (wie Griechenland, Kroatien und Lettland), die ihre Kunststoffabfälle auf Mülldeponien entsorgen. Dieser

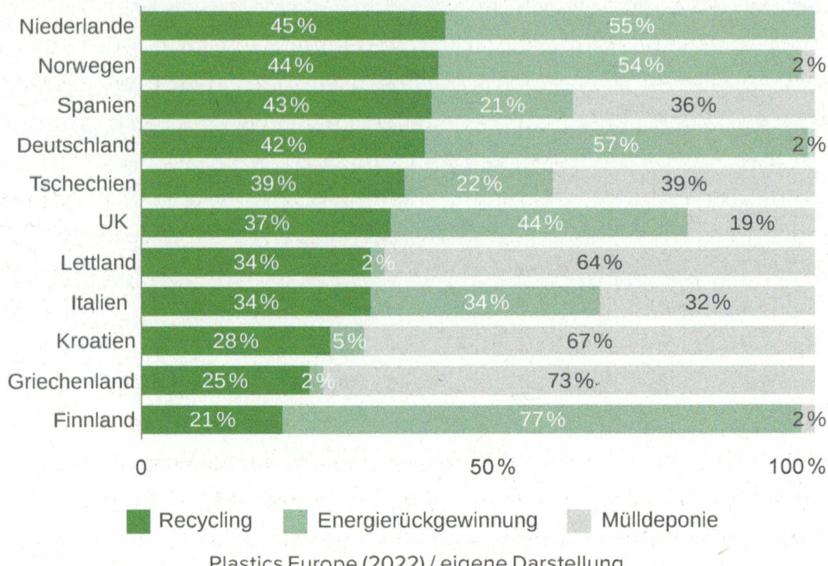

Plastics Europe (2022) / eigene Darstellung

Plastikabfall wird früher oder später durch UV-Strahlung, Bakterien, Salz, Temperaturschwankungen oder Reibung zersetzt. Daraus entsteht Mikroplastik.

Als Mikroplastik werden kleinste Plastikteile mit einem Durchmesser von weniger als fünf Millimetern bezeichnet, wobei zwischen primärem und sekundärem Mikroplastik unterschieden wird. Primäres Mikroplastik wird bewusst als solches hergestellt und bestimmten Produkten beigefügt, wie zum Beispiel Granulate oder flüssiges Plastik in Kosmetikartikeln oder Hygieneprodukten wie Zahnpasta oder Duschgel. Sekundäres Mikroplastik entsteht, wenn Kunststoffprodukte genutzt oder entsorgt werden, vor allem beim Abrieb von Autoreifen oder durch das Waschen synthetischer Textilien. Mikroplastik ist so klein, dass Klärwerke die winzigen Partikel nicht ausreichend aus dem Abwasser herausfiltern können und diese ungehindert aus den Haushalten in die Umwelt und damit auch in die Nahrungskette gelangen. Mikroplastik ist mittlerweile fast überall in der Natur zu finden und gelangt über Flüsse und Meeresströmungen selbst in entlegene Regionen wie den Tiefseeboden der Arktis.[69]

Mikroplastik konnte schon in zahlreichen Lebewesen (von Insekten bis zu Säugetieren) nachgewiesen werden. Daten aus Tierversuchen zeigen, dass sich die Mikropartikel nach der Aufnahme in vielen lebenswichtigen Organen wie Herz, Lunge, Nieren, Fortpflanzungsorganen und sogar im Gehirn verteilen können. Das größte Lebewesen des Planeten, der Blauwal, nimmt mit schätzungsweise zehn Millionen Partikeln pro Tag das meiste Plastik auf, da er sich fast ausschließlich von Garnelen ernährt, die Plastikteilchen häufig unbewusst passiv aufnehmen oder sie mit Nahrung verwechseln.[70] Wie man sich denken kann, hat Mikroplastik schwerwiegende Auswirkungen auf die Gesundheit vieler Tiere. Oft gerät ihr Stoffwechsel außer Balance, es kommt zu Entzündungen, Verhaltensänderungen, strukturellen Schäden der Organe und zu verminderter Fruchtbarkeit und Entwicklungsverzögerungen. Außerdem verhungern viele Tiere, deren Verdauungsapparat mit Plastik verstopft ist, sodass das Hungergefühl unterdrückt wird. Wale und Delfine verfangen sich zudem

Wie kommt Mikroplastik ins Meer?

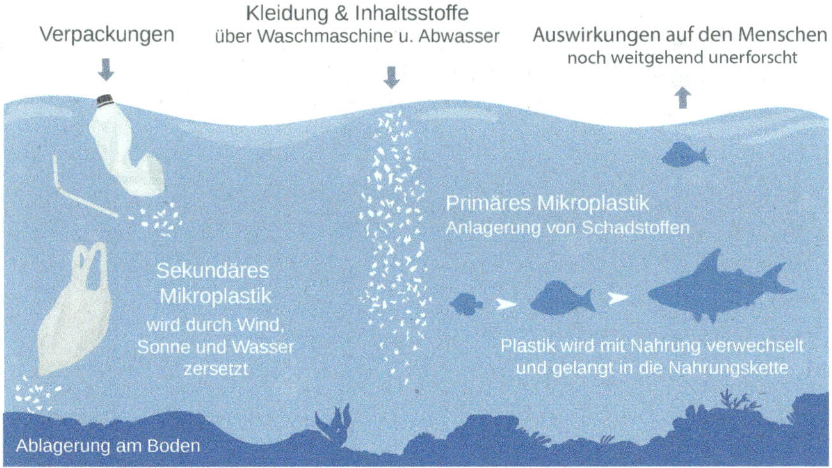

eigene Darstellung

in alten Fischernetzen und verletzen sich bei Befreiungsversuchen. Durch die Plastikverschmutzung der Ozeane sterben laut NABU jedes Jahr eine Million Meeresvögel und über 100.000 Meeressäuger wie Delfine, Robben und Schildkröten.

Über den Verzehr von Meerestieren gelangt das Mikroplastik schließlich auch in den menschlichen Organismus. Forscher stellten 2022 erstmals fest, dass Mikroplastik auch in unserem menschlichen Gefäßsystem zirkuliert.[71] Die entnommenen Blutproben enthielten PET-Kunststoff, den man von herkömmlichen Plastikflaschen kennt, Polystyrol, das in Lebensmittelverpackungen vorkommt, und Polyethylen, welches man unter anderem in Plastiktragetaschen findet. Wie schlimm diese Ergebnisse wirklich sind und ob es zu Langzeitfolgen in unserem Körper kommen kann, ist bisher noch nicht untersucht. Umso wichtiger sind die Reduzierung des weltweiten Plastikverbrauchs sowie die Erforschung potenzieller Auswirkungen.

Neben einer Reduzierung unseres Plastikverbrauchs benötigen wir eine höhere Recyclingquote des gebrauchten Kunststoffes sowie einen höheren Anteil von recyceltem Material bei neuen Kunststoffproduktionen (das sogenannte Rezyklat). Die Rezyklatquote lag in Deutschland 2021 bei der Verarbeitung zu Kunststoffprodukten allerdings bei erst zwölf Prozent, und nur 14 Prozent aller neuen Kunststoffprodukte bestehen komplett aus Rezyklat. Bei Kunststoffverpackungen ist der Anteil von Rezyklaten mit neun Prozent noch geringer.[72] Wir haben also noch einen langen Weg vor uns.

10 Osteoporose des Meeres

Heute ist mehr als eine Milliarde Menschen weltweit auf Nahrung aus dem Meer angewiesen. Etwa 20 Prozent der Weltbevölkerung beziehen mindestens ein Fünftel ihrer tierischen Proteinzufuhr aus Fisch,[73] und viele Arbeitsplätze und Volkswirtschaften hängen von Meerestieren wie Fischen und Schalentieren ab. Die Verunreinigung durch Mikroplastik und die Versauerung der Ozeane und Küsten beeinträchtigen jedoch bereits ganze Ökosysteme, und rückläufige Fangquoten treffen schon heute vor allem die ärmsten Menschen und die am wenigsten entwickelten Länder, die kaum über landwirtschaftliche Alternativen verfügen. Da die Ozeane immer mehr Kohlendioxid aus der Atmosphäre aufnehmen, wird ihr Säuregehalt immer höher. Der Säuregehalt einer Flüssigkeit wird als pH-Wert angegeben, und je niedriger der pH-Wert, desto höher ist der Säuregehalt einer Flüssigkeit. Vor der industriellen Revolution lag der durchschnittliche pH-Wert der Ozeane bei etwa 8,2. Heute liegt er bei etwa 8,1, was kein großer Unterschied zu sein scheint, aber jede Verringerung um eine pH-Einheit bedeutet einen Anstieg des Säuregehalts um das Zehnfache. Der Säuregehalt des Ozeans liegt heute im Durchschnitt etwa 25 Prozent höher als in vorindustrieller Zeit und ist damit so hoch wie nie zuvor in den letzten zwei Millionen Jahren.[74] Dr. Felix Mark vom Alfred-Wegener-Institut, Helmholtz-Zentrum für Polar- und Meeresforschung, bezeichnet die Ozeanversauerung als den »bösen kleinen Bruder der Klimaerwärmung«.

Der Ozean leidet nicht nur unter der immer größer werdenden CO_2-Aufnahme, sondern auch darunter, dass Mikroplastik und andere fremde Stoffe über verschiedene Wege ins Wasser eingebracht werden. So sorgen die aus der Landwirtschaft stammenden Substanzen Stickstoff und Phosphor sowie das unbehandelte Abwasser für eine Überversorgung mit Nährstoffen in den Gewässern, die zu einer vermehrten Algenbildung führt. Großflächige Algenblüten können nicht nur schädliche Giftstoffe produzieren, sondern die Algen bewirken vor allem eine Beschattung an der Wasseroberfläche, die den darunterliegenden Pflanzen das zum Überleben notwendige Sonnenlicht nimmt, sodass diese allmählich absterben. Die Algen und die toten Pflanzen sinken langsam zum Meeresboden, wo Bakterien sie nach und nach abbauen. Die Bakterien verbrauchen dabei so viel Sauerstoff, dass weitere Lebewesen wie Seesterne, Seeigel, Muscheln und Fische aufgrund des Sauerstoffmangels nicht überleben können. Neben Stickstoff und Phosphor aus der Landwirtschaft werden weitere Substanzen bei der Verbrennung fossiler Brennstoffe freigesetzt, wobei Stickoxide und Schwefeldioxide direkt im Gewässer landen oder sich mit Wasser in der Atmosphäre vermischen und als saurer Regen auf die Erde fallen. Saurer Regen hat typischerweise einen pH-Wert zwischen 4,2 und 4,4 und ist damit deutlich saurer als der Ozean, wodurch er eine weitere Versauerung bewirkt.

Die Versauerung der Meere und Küsten schadet besonders den Schalen bildenden Tieren wie Muscheln und Austern, denen durch die erhöhte CO_2-Konzentration im Wasser weniger Karbonat zum Aufbau ihrer Schalen und Skelette zur Verfügung steht. Forscher stellten fest, dass Muscheln, Seeigel und Krabben bereits beginnen, ihre schützenden Panzer aufzulösen, um einem erhöhten Säuregehalt in ihren Körperflüssigkeiten entgegenzuwirken. Aus diesem Grund wird die Versauerung der Ozeane als »Osteoporose des Meeres« bezeichnet. Auch säureempfindliche Lebewesen und Organismen weiter oben in der Nahrungskette, die sich von den säureempfindlichen Lebewesen ernähren, werden geschädigt. Ganz besonders leiden Korallen, die ihre harten Skelette aus Kalziumkarbonat aufbauen, unter dem saurer werdenden Meer. Denn bei erhöhtem Säuregehalt können sie diese nicht mehr bilden. Bei starkem Säuregehalt kann sich das

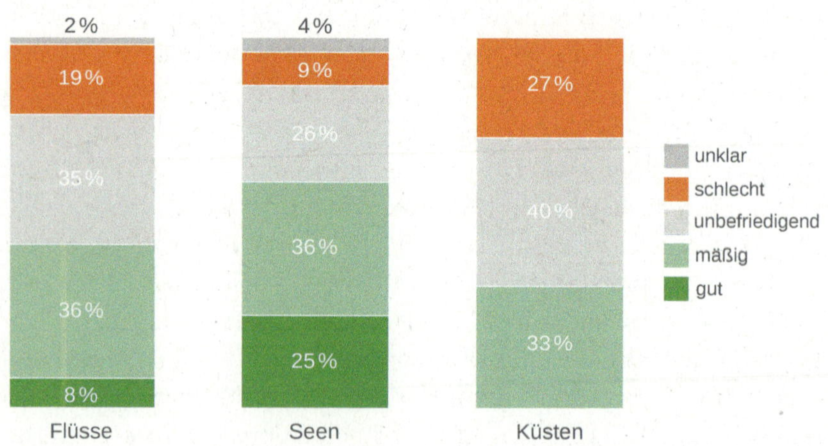

Umweltbundesamt (2022) / eigene Darstellung

Korallenskelett sogar ganz auflösen. Korallenriffe gehören zu den biologisch vielfältigsten und wertvollsten Ökosystemen der Erde. Schätzungsweise 25 Prozent aller Meereslebewesen, darunter über 4.000 Fischarten, sind irgendwann in ihrem Lebenszyklus auf Korallenriffe angewiesen und daher akut gefährdet. Leider werden alle Korallenriffe der Erde bis 2030 vom Aussterben bedroht sein.[75]

Nicht nur globale Ozeane und asiatische Gewässer sind versauert, auch die deutschen Gewässer sind stark eutrophiert.[76] Nur acht Prozent der deutschen Bäche und Flüsse und 25 Prozent der Seen sind in einem guten ökologischen Zustand, und kein einziges Gebiet der sogenannten Übergangs- und Küstengewässer in Nord- und Ostsee ist gesund. Auch wenn sich die Qualität der Flüsse zwischen 2015 und 2021 leicht verbessert hat, ist der Zustand eines Großteils der Gewässer besorgniserregend.

11 Bedrohliches Aussterben

Die vorangegangenen Kapitel haben gezeigt, dass die Biodiversität der Erde zweifellos stark bedroht ist und es vielfältige Gründe dafür gibt, dass immer mehr Arten aussterben oder akut gefährdet sind. Unter Biodiversität versteht man die Vielfalt an Tieren, Pflanzen, Pilzen und sogar Mikroorganismen wie Bakterien, die unsere natürliche Welt ausmachen. Jede dieser Arten und jeder dieser Organismen arbeitet in Ökosystemen wie in einem Netz zusammen, um das Gleichgewicht aufrechtzuerhalten und das Leben auf der Erde zu unterstützen. Wissenschaftler schätzen, dass es rund 8,7 Millionen Pflanzen- und Tierarten gibt, wobei etwa 90 Prozent aller Arten überhaupt noch gar nicht entdeckt wurden.[77] Artenreichtum findet man überall auf der Welt. Das artenreichste Land unserer Erde ist Brasilien mit dem vielfältigsten Lebensraum der Welt, dem Amazonas-Regenwald, der einen erstaunlichen Reichtum unterschiedlichster Vögel, Amphibien, Säugetiere, Fische, Reptilien und Pflanzenarten beherbergt. Auch die Nachbarländer Kolumbien, Peru und Ecuador gehören zu den zehn artenreichsten Ländern der Welt. Indonesien, das sich über 17.000

Die Ökosystemleistungen

Lebensbasis	Nährstoffkreislauf	Photosynthese	Bodenbildung	
Versorgung	Nahrungsmittel	Rohstoffe	Arzneimittel	Süßwasser
Regulierung	Temperaturregulierung	Kohlenstoffspeicherung	Luftreinigung	Wasserreinigung
	Bestäubung	Schädlingsbekämpfung	Erosionsvermeidung	Hochwasserschutz
Kultur	Spirituelle und religiöse Werte	Ästhetische Werte	Erholung	

Eigene Darstellung

Inseln erstreckt, bietet mit einer großen Fülle an Fisch- und Vogelarten sowie über 19.000 Pflanzenarten eine bemerkenswerte Vielfalt. Und auch China, Mexiko und Australien verfügen über einzigartige Ökosysteme. Ökosysteme bestehen aus Lebensgemeinschaften von Organismen und deren Lebensräumen (Biotope), wie zum Beispiel Meere, Flüsse, Wälder, Wüsten, das Wattenmeer, aber auch Pfützen und das Leben in jedem Blumentopf. Sie erbringen lebensnotwendige Leistungen für uns Menschen und schaffen die Basis für grundlegende Bedürfnisse wie den Zugang zu Wasser und Nahrung. Diese Dienstleistungen von der Natur für den Menschen werden auch als Ökosystemleistungen bezeichnet, für die der Umweltökonom Robert Constanza für das Jahr 2011 einen weltweiten monetären Wert von 125 Billionen US-Dollar errechnete.[78] Im Vergleich dazu beträgt das globale Bruttoinlandsprodukt mit 74 Billionen US-Dollar nur etwas mehr als die Hälfte davon.

Obwohl die weltweiten Ökosysteme für das Überleben auf der Erde von entscheidender Bedeutung sind, werden sie leider immer stärker bedroht, und die Artenvielfalt geht an vielen Orten der Erde verloren. Die größte Bedrohung für die Natur stellt die Ausbreitung der Menschen in den letzten Jahrhunderten mit ihren Landnutzungsänderungen und der damit verbundenen Zerstörung der natürlichen

Lebensräume vieler Pflanzen und Tierarten dar. Betrachtet man die Biomasse aller auf der Erde lebenden Säugetiere, zeigen sich die massive Ausbreitung der Menschen und ihre Beherrschung der Tier- und Pflanzenwelt sehr deutlich. Durch das rasante Wachstum der Viehhaltung in der Landwirtschaft ist die Biomasse der vom Menschen gehaltenen, also domestizierten Tiere mittlerweile mit 630 Millionen Tonnen über zehnmal so schwer wie die von frei lebenden Wildtieren an Land und im Wasser.[79] Über zwei Drittel der domestizierten Tiere sind landwirtschaftliche Nutztiere (vor allem Rinder), die mit 420 Millionen Tonnen sogar mehr wiegen als alle Menschen auf der Welt zusammen. Auch die liebsten Tiere der Menschen, die Haustiere, nehmen mittlerweile in Relation zu den Wildtieren einen mehr als beachtlichen Platz ein. So ist die Biomasse aller gehaltenen Hunde mit 20 Millionen Tonnen genauso schwer wie die aller freilebenden Wildtiere an Land.

Eine immer stärker werdende Gefahr für die Artenvielfalt geht vom Klimawandel und von der sich erwärmenden Erde aus, die vielen Organismen zu schaffen macht. Der Klimawandel verschiebt darüber hinaus den Naturkalender so, dass sich Tier- und Pflanzenarten schnell an andere klimatische Bedingungen anpassen müssen. Wer dies nicht schafft, zieht in andere Gebiete weiter oder ist vom Aussterben bedroht. Die sich ändernden klimatischen Bedingungen begüns-

Die globale Biomasse von Säugetieren

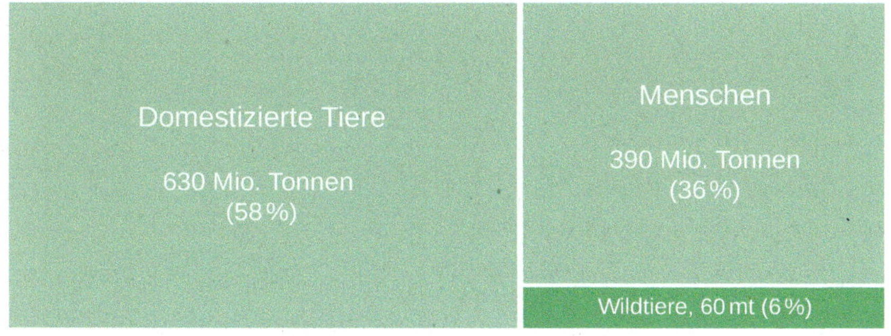

Greenspoon (2023) / eigene Darstellung

tigen außerdem das Eindringen von invasiven Arten, das sind Arten, die sich mithilfe der Menschen in Gebiete außerhalb ihrer Heimat ausbreiten. Da die Ausbreitung nicht auf natürlichem Weg, sondern abrupt geschieht, können sie einheimische Arten verdrängen und sogar ökonomische und gesundheitliche Folgekosten verursachen. Invasive Karpfen sind zum Beispiel schnell wachsende, aggressive und anpassungsfähige Fische, die in weiten Teilen der USA einheimische Fischarten im Kampf um Nahrung und Lebensraum verdrängen. In Deutschland gelten der Waschbär und der Ochsenfrosch als invasive Arten. Beide sind sehr anpassungsfähig und gefährden schon heute die lokale biologische Vielfalt. So fressen Ochsenfrösche neben Insekten, Fischen, Krebsen und Kleinvögeln auch andere Amphibien, und der Waschbär hat sich nicht nur auf die Speisereste in Mülltonnen spezialisiert, sondern auch auf die Eier der Europäischen Sumpfschildkröte.

Neben der Umweltverschmutzung durch Plastik und Mikroplastik stellt die Landwirtschaft mit ihren Stickstoff- und Phosphorbelastungen nicht nur ein großes Problem für die Umwelt dar, sondern trägt auch Schuld an der Abnahme der Pflanzenvielfalt, indem sie sich im Anbau auf sehr wenige Arten konzentriert. Obwohl es schätzungsweise 200.000 essbare Arten auf der Welt gibt, werden 60 Prozent unserer Nahrung aus Mais, Weizen und Reis produziert.[80] In den USA werden lediglich fünf Prozent der noch im Jahr 1900 angebauten Apfelsorten genutzt, und zwischen 1900 und 2000 gingen etwa 75 Prozent der Nahrungsmittelvielfalt verloren. Dabei sind Monokulturen anfälliger für Schädlinge und Bodenerosion und enthalten weniger Nährstoffe.

Ein weiterer Grund für den Rückgang der Artenvielfalt ist die Übernutzung der natürlichen Ressourcen der Erde. Dabei stellt die Überfischung eine der größten Bedrohungen für unsere Ozeane dar. Schon 1974 galten zehn Prozent der Fischbestände als überfischt, aber eine stetig wachsende Bevölkerung sorgte dafür, dass die Überfischung auf mittlerweile 35 Prozent gestiegen ist, vor allem im Südostpazifik, im Mittelmeer und im Schwarzen Meer. Mit gut 90 Millionen Tonnen befinden sich die Fangmengen im Meer und im Binnengewässer derzeit auf einem Allzeithoch.[81] Interessanterweise sind die am meisten gefangenen Fische (Sardellen, Alaska-Seelachs und der Bonito-Thunfisch) alle nicht vom Aussterben bedroht, sodass sie weiterhin verzehrt werden können. Fische, die als überfischt gelten und deshalb vermieden werden sollten (wie zum Beispiel Atlantischer Heilbutt, Atlantischer Lachs, Blauflossenthunfisch, Rochen und Haie), stehen auf der »Roten Liste für Fische« von Greenpeace.[82]

Um die steigende Nachfrage nach Fisch und Meerestieren trotz Überfischung bedienen zu können, werden weltweit immer mehr Aquakulturen erzeugt. Mit der Aquakulturproduktion wird mittlerweile fast genauso viel produziert wie mit der Fischerei gefangen. Doch leider handelt es sich bei Aquakulturen häufig um Massentierhaltungen in mit Chemikalien und Antibiotika verschmutzten Aquakulturanlagen, in denen die Fische enge Kreise in ihrem eigenen Kot schwimmen. Außerdem werden die gezüchteten Meerestiere mit großen Mengen an Heringen, Sprotten und Sardellen gefüttert, die wiederum anderen Meerestieren als Futterquelle fehlen. Einige große Meerestiere, wie der Wal und der Hai, aber auch viele an Land lebende Tiere sind durch Jagd, Wilderei und Handel bedroht. Das Elfenbein von Elefanten erzielt hohe Preise, Körperteile von Nashörnern, Tigern oder Löwen sind in der traditionellen Medizin begehrt, Haifischflossensuppe gilt in vielen Ländern Asiens als Delikatesse, und Geweihe, Horne und Felle dienen als Jagdtrophäen.

Laut WWF sind die beobachteten globalen Wildtierbestände zwischen 1970 und 2018 um durchschnittlich 69 Prozent und die Bestände von Hai- und Rochenarten um 71 Prozent zurückgegangen. Süßwasserarten, Fische, Amphibien, Reptilien, Vögel und Säugetiere sind mit einem Rückgang von 83 Prozent am stärksten betroffen. 1–2,5 Prozent aller Vögel, Säugetiere, Amphibien, Reptilien und Fische sind bereits ausgestorben. Während die Bestände in Nordamerika, Europa und Zentralasien mäßig abgenommen haben, gab es die größten Rückgänge in den artenreichen Tropen. Die IUCN (International

Union for Conservation of Nature) erstellt jedes Jahr die sogenannte Red List of Threatened Species«. Diese Rote Liste enthält umfassende Informationen über den Erhaltungszustand von Tier-, Pilz- und Pflanzenarten und bestimmt das jeweilige Aussterberisiko einer Art. Im Jahr 2022 sind mehr als 42.000 Arten, das sind 28 Prozent aller untersuchten Arten, vom Aussterben bedroht.[83] Darunter finden sich der Afrikanische Waldelefant, der Orang-Utan, der Kapuzineraffe, der Klammeraffe, der Amurleopard, das Spitzmaulnashorn, der Große Hammerhai, der Nashornvogel und der Rotwolf. Auch in Europa ist die Lage für viele Tiere kritisch. Auf der Roten Liste für Deutschland befinden sich Tiere wie der Feldhamster, einige Fledermausarten und die Waldeidechse. Auch die Forelle ist in Deutschland gefährdet, und mehr als die Hälfte aller Hummelarten gilt als bedroht, da die Hummel die Hitze nicht verträgt.

Wie hoch der Anteil bedrohter Arten bei den Insekten ist, kann nicht wirklich seriös geschätzt werden. In einem Zeitraum von knapp 30 Jahren kam es auf jeden Fall zu einem Massensterben mit einem Rückgang der weltweiten Biomasse um 76 Prozent. Laut WWF sind 40 Prozent aller Insektenarten vom Aussterben bedroht. Ohne Insekten funktioniert aber fast kein Ökosystem. Sie sind Bestäuber, Samenverbreiter und Schädlingsbekämpfer, sie sind ein wichtiges Glied in den Nahrungsketten, und sie zersetzen den Boden und halten ihn fruchtbar. Von großer Bedeutung sind vor allem die vom Aussterben bedrohten Wildbienen, die für die Bestäubung vieler Blütenpflanzen verantwortlich sind. Eine einzige Wildbiene kann bis zu 5.000 Blüten bestäuben, und viele Nutzpflanzen sind auf sie als Pollenüberträger angewiesen. Auch die nicht immer so beliebte Mücke erfüllt wichtige ökologische Aufgaben, indem sie nicht nur Nahrung für andere Tiere darstellt, sondern auch Bestäuberin vieler Nutzpflanzen ist. So ist zum Beispiel die Bartmücke für die Bestäubung von Kakao verantwortlich, weil die Kakaoblüten zu klein für andere Insekten sind und nur die Mücke einen Weg hineinfindet. Allein in Europa sind etwa 150 verschiedene Nutzpflanzen von Insekten abhängig. Der Weltbiodiversitätsrat (IPBE) schätzt den ökonomischen Nutzen von Bestäubern allein in Deutschland auf 3,8 Milliarden Euro. Ein Totalverlust an Bestäubern könnte zu weltweiten Ernteeinbrüchen um bis zu 90 Prozent führen.[84]

Aussterben ist ein normaler Teil der Evolution und kommt auf natürliche Weise regelmäßig vor. Alle Millionen Jahre gehen etwa zehn Prozent aller Arten verloren, alle zehn Millionen Jahre rund 30 Prozent und alle 100 Millionen Jahre rund 65 Prozent.[85] Daher können Wissenschaftler Perioden identifizieren, in denen es ökologische Ereignisse gab, die ein Massenaussterben zur Folge hatten. In der Erdgeschichte gab es bisher fünf Massensterben, bei denen mindestens 75 Prozent aller Arten innerhalb eines relativ kurzen Zeitraums verloren gingen. Alle wurden durch eine Kombination aus schnellen und dramatischen Klimaveränderungen in Kombination mit erheblichen Veränderungen in der Zusammensetzung der Umwelt an Land oder im Meer verursacht (wie zum Beispiel durch sauren Regen aufgrund intensiver vulkanischer Aktivität). Wenn wir die globale Erwärmung nicht aufhalten, wird der Klimawandel zur Hauptursache für den weiteren Verlust der biologischen Vielfalt. Nach Ansicht vieler Expertinnen und Experten ist das sechste Massensterben bereits in vollem Gange und passiert direkt vor unseren Augen.

12 Neue Krankheiten kommen, um zu bleiben

Die Weltorganisation für Tiergesundheit schätzt, dass mittlerweile 60 Prozent der weltweiten Infektionskrankheiten von Wildtieren stammen und 75 Prozent der neu auftretenden Krankheiten tierischen Ursprungs sind.[86] Durch die massive Ausweitung der Landwirtschaft und eine weiter wachsende Bevölkerung leben Menschen und Wildtiere immer enger zusammen, sodass die Gefahr von neu auftretenden Zoonosen steigt. Eine Krankheit wird als Zoonose bezeichnet, wenn sich der Krankheitserreger (Viren, Bakterien oder Parasiten) durch Organismen wie Stechmücken, Zecken, Fliegen, Flöhe und Läuse von einem infizierten Tier auf einen Menschen oder ein anderes Tier überträgt. Diese Organismen werden dabei auch als Vektoren bezeichnet und die Zoonose als vektorübertragene Krankheit, ein Begriff, der uns spätestens seit der Coronapandemie mit dem Covid-19-Virus bekannt ist. Die bekanntesten Zoonosen sind Malaria, Gelbfieber, Borreliose oder FSME. Auch die Vogelgrippe ist eine Zoonose, die sich normalerweise nicht auf Menschen überträgt. Dennoch erkrankten weltweit 874 Menschen daran, von denen über die Hälfte starb.[87] Diese hohe Sterberate zeigt auf, wie gefährlich eine Krankheit sein kann, die in ihrer Übertragung die Menschen bisher verschont hat. Wenn weitere Infektionen wie Covid-19 oder neu entstehende sich von Tier zu Mensch und auch von Mensch zu Mensch übertragen können, drohen uns Millionen von Toten. Die Gefahr von Pandemien und schlimmeren Auswirkungen wird umso größer, weil die biologische Vielfalt der Tiere und damit ihre Widerstandsfähigkeit durch die Massentierhaltung rasant abnimmt. Die Ursachen für die Entstehung zoonotischer Krankheiten hängen sehr stark mit der steigenden Nachfrage nach tierischem Protein und der verstärkten Nutzung von Wildtieren zusammen, aber auch mit der Intensivlandwirtschaft, mit Landnutzungsänderungen, einer Zunahme von Reisen und Transport sowie dem Klimawandel.

Der Klimawandel sorgt mit steigenden Temperaturen für noch bessere Lebensbedingungen der Vektoren, steigert ihre Ansteckungsfähigkeit und verlängert ihre Übertragungssaison. Mildere Temperaturen erhöhen außerdem ihre Überlebenschance im Winter. Da sich die Vektoren immer stärker vermehren und ausbreiten können, treten vektorübertragene Krankheiten nun auch in Gebieten auf, in denen sie bisher nicht vorkamen. So ist Malaria mittlerweile auch an Orten anzutreffen, die kein Risikogebiet waren, und das Denguefieber wurde bereits in Italien, Kroatien und Afghanistan nachgewiesen. Der Klimawandel bringt tropische Krankheiten auch nach Deutschland, wo zum Beispiel die Asiatische Tigermücke zirkuliert, ein besonders erfolgreicher Überträger von tropischen Krankheitserregern. Durch die sich ändernden klimatischen Bedingungen könnten im Jahr 2070 weltweit weitere 3,6 bis 5 Milliarden Menschen von Malaria und Denguefieber bedroht sein.[88]

Während (neue) vektorübertragene Krankheiten ein sehr großes Zukunftsrisiko darstellen, ist die Antibiotikaresistenz schon heute eines der größten Gesundheitsprobleme der Welt. Im Kampf gegen bakterielle Infektionen hat das Antibiotikum in den letzten 100 Jahren zahllose Menschenleben gerettet und gehört zu einem der wichtigsten Medikamente auf der Welt. Je mehr Antibiotika allerdings eingesetzt werden, desto schneller werden sie wirkungslos, da die Bakterien, gegen die sie eingesetzt werden, mit der Zeit immun werden. Ein großes Problem stellt vor allem der massive Antibiotikaverbrauch in der Massentierhaltung dar, der dazu führt, dass sich immer häufiger antibiotikaresistente Keime in Fleischprodukten befinden, die in unser Essen gelangen und schwere Infektionen auslösen können. Die Bakterien profitieren ähnlich wie die Vektoren vom Klimawandel. Studien wiesen eine Korrelation zwischen höheren Temperaturen und höherer Resistenz nach, sodass die Todesfälle durch Antibiotikaresistenz Mitte des 21. Jahrhunderts in die Millionen und der wirtschaftliche Verlust sogar in die Billionen gehen könnten. Angesichts der Tatsache, dass ein einzelner Zoonoseausbruch weltweit Kosten in Höhe von Billionen US-Dollar verursachen kann, ist die Prävention deutlich kosteneffizienter als das Reagieren auf eine schon ausgebrochene Pandemie.

13 Überschreitung der planetaren Grenzen

Wie die letzten Kapitel gezeigt haben, greift der Mensch in komplexe Ökosysteme ein, indem er die Umwelt belastet und die Biodiversität zerstört, oft ohne sich der (langfristigen) Auswirkungen bewusst zu sein. Aufgrund der akuten und komplexen Bedrohungslage gibt es schon seit Längerem das Konzept der planetaren Grenzen, welches den ökologischen Notstand visualisiert und greifbar macht. Dieses Konzept wurde von einer Wissenschaftsgruppe unter der Leitung von Johan Rockström entwickelt. Es umfasst neun Dimensionen, die für unsere Gesundheit und Überlebensfähigkeit entscheidend sind. Für jede Dimension wurde die sogenannte planetare Belastbarkeitsgrenze identifiziert, deren Überschreiten die Stabilität der Ökosysteme gefährdet. Bei der ersten Veröffentlichung des Konzepts im Jahr 2009 waren bereits drei von diesen Grenzen überschritten – mittlerweile sind es sechs.[89] Die Visualisierung zeigt die Dimensionen und ihren jeweiligen Status. Der grüne Kreis in der Mitte stellt den sicheren Handlungsraum dar und die nach außen abgehenden orangefarbenen Ausschläge die überschrittenen Grenzen. Je höher der Ausschlag, desto weiter wurde die Grenze bereits überschritten und desto größer ist das Risiko, dass Ökosysteme kollabieren.

Planetare Grenzen

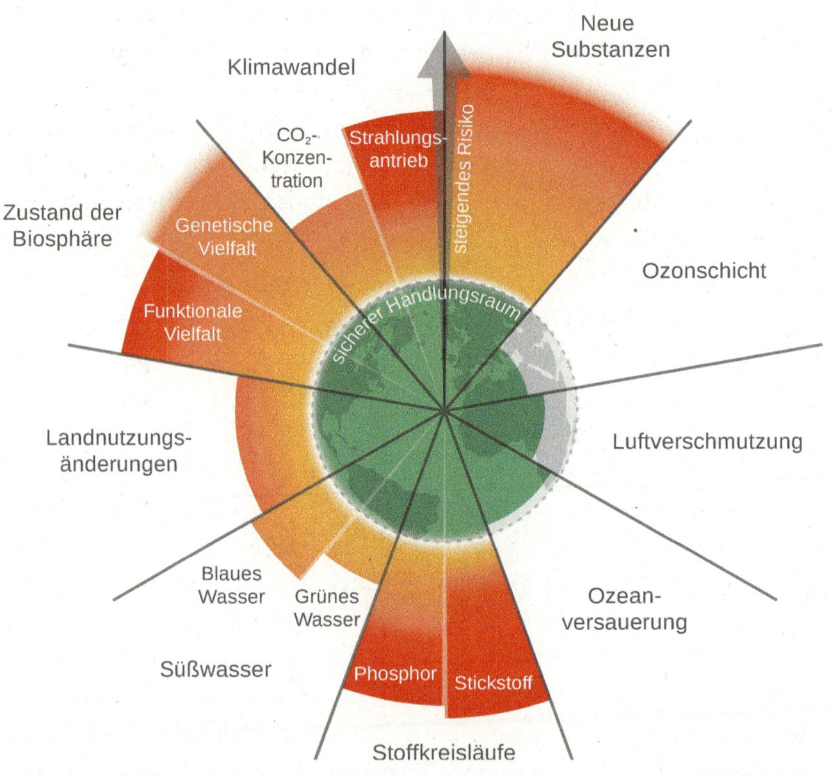

Azote for Stockholm Resilience Centre, based on Richardson et al. (2023) / eigene Anpassungen

Nur drei der neun Dimensionen bewegen sich noch im grünen Kreis, also im sicheren Handlungsspielraum. Löcher in der Ozonschicht wurden schon 1985 erkannt und deren Ursache (FCKW) aus dem Verkehr gezogen, sodass sich die Ozonschicht seither erholen konnte und das Leben auf der Erde wieder vor gefährlicher ultravioletter Strahlung schützt. Die Versauerung der Ozeane liegt noch knapp im grünen Bereich, steht allerdings kurz vor dem Überschreiten der Grenze. Und die Luftverschmutzung sieht global zwar noch in Ordnung aus, überschreitet regional aber schon ihre Grenzen.

Man könnte meinen, die Belastungsgrenze für den Klimawandel sei die bedeutendste. Es ist jedoch wichtig zu verstehen, dass die Grenzen miteinander verbundene Prozesse innerhalb des komplexen Systems Erde sind. Eine Fokussierung auf den Klimawandel allein reicht für die Erhaltung unserer Ökosysteme also nicht aus. Stattdessen ist das Zusammenspiel, insbesondere vom Klimawandel und vom Zustand der Biosphäre, von entscheidender Bedeutung. Bei einem Anstieg der globalen Temperatur auf 1,5 bis 2 Grad Celsius werden mit hoher Wahrscheinlichkeit die sogenannten Kipppunkte des Klimasystems, auch als Rückkopplungsprozesse bezeichnet, angestoßen und den Klimawandel weiter verschärfen. Die Biosphäre umfasst die Gesamtheit aller Ökosysteme auf der Erde, in denen es Lebewesen gibt. Ihr Zustand gilt zusammen mit dem Klimawandel und der Einbringung neuer Substanzen als eine der drei zentralen Belastungsgrenzen für das Erdsystem. Hier werden die genetische Vielfalt (Anpassungsfähigkeit) und die funktionale Vielfalt (Leistungsfähigkeit) betrachtet. Beide Belastungsgrenzen sind bereits überschritten.

Den am stärksten sichtbaren Ausschlag verzeichnet die Belastungsgrenze für neue Substanzen. Ursache hierfür ist die Einbringung von Plastik in unsere Umwelt, aber auch das Zuführen von Chemikalien, Antibiotika oder Schwermetallen. Ebenso deutlich überschritten ist die Grenze für Stoffkreisläufe, die maßgeblich von Phosphor und Stickstoff aus der Landwirtschaft beeinflusst wird. Beide sind zwar lebensnotwendig, bringen aber durch den Überschuss ihre Kreisläufe aus der Balance und führen letztendlich zu sauerstoffarmen Todeszonen in den Gewässern. Die meist durch die Landwirtschaft bedingten Landnutzungsänderungen haben große Waldgebiete mit ihren wichtigen Ökosystemfunktionen und die damit verbundene biologische Vielfalt vernichtet. Auch die planetare Belastungsgrenze für den Süßwasserhaushalt wurde bereits überschritten. Das sogenannte grüne Wasser, das sich in Pflanzen, im Boden und im Regen befindet, wird knapp, ist aber von entscheidender Bedeutung für die Aufrechterhaltung des atmosphärischen Wasserkreislaufs, der die saisonalen Niederschlagsmengen reguliert. Auch das »blaue Wasser« ist nicht mehr ausreichend vorhanden. Dieses befindet sich in Flüssen und Seen, im Grundwasser, in Gletschern und als Eis gespeichert an den Polen. Die planetaren Grenzen zeigen eindrucksvoll, wie es um unseren Planeten steht. Mit der Überschreitung der vielen Grenzen schwindet schon heute die Widerstandsfähigkeit der Erde. Darüber hinaus können mögliche Kipppunkte schon bald erreicht sein und damit gefährliche Rückkopplungsprozesse in Gang gesetzt werden.

[3] Was bedeutet das für unsere Zukunft?

1 Die Erde droht zu kippen

Bevor wir einen Blick in die Zukunft wagen, ist es wichtig, über die Funktionsweise des Klimasystems Bescheid zu wissen. Viele der beschriebenen Entwicklungen werden sich kontinuierlich weiter verändern und damit nach und nach eine Reaktion im System bewirken. Es kann aber auch zu plötzlichen und starken Umwälzungen kommen, vor allem in besonders anfälligen Regionen. Diese sogenannten Kippelemente reagieren sehr sensibel auf äußere Einflüsse und können durch Rückkopplungseffekte verstärkt werden. Erreichen die Kippelemente einen bestimmten Kipppunkt, können sie sehr schnell umkippen, also in einen neuen Zustand übergehen und damit große klimatische Veränderungen hervorrufen. Ein Zurück in den alten Zustand ist dann nicht mehr möglich. Wissenschaftler haben sechzehn Kipppunkte identifiziert, deren Überschreiten die Lebensgrundlage vieler Menschen gefährden würde. Ein gekipptes Element birgt darüber hinaus die Gefahr, weitere Elemente zum Umkippen zu bringen. Die Definitionen, welche Elemente als Kippelemente zählen, variieren je nach wissenschaftlicher Arbeit. Und Prognosen zu Klimastabilität und Wahrscheinlichkeiten sind schwer vorherzusagen und noch nicht vollständig untersucht. Forschende sind sich jedoch einig: Schon ab einer Erwärmung von 1,5 Grad Celsius besteht die Gefahr, Kipppunkte zu überschreiten, und da wir aktuell auf eine Erwärmung von 2,7 Grad zusteuern, ist die Wahrscheinlichkeit der Überschreitung gefährlich hoch.

Die Abbildung zeigt die Kippelemente mit ihren jeweiligen Schwellenwerten aus einer der aktuellsten Studien aus dem Jahr 2022.[1] Sechs Kippelemente drohen bereits bei einer Erwärmung von weniger als zwei Grad umzukippen. Dazu zählt der Verlust der grönländischen Eisdecke, die in den letzten Jahren stark abgeschmolzen ist. Ab einer Erwärmung von 1,5 Grad droht ein vollständiger Eisverlust, der nicht

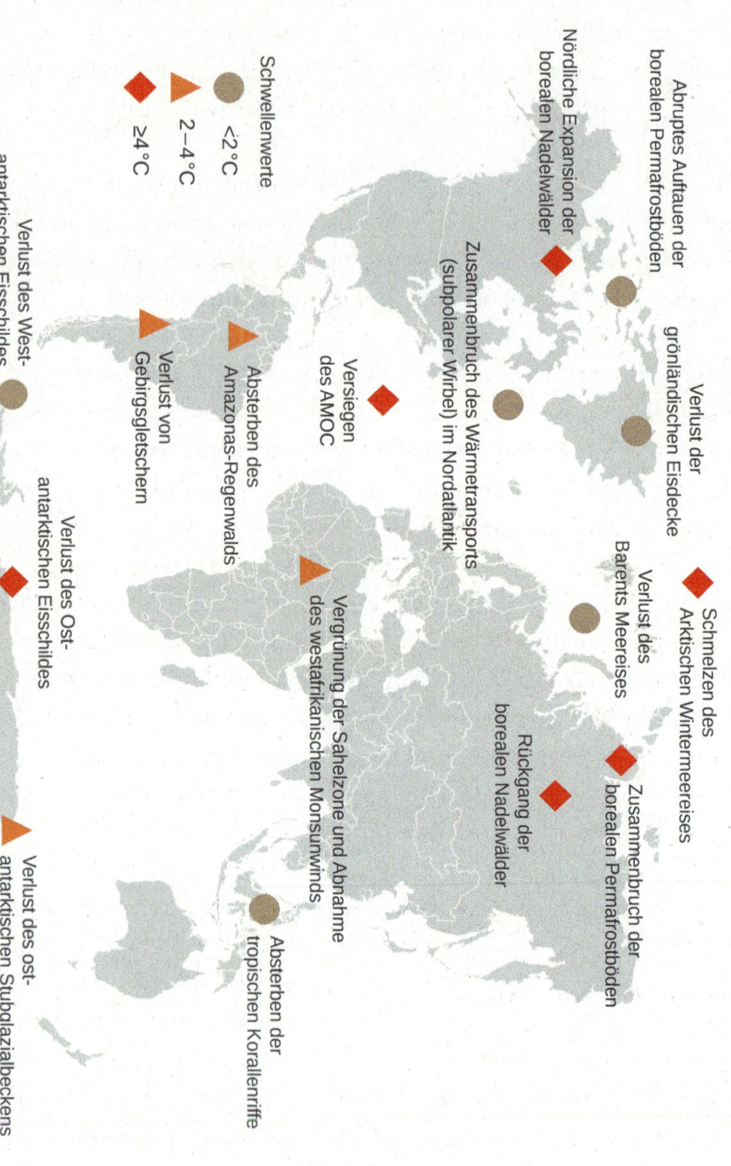

D. I. Armstrong McKay et al. (2022) / eigene Darstellung

mehr aufzuhalten wäre. Dieser Prozess verläuft je nach Temperaturerhöhung zwar sehr lange,[2] ein vollständiges Schmelzen der Eisdecke würde den Meeresspiegel aber um bis zu sieben Meter ansteigen lassen. Dies hätte extreme Auswirkungen auf die an den Küsten lebende Bevölkerung und gravierende Folgen für die Atlantische Umwälzzirkulation.

Der Verlust des Westantarktischen Eisschildes droht ebenfalls schon ab 1,5 Grad Erwärmung, sodass der Meeresspiegel um weitere drei Meter steigen würde. Beobachtungen ergaben, dass Teile dieses Eisschildes möglicherweise bereits einen Kipppunkt überschritten haben. Ab einer Erwärmung von 1,6 Grad wird durch einen erhöhten Zufluss von warmem Atlantikwasser der Verlust des Barents Meereises verstärkt. Dies hätte erhebliche und vor allem kurzfristige Auswirkungen schon in den nächsten 25 Jahren auf die atmosphärische Zirkulation, das europäische Klima und möglicherweise die Atlantische Umwälzzirkulation.

Die borealen Permafrostböden drohen bereits ab einer Erwärmung von 1,5 Grad abrupt aufzutauen. Der Tauprozess würde etwa 200 Jahre dauern und den CO_2-Ausstoß um 50–100 Prozent steigern. Dies hätte den Zusammenbruch des gesamten borealen Permafrosts zur Folge. Zudem würde ein weitreichendes Absterben der Korallenriffe einsetzen, die innerhalb von nur zehn Jahren vernichtet wären. Dies hätte einen enormen Einfluss auf die Nahrungskette im Meer, auf den Nähr- und Kohlenstoffkreislauf im Ozean und auf die Lebensbedingungen von Millionen Menschen. Bei einer Erwärmung zwischen 1,1 und 2 Grad wird ein Zusammenbruch des Wärmetransports im Nordatlantik erwartet. Dies würde für eine regionale Abkühlung von etwa zwei bis drei Grad im Nordatlantik und für eine potenzielle globale Abkühlung von bis zu 0,5 Grad in den nächsten zehn Jahren sorgen. Weitere Folgen wären ein nach Norden verschobener Jetstream, Wetterextreme in Europa und eine Verschiebung der innertropischen Konvergenzzone (Tiefdruckgebiet entlang des Äquators) nach Süden.

Bei einer Erwärmung von zwei Grad droht der Verlust der Gebirgsgletscher, die sich in den nächsten 50–1.000 Jahren verabschieden würden. Damit einher ginge ein Mangel an Schmelzwasser und damit Süßwasser, von dem viele Regionen der Welt abhängig sind. Erwärmt sich die Erde um 2,8 Grad, steht eine grundlegende Veränderung der Vegetation in der Sahelzone innerhalb der nächsten 50 Jahre bevor. Während die Sahelzone feuchter und grüner wird, trocknet die Westküste Afrikas aus. Weitere Auswirkungen auf das Erdsystem sind ungewiss. Einen zusätzlichen Beitrag zum Meeresspiegelanstieg würde der Verlust des ostantarktischen Subglazialbeckens leisten, das ab einer Erwärmung von etwa drei Grad in den nächsten 500–10.000 Jahren komplett eisfrei wäre. Zudem wird ein komplettes Absterben des Amazonas-Regenwalds mit einer Prozessdauer von 50–200 Jahren erwartet. Dies hätte einen Ausstoß von etwa 30 Milliarden Tonnen Kohlendioxid zur Folge und damit dramatische Auswirkungen auf das Klima.

Die borealen Permafrostböden drohen ab einer Erwärmung von vier Grad innerhalb von 50 Jahren zusammenzubrechen. Das freigesetzte Kohlendioxid könnte zu einer zusätzlichen Erwärmung von zwei bis vier Grad führen. Weiterhin drohen die borealen Nadelwälder innerhalb von 50–100 Jahren zurückzugehen und durch Steppe und Prärie ersetzt zu werden, was zu einem Ausstoß von weiterem Kohlendioxid und damit einer weiteren Erderwärmung führen würde. Die Nadelwälder würden außerdem weiter nach Norden expandieren und Schneeflächen bedecken, sodass sie als dunkle Flächen mehr Sonnenstrahlung aufnehmen und die Erderwärmung weiter forcieren würden. Bei einer Erwärmung von vier Grad droht darüber hinaus ein Versiegen der Atlantischen Umwälzzirkulation (AMOC), was gravierende Folgen für das Klima und die Niederschlagsverteilungen hätte. So würde sich die südliche Hemisphäre erwärmen und der Monsun regional stärker beziehungsweise schwächer ausgeprägt sein. Die Sahelzone und der Amazonas würden weiter austrocknen und die Nordatlantikregion abkühlen. Dies würde die globale Erwärmung aber nicht aufhalten.

Ein komplettes Abschmelzen des arktischen Wintermeereises wird ab einer Erwärmung von 6,3 Grad unumkehrbar und würde nur 20 Jahre dauern, den Meeresspiegel weiter steigen lassen und die Temperatur um weitere 0,6 Grad erhöhen. Dramatische Folgen hätte der Verlust des Ostantarktischen Eisschildes, der ab einer Erwärmung von 7,5 Grad in Gang gesetzt zu werden droht. Nach einer sehr langen Prozessdauer von mehreren Tausend Jahren würde das Schmelzen zu einem unvorstellbaren Meeresspiegelanstieg um 50 Meter führen. Die Wechselwirkungen der komplexen Klimasysteme sind keineswegs komplett erforscht und im Zusammenspiel schwer zu durchschauen. Die Forscher sind sich jedoch über die stark steigende Gefahr einig, dass ganze Ökosysteme umkippen, je wärmer es auf der Erde wird. Wir müssen also alles dafür tun, die planetaren Belastungsgrenzen einzuhalten, damit so wenige Kipppunkte wie möglich überschritten werden. Das können wir nur erreichen, indem wir Erderwärmung und Umweltzerstörung aufhalten.

2 Die Gefahren werden immer größer

Um die globale Erwärmung zu begrenzen, müssen wir die globalen Treibhausgas- und vor allem die Kohlendioxidemissionen stark reduzieren und schnellstmöglich die Treibhausgasneutralität erreichen. Das Pariser Klimaabkommen von 2015 sieht eine Begrenzung der Erderwärmung vor dem Ende dieses Jahrhunderts auf möglichst 1,5 Grad Celsius, auf jeden Fall aber auf deutlich unter zwei Grad im Vergleich zum vorindustriellen Zeitalter vor. Das Abkommen sieht auch eine Treibhausgasneutralität bis 2050 vor. Es sollen nur noch so viele Treibhausgase freigesetzt werden dürfen, wie die natürlichen Senken der Erde wie Wälder und Ozeane aufnehmen können. Die große Herausforderung besteht nun darin, dass wir weltweit nur noch ein sehr begrenztes CO_2-Budget von 275 Milliarden Tonnen zur Verfügung haben, wenn wir die Erwärmung auf 1,5 Grad beschränken wollen.[3] Dieses Budget wäre bei gleichbleibenden Emissionen schon 2031 aufgebraucht. Bei einem weniger ambitionierten Ziel von zwei Grad Erwärmung steht uns ein etwas größeres Budget von 1.150 Milliarden Tonnen zur Verfügung, das aber auch schon 2052 aufgebraucht sein wird. Stoßen wir mehr Kohlendioxid aus, als das Budget zulässt, müssen wir mit einer noch stärkeren Erwärmung rechnen.

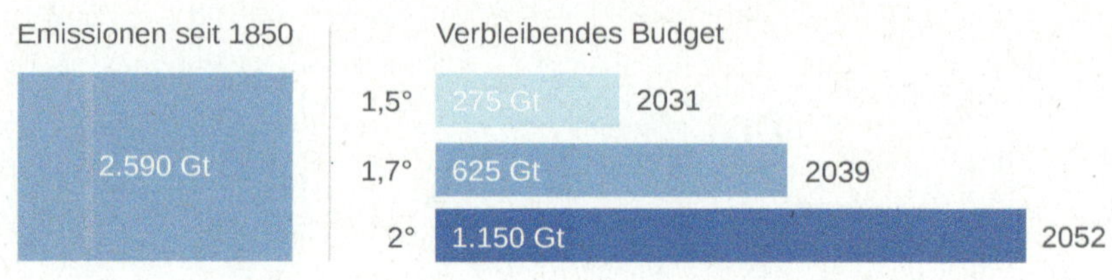

Global Carbon Project (2023) / eigene Darstellung

Besorgniserregend ist, dass die derzeitigen politischen Maßnahmen nicht reichen, um eine Erderwärmung auf unter zwei Grad zu beschränken. Schon im Jahr 2023 hatte sich die Erde durchschnittlich um 1,3 Grad erwärmt und in Deutschland sogar um 1,7 Grad. Wenn wir so weitermachen wie bisher, steuern wir auf eine weitaus höhere Erwärmung zu, die bis 2100 um etwa 2,7 Grad Celsius über dem vorindustriellen Niveau liegen wird.[4] Die Politik hat es leider nicht geschafft, die nötigen Rahmenbedingungen zu setzen und frühzeitig Maßnahmen zu verabschieden, die den Klimawandel aufhalten. Selbst wenn wir weltweit alle Hebel in Bewegung setzen würden (Best-Case-Szenario), wird sich die Erde um 1,8 Grad erwärmen.

In seinem sechsten Sachstandsbericht prognostiziert der Weltklimarat für jede Region der Welt einen weiteren Anstieg der Klimagefahren in naher Zukunft sowie zunehmende Risiken sowohl für die Ökosysteme als auch für uns Menschen. Dazu gehören ein Anstieg der hitzebedingten Sterblichkeit, verbreitete Mangelernährung, mangelnde Wasserverfügbarkeit, eine Zunahme von vektorübertragenen Krankheiten sowie weitere gesundheitliche Herausforderungen wie psychische Erkrankungen. Die Häufigkeit und Intensität von Starkniederschlägen und Überschwemmungen steigen und bringen Küstenstädte und andere tief gelegene Städte und Regionen in akute Gefahr. Erdrutsche haben schwerwiegende Folgen für Menschen, Inf-

Voraussichtlicher globaler Temperaturanstieg bis 2100

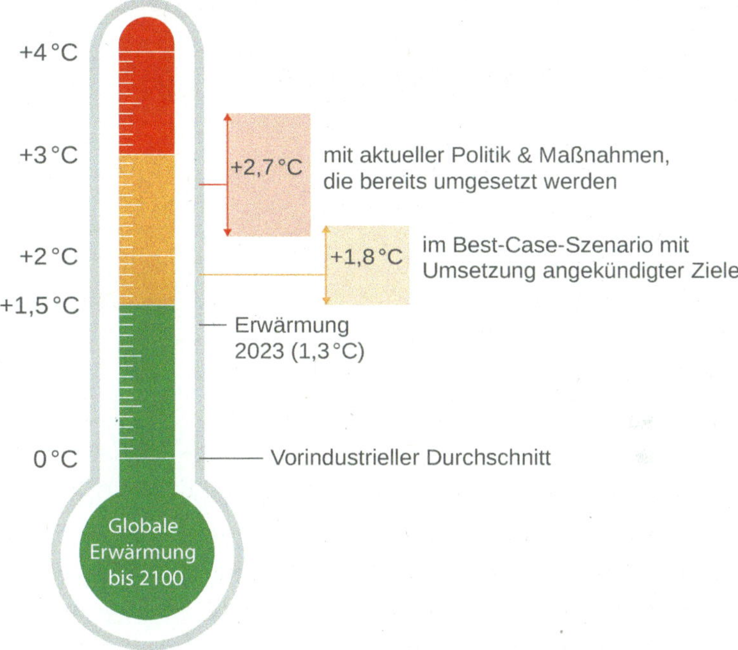

Climate Analytics, New Climate Institute (2023) / eigene Darstellung

rastruktur und Wirtschaft. Und mit der weiteren Erwärmung nimmt die biologische Vielfalt immer weiter ab. Die Risiken des Klimawandels werden mit fortgeschrittener Zeit immer komplexer und schwieriger zu bewältigen.

Um die bevorstehenden Auswirkungen verständlich und greifbar zu machen, nutzt der Weltklimarat in seinen Sachstandsberichten fünf verschiedene Klimaszenarien. Diese setzen sich jeweils aus zwei Komponenten zusammen. Die sogenannten gemeinsam genutzten sozioökonomischen Pfade (engl. Shared Socioeconomic Pathways, SSP) basieren auf unterschiedlichen klimapolitischen Annahmen wie zum Beispiel Entwicklungen von Gesellschaft, Technologie und Ressourcennutzung, die entsprechend unterschiedlich hohe Treibhausgasemissionen zur Folge haben. Basierend darauf, werden die angenommenen ökonomischen und sozialen Veränderungen (in den fünf Szenarien SSP1 bis SSP5) bis zum Jahr 2100 projiziert. Die zweite Komponente, die sogenannten repräsentativen Konzentrationspfade (engl. Representative Concentration Pathways, RCPs), beschreiben die Entwicklung der atmosphärischen Treibhausgaskonzentration und bilden damit mögliche zukünftige Entwicklungen des Klimas ab. Die Zahlen in der Bezeichnung der fünf Konzentrationspfade (RCP1.9, RCP2.6, RCP4.5, RCP7.0 und RCP8.5) beschreiben dabei den durch uns Menschen zusätzlich verursachten Strahlungsantrieb, der für das Ausmaß der zukünftigen Erwärmung entscheidend ist. Mit den kombinierten Pfaden ergeben sich die fünf Szenarien (mit den Kürzeln SSP1-1.9 bis SSP5-8.5), mit denen weltweit Klimaänderungssimulationen durchgeführt werden und als Grundlage für die Sachstandsberichte des Weltklimarats genutzt werden.

Das Umweltbundesamt hat in Zusammenarbeit mit dem Deutschen Wetterdienst (DWD) und anderen Partnern für den deutschsprachigen Raum »Empfehlungen für die Charakterisierung ausgewählter Klimaszenarien« entwickelt,[5] welche die Szenarien übersetzen und für die Öffentlichkeit verständlicher machen: Das optimistischste Szenario ist der »1,5-Grad-Weg« (Szenariokürzel SSP1-1.9). Hier wird angenommen, dass durch ambitionierten Klimaschutz und eine radikale Reduzierung der Treibhausgasemissionen bis 2030 eine Beschränkung der globalen Erwärmung auf 1,5 Grad Celsius gegenüber dem vorindustriellen Zeitraum möglich ist. Der »2-Grad-Weg« (SSP1-2.6) ermöglicht eine Beschränkung der globalen Erwärmung auf zwei Grad Celsius, indem die Treibhausgasemissionen massiv reduziert, Grenzen natürlicher Systeme respektiert werden und sich der Konsum an einem geringen Material- und Energieverbrauch orientiert. Beim »Mittelweg« (SSP2-4.5) wird die bisherige Entwicklung mehr oder weniger fortgesetzt, die weiterhin auf dem Einsatz fossiler Rohstoffe beruht. Hier steigen die Treibhausgasemissionen bis 2040 weiter an und werden erst Ende des 21. Jahrhunderts um die Hälfte reduziert. Beim »konfliktreichen Weg« (SSP3-7.0) führen nationale Interessen und regionale Konflikte zu einem hohen Rohstoff-

und Energiebedarf, der größtenteils mit einfach verfügbaren fossilen Energieträgern wie Kohle gedeckt wird. Nationalismus, regionale Konflikte, soziale Ungleichheiten und Umweltzerstörungen nehmen zu, und Herausforderungen in der Klimawandelanpassung müssen weitgehend von den Staaten eigenverantwortlich geschultert werden. Der »fossile Weg« (SSP5-8.5) beschreibt die verstärkte Nutzung von fossilen Rohstoffressourcen bei einem energieintensiven Lebensstil, sodass die Treibhausgasemissionen bis zum Ende des 21. Jahrhunderts noch weiter ansteigen. Maßnahmen zur Vermeidung des Klimawandels werden hier auf ein Minimum reduziert.

Die Abbildungen[6] zeigen die zukünftigen Emissionsverläufe, die damit einhergehenden Temperaturveränderungen und deren Auswirkungen auf das Arktische Meereis und den Meeresspiegel. Die Szenarien der Temperaturverläufe zeigen deutlich, wie wichtig eine schnelle Reduzierung der Emissionen ist. Nur bei den beiden optimistischsten Szenarien (»1,5-Grad-Weg« und »2-Grad-Weg«) nimmt die Temperatur bis 2100 wieder ab und bleibt unter zwei Grad Celsius. Der Mittelweg beschreibt eine Temperaturerhöhung von knapp drei Grad bis 2100. Sollten wir weiterhin so hohe Treibhausgasemissionen ausstoßen wie heute (»konfliktreicher« und »fossiler« Weg) und keine weiteren Maßnahmen einleiten, wird sich die Temperatur sogar um vier bis fünf Grad erhöhen (IPPC 2021). Tritt dieses Szenario ein, wird die Heimat von über drei Milliarden Menschen zu einer regelrechten Todeszone mit bis zu 365 Hitzetagen pro Jahr. Mit den derzeit weltweit geltenden politischen Maßnahmen steuern wir bis 2100 auf eine Erwärmung um etwa 2,7 Grad über dem vorindustriellen Niveau zu. Wir befinden uns also gerade auf dem Mittelweg (SSP2-4.5). Diese Entwicklung würde bedeuten, dass das Arktische Meereis bis 2100 nahezu komplett schmelzen wird.

Je wärmer es wird und je mehr Eis schmilzt, desto stärker wird der Meeresspiegel steigen. Alle fünf Szenarien beschreiben einen Pegelanstieg von mindestens 50 Zentimetern bis 2100, im schlimmsten Szenario sogar um fast einen Meter. Bis ins Jahr 2300 droht der Meeresspiegel selbst auf dem eher optimistischen »2-Grad-Weg« auf

Die Szenarien des Weltklimarates IPPC

Zukünftige Emissionsverläufe (in $GtCO_2$/Jahr)

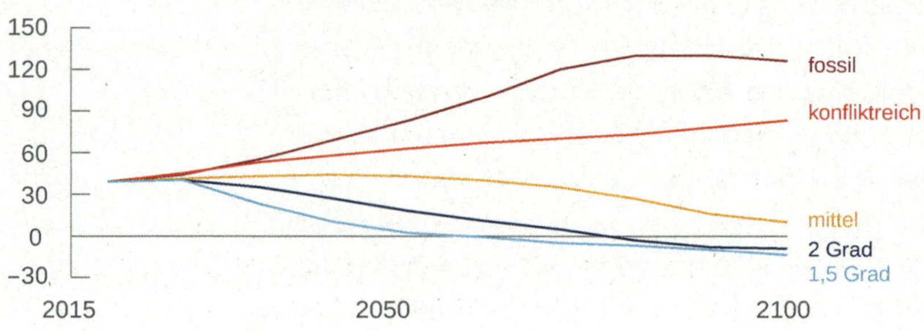

Temperaturveränderung in Relation zu 1850–1900 (in °C)

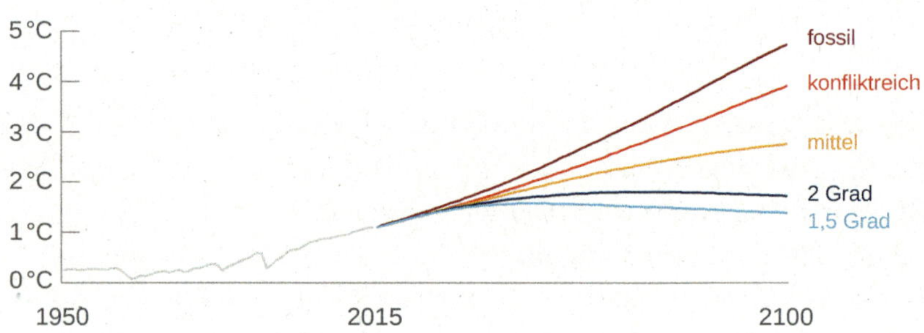

Entwicklung des Arktischen Meereises (in 10^6 km²)

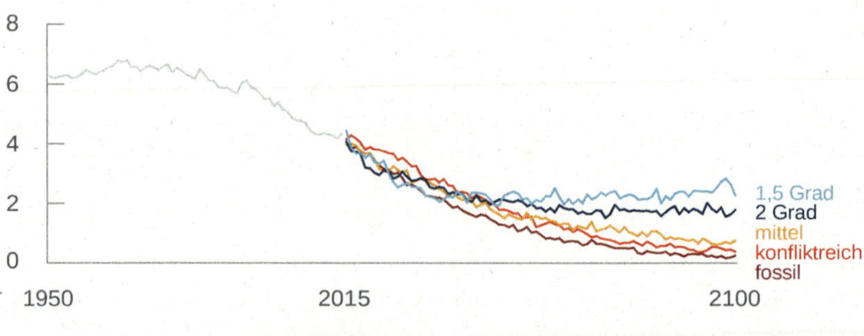

IPCC (2021) / eigene Darstellung

über drei Meter zu steigen. Bei anhaltend hohen Emissionen kann sogar ein Anstieg von über 15 Metern nicht ausgeschlossen werden. Die Küstengebiete der Welt sind von einem Meeresspiegelanstieg unterschiedlich stark betroffen. Zu den am meisten bedrohten Gebieten zählen die US-Ostküste, die Golfküstenebene, Asien und insbesondere die Inselstaaten wie die Philippinen oder Japan. So könnte der Meeresspiegel in Manila (Hauptstadt der Philippinen) bis 2100 um bis zu 1,33 Metern ansteigen und an Japans Ostküste sogar um bis zu 1,70 Meter. Für Deutschland wird in Cuxhaven und in Wismar jeweils bis Ende des Jahrhunderts ein Anstieg des Meeresspiegels um etwa 85 Zentimeter erwartet. Diese Entwicklungen werden katastrophale Auswirkungen auf unsere Umwelt und uns Menschen haben und massive wirtschaftliche Schäden mit sich bringen.

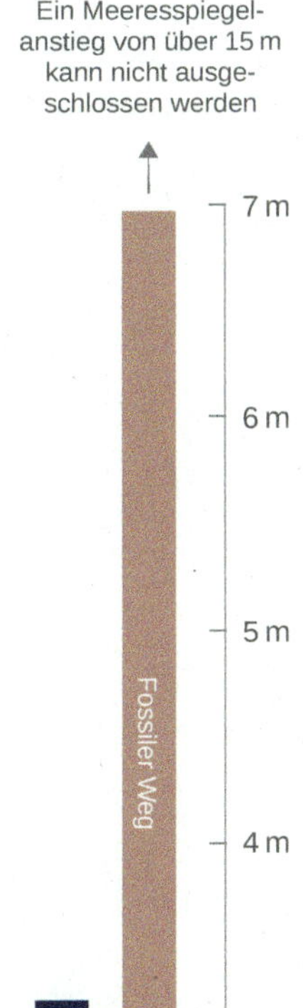

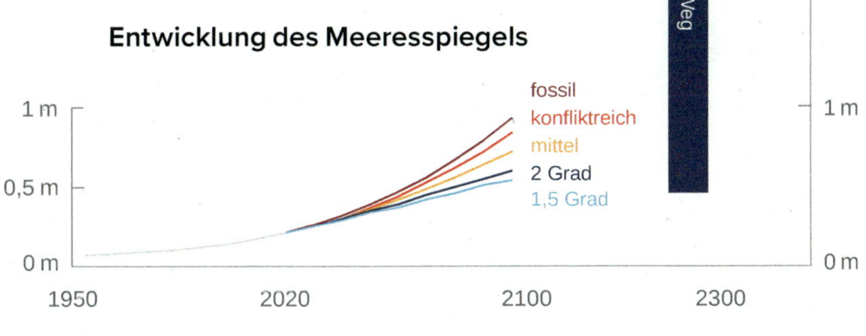

IPCC (2021) / eigene Darstellung

3 Globale Risiken und wirtschaftliche Schäden

Die Ursachen des Klimawandels sind mittlerweile eindeutig identifiziert, die vielfältigen Folgen jedoch nicht vollständig erforscht. Klar ist, dass der Klimawandel noch viel stärkere negative Auswirkungen auf unsere Umwelt, Gesundheit und Gesellschaft haben wird.[7] Wollen wir diese Entwicklungen aufhalten, müssen wir alle Hebel in Bewegung setzen, um die Treibhausgasemissionen so schnell wie möglich zu reduzieren. Ein Scheitern des Klimaschutzes gilt jedoch schon heute als größtes globales Risiko der nächsten Jahre. Das Weltwirtschaftsforum bringt jedes Jahr einen Weltrisikobericht heraus, der die größten wahrgenommenen Risiken für Volkswirtschaften und Gesellschaften in den nächsten Jahren identifiziert, basierend auf einer globalen Umfrage von knapp 1.500 Experten und Expertinnen aus Wissenschaft, Wirtschaft, Regierungen, internationaler Gemeinschaft und Zivilgesellschaft. Der aktuelle Bericht zeigt, wie das nächste Jahrzehnt von Umweltkrisen geprägt sein wird.[8] Kurzfristig gelten Misinformation und Desinformation als schwerwiegendste Risiken. Die daraus resultierende Erosion des sozialen Zusammenhalts, Polarisierungen und Populismus und eine immer größer werdende Kluft zwischen Werten und Gleichberechtigung prägen weltweit Wahlen, Demonstrationen und Proteste. Auch für den Klimaschutz sind dies große Herausforderungen. Längerfristig hängen die größten Risiken jedoch eindeutig mit einem Scheitern des Klimaschutzes, einem Misslingen von Klimaanpassungsmaßnahmen sowie deren Folgen zusammen. Das nächste Jahrzehnt wird geprägt sein von Diskussionen über Extremwetterereignisse, Ernteausfälle, Zusammenbrüche von wichtigen Ökosystemen und den daraus resultierenden steigenden Zahlen von Klimaflüchtlingen und Konflikten.

Das Versäumnis, den Klimawandel einzudämmen, wird langfristig als eine der schwerwiegendsten Bedrohungen eingestuft und ist das Risiko, auf das wir am wenigsten vorbereitet sind. 70 Prozent aller Befragten bewerten bestehende Maßnahmen zur Vorbeugung oder Vorbereitung auf den Klimawandel als ineffektiv. Dabei bilden die

Ursachen und Folgen des Klimawandels

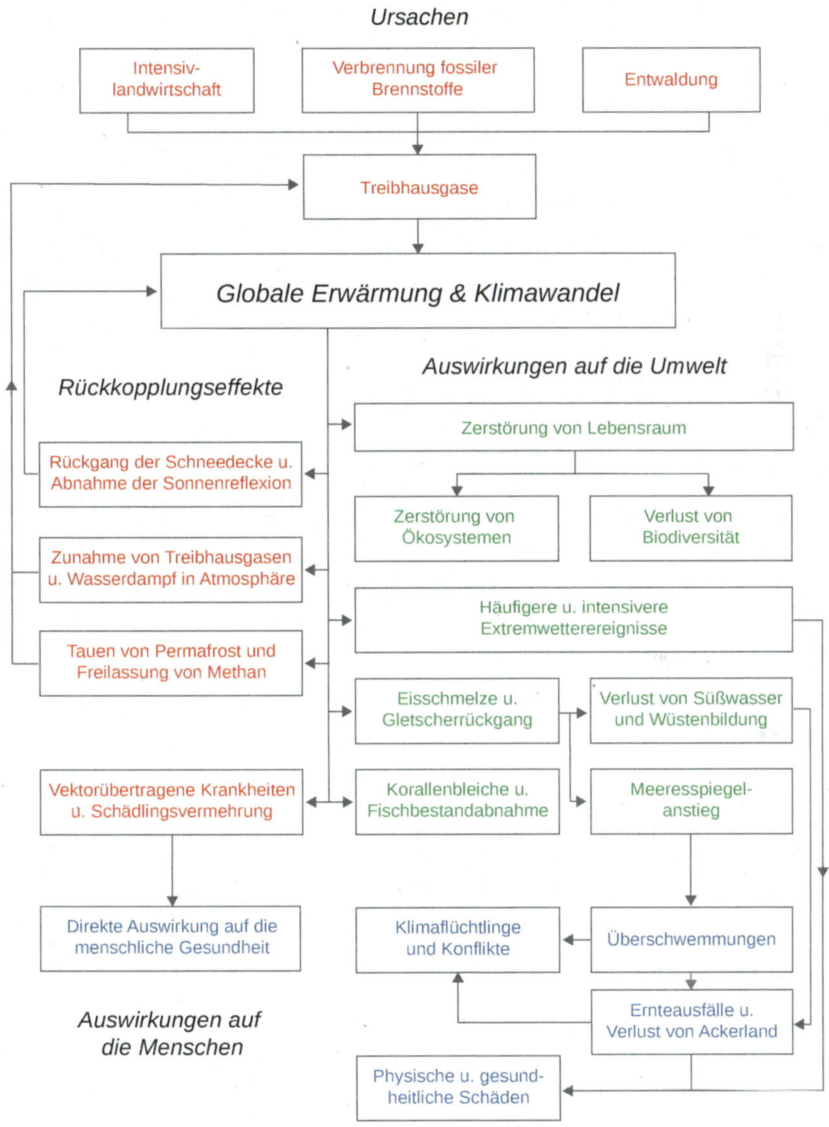

Kaviani, Shayan (2021) / eigene Darstellung

Globale Risiken (kurz- und langfristig)

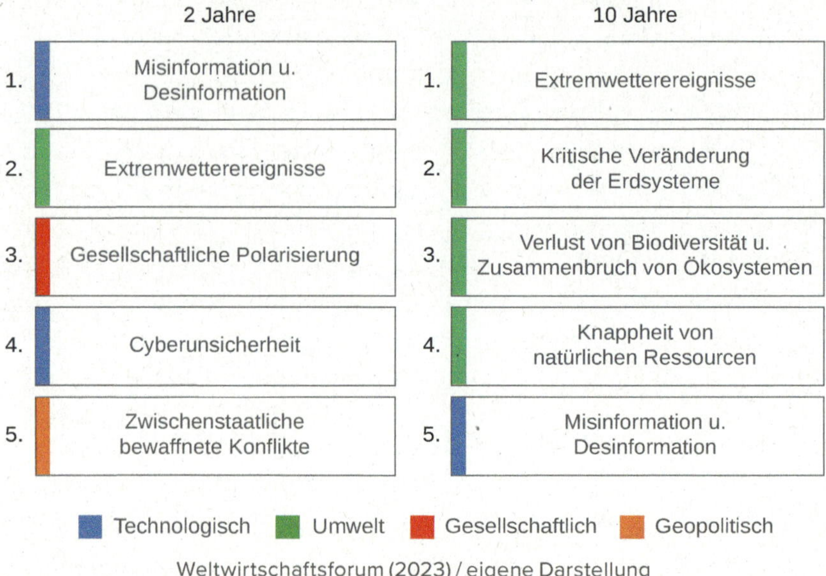

Weltwirtschaftsforum (2023) / eigene Darstellung

langfristigen globalen Risiken eine gefährliche Mischung für weitreichende wirtschaftliche und gesellschaftliche Folgen. Aktuelle geopolitische Spannungen, wie Russlands Angriffskrieg gegen die Ukraine und der Hamas-Überfall auf Israel, und zusätzlicher wirtschaftlicher Druck bremsen die Bemühungen und Fortschritte beim Klimaschutz. In einigen Fällen kehren sie diese sogar um. Die politischen Entscheidungsträger stehen zunehmend vor der Herausforderung, Kompromisse zwischen Energiesicherheit, Lebenshaltungskosten und Nachhaltigkeit zu treffen. Daher ist es unwahrscheinlich, dass die allgemeine Dynamik für den Klimaschutz in den nächsten zwei Jahren zunehmen wird. Und die Schwächsten werden am meisten unter den Auswirkungen leiden. Die klimatischen und wirtschaftlichen Entwicklungen werden aller Voraussicht nach hohe Flüchtlingswellen hervorrufen. Bis 2050, so prognostiziert die Weltbank, werden etwa 216 Millionen Menschen zur Migration innerhalb ihres eigenen Landes gezwungen sein.[9] Dabei wird ein Großteil der Klimaflüchtlinge in Subsahara-Afrika (86 Millionen), in Ostasien und der Pazifikregion (49 Millionen) sowie in Südasien (40 Millionen) aufkommen. Auch Nordafrika und Lateinamerika werden stark betroffen sein. Ein geringerer Anteil von etwa fünf Millionen Flüchtlingen wird in Osteuropa und Zentralasien erwartet.

Der Klimawandel mit all seinen Folgen stellt auch das größte langfristige Risiko für die Weltwirtschaft dar. Wie das Forschungsinstitut der Swiss Re errechnete, wird die Welt bis zur Mitte des Jahrhunderts voraussichtlich etwa zehn Prozent des gesamten wirtschaftlichen Wertes durch den Klimawandel verlieren. Diese Berechnungen basieren auf dem aktuellen Temperaturtrend und dem Nichterreichen des Pariser Klimaabkommens.[10] Bei einer Erderwärmung von drei Grad Celsius wird sogar ein Absturz des weltweiten Bruttoinlandsprodukts (BIP) um knapp 20 Prozent erwartet. Das Institute for Policy Integrity der juristischen Fakultät der New York University ist eine überparteiliche Denkfabrik, die sich der Verbesserung der Qualität staatlicher Entscheidungsfindung widmet. In einer umfassenden Studie aus 2021 befragte das Institut führende Ökonomen, die klimabezogene Forschung in den renommiertesten Fachzeitschriften veröffentlicht haben, inwieweit sich der Klimawandel auf Wirtschaft und Gesellschaft auswirkt.[11] Die Ökonomen schätzen die wirtschaftlichen Schäden durch den Klimawandel auf etwa 30 Billionen US-Dollar pro Jahr (das sind etwa fünf Prozent des BIP) bis 2075, wenn der aktuelle Erwärmungstrend anhält. Die Befragten stimmten ebenfalls darin überein, dass die Kosten des Nichthandelns größer sein werden als die Kosten des Handelns. Sofortige und drastische Maßnahmen seien erforderlich, betonte eine überwältigende Mehrheit der Ökonomen. Weiterhin prognostizierten die Befragten, dass der Klimawandel zu noch mehr Ungleichheit zwischen und innerhalb der Länder führen werde. Auch Lloyd's, der weltweit führende Marktplatz für Versicherungen und Rückversicherungen, zeigt die Anfälligkeit der Weltwirtschaft gegenüber extremen Wetterbedingungen auf. Lloyd's sagt einen weltweiten Verlust von fünf Billionen US-Dollar über einen Zeitraum von fünf Jahren allein durch Extremwetterereignisse voraus, die aller Voraussicht nach zu Nahrungsmittel- und Wasserknappheiten führen werden.[12]

Zwar sind einige Länder anfälliger und weniger klimaresilient als andere, aber alle werden vom Klimawandel betroffen sein. Der »Climate Economics Index« der Swiss Re misst, wie sich Klimarisiken auf die 48 Länder auswirken, die 90 Prozent der Weltwirtschaft repräsentieren, und bewertet deren allgemeine Klimaresilienz. Volkswirtschaften in Süd- und Südostasien sind am anfälligsten für Auswirkungen des Klimawandels und fortgeschrittene Volkswirtschaften auf der nördlichen Halbkugel am wenigsten. Während das BIP von Malaysia voraussichtlich um 36 Prozent zurückgehen wird (Rang 48), muss Deutschland mit einem Rückgang um »nur« acht Prozent bis 2050 rechnen (Rang 17). Das Land mit der höchsten Klimaresilienz ist Finnland, gefolgt von der Schweiz, Österreich und Portugal. Dahinter folgen Kanada, Norwegen, die USA, Schweden und Dänemark und dann Deutschland auf einem sehr guten zehnten Platz. Bei der Anpassungsfähigkeit liegt Deutschland weltweit sogar auf Platz eins aufgrund seiner robusten Infrastruktur, des hohen Risikobewusstseins und der finanziellen Ressourcen. Allerdings stellen steigende Temperaturen und zunehmende Wetterextreme, insbesondere nassere Bedingungen, ein besonderes Risiko für Deutschland dar.

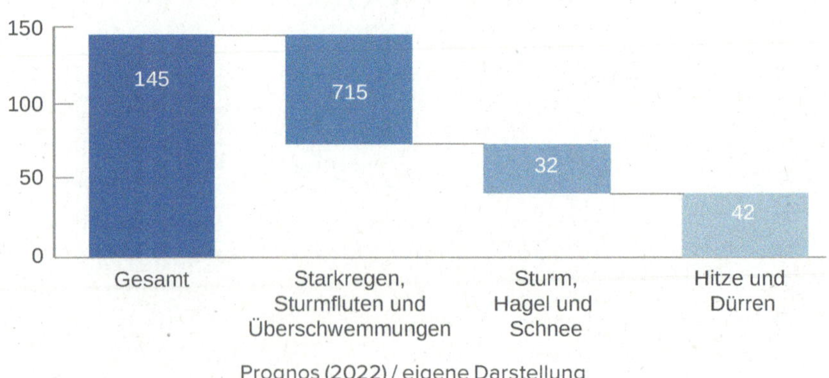

Prognos (2022) / eigene Darstellung

Bei diesen Kriterien landet Deutschland nur auf Rang 45 von 48. Das Forschungsinstitut Prognos hat für Deutschland die weiteren wirtschaftlichen Folgekosten bis 2050, basierend auf den extremwetterbedingten Schäden der letzten Jahre, ermittelt.[13] Im Zeitraum 2000–2021 liegen die monetären Schäden von Extremwetterereignissen bei 145 Milliarden Euro. Davon entfallen fast die Hälfte auf Starkregen, Sturmfluten und Überschwemmungen, während Hitze und Dürren nur knapp 30 Prozent ausmachen. Allerdings gehen 99 Prozent der ermittelten 30.800 extremwetterbedingten Todesfälle auf Hitze und Dürren zurück. Das Institut prognostiziert die weiteren volkswirtschaftlichen Folgekosten durch den Klimawandel für den Zeitraum 2022 bis 2050 auf mindestens 280–900 Milliarden Euro. Die jährlichen Kosten würden sich also um das Anderthalb- bis Fünffache erhöhen.

4 Die Schwächsten trifft es am stärksten

Wie das vorige Kapitel schon gezeigt hat, leiden die Länder, die gegen die Folgen des Klimawandels am wenigsten resilient sind, am meisten unter ihnen. Dürren, Überschwemmungen, Ernteausfälle und Ernährungsunsicherheit betreffen vor allem die Länder in Afrika und Südostasien, die bereits heute von Armut betroffen und auf Hilfe angewiesen sind. Diese Länder brauchen vor allem deshalb unsere Unterstützung bei der Anpassung an den Klimawandel, weil sie am wenigsten Schuld an der Erderwärmung tragen. Die Abbildung visualisiert die globale Ungleichheit der CO_2-Emissionen.[14] Während das oberste ein Prozent der Weltbevölkerung für 17 Prozent und die reichsten zehn Prozent sogar für 48 Prozent der globalen Emissionen verantwortlich sind, stößt die ärmste Hälfte der Weltbevölkerung dagegen nur zwölf Prozent der Gesamtmenge an Kohlendioxid aus. Die Reichen verschmutzen die Umwelt also überproportional, werden dafür bisher aber nicht zur Rechenschaft gezogen.

Obwohl sie am wenigsten Kohlendioxid ausstoßen, leiden die ärmsten Länder am stärksten unter Extremwetter und Naturkatastrophen. Im Jahr 2022 wurden 387 Naturkatastrophen aufgezeichnet, die

Die Ungleichheit der CO_2-Emissionen

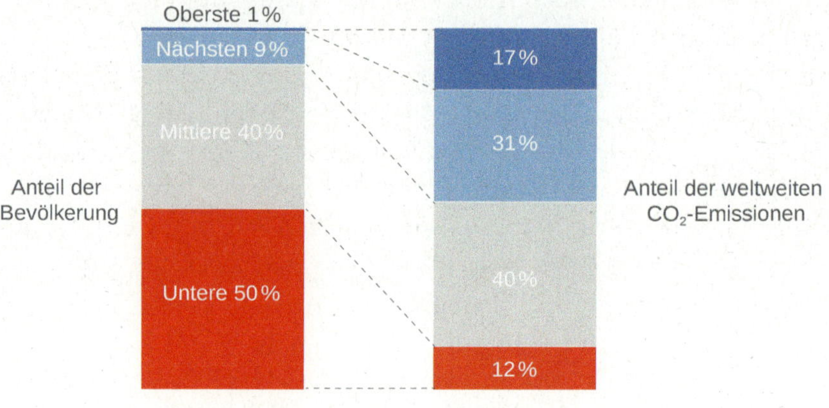

Chancel (2022) / eigene Darstellung

Von Naturkatastrophen betroffene Menschen

(Anteil je Kontinent)

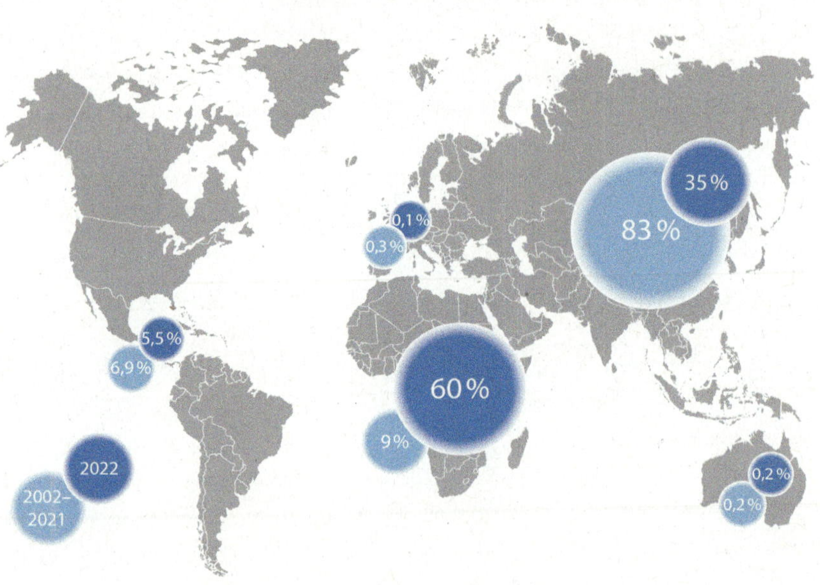

CRED (2023) / eigene Darstellung

weltweit 185 Millionen Menschen betrafen und zu einem Verlust von 30.704 Menschenleben führten.[15] Mit Abstand am meisten Betroffene gab es in Afrika und in den Jahren davor (2002–2021) in Asien. Die mit Abstand am häufigsten auftretenden Naturkatastrophen der letzten 20 Jahre sind Überflutungen, die im Schnitt weltweit 80 Millionen Menschen betrafen. Dürren machen mengenmäßig einen deutlich geringeren Anteil aus, betreffen aber dafür einen höheren Anteil an Menschen. In sechs afrikanischen Ländern (Demokratische Repub-

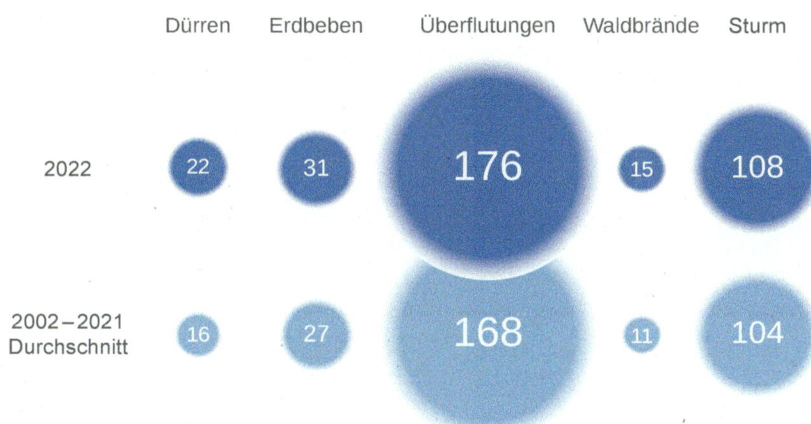

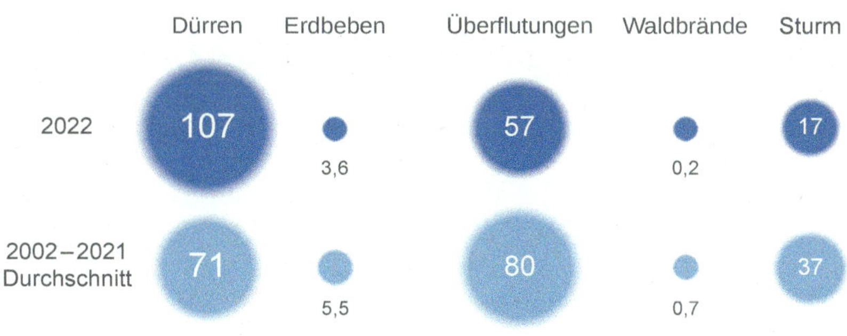

CRED (2023) / eigene Darstellung

lik Kongo, Äthiopien, Nigeria, Sudan, Niger und Burkina Faso) waren 2022 insgesamt 89 Millionen Menschen von Dürren betroffen. Eine einzige Dürre hat katastrophale Auswirkungen und kann das mittelfristige Wirtschaftswachstumspotenzial eines afrikanischen Landes um einen Prozentpunkt verringern.[16] Naturkatastrophen haben in ärmeren Ländern schwerwiegendere Folgen für die weibliche Bevölkerung, da Frauen sehr viel häufiger nicht schwimmen können als Männer, grundsätzlich weniger Kraft haben und oft Kopftücher, Burkas oder Niqabs tragen, die sie in Notsituationen wie bei einer Überschwemmung daran hindern, sich schnell befreien zu können.

Dürren und Überflutungen in den ärmsten Ländern verschlechtern die ohnehin schon mangelnde Ernährungssicherheit und beeinträchtigen den Zugang zu Wasser und damit die Lebensgrundlage der Einwohner. In einkommensschwachen Ländern sind fast 70 Prozent der Bevölkerung von Ernährungsunsicherheit bedroht, knapp 30 Prozent leiden an Unterernährung, und 70 Prozent haben keinen Zugang zu sanitären Einrichtungen und sauberem Wasser.[17]

Dürren und Wasserknappheit führen darüber hinaus zu einer starken Zunahme von Konflikten um den Zugang zu Bewässerung und

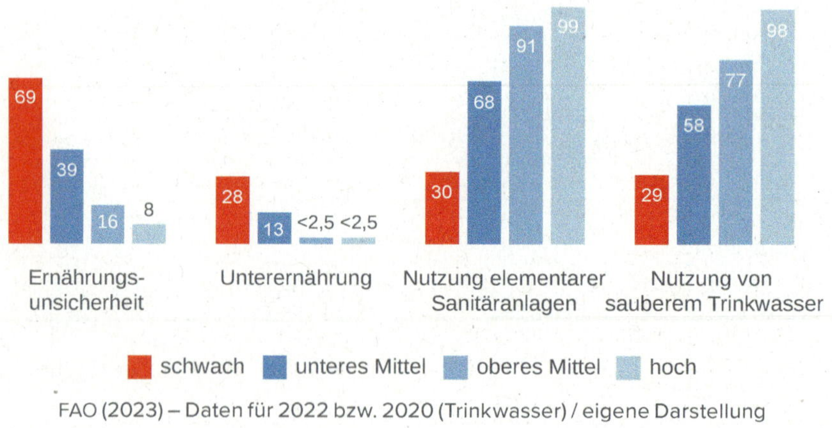

Trinkwasserstellen. So gab es in den 1990er-Jahren insgesamt 177 aufgezeichnete Konflikte und 20 Jahre später in den 2010ern schon 629 – eine Zunahme von 350 Prozent.[18] Diese Konflikte führen wiederum zu großflächigen Migrations- und Flüchtlingswellen. Leider fehlt es den armen Ländern, die sich am meisten anpassen müssen, oft an finanziellen Mitteln und an der institutionellen Kapazität, um die erforderlichen Anpassungsprogramme umzusetzen. Darüber hinaus sind viele Länder, die Hitzewellen, Dürren, Stürmen und dem Anstieg des Meeresspiegels am stärksten ausgesetzt sind, häufig mit anderen dringenden Entwicklungsbedürfnissen konfrontiert. Es ist also wichtiger denn je, in widerstandsfähiges Wachstum zu investieren und die Anpassung an den Klimawandel vollständig in andere nachhaltige Entwicklungsziele zu integrieren. Schon bei der Klimakonferenz in Kopenhagen im Jahr 2009 einigte sich die Weltgemeinschaft darauf, zwischen 2020 und 2025 jährlich 100 Milliarden Euro zur Verfügung zu stellen, um ärmere Länder bei der Anpassung an den Klimawandel zu unterstützen. Dieses Ziel wurde nicht eingehalten, doch immerhin beliefen sich die globalen Klimafinanzierungen 2021 auf 90 Milliarden US-Dollar.[19] Der Ruf der ärmeren Länder nach weiteren finanziellen Entschädigungen und Unterstützungen durch die Industriestaaten wurde in den vergangenen Jahren immer lauter. So wurde auf der Klimakonferenz der Vereinten Nationen 2022 in Ägypten der Fonds für klimabedingte Schäden und Verluste ins Leben gerufen, der besonders vom Klimawandel betroffene Entwicklungsländer unterstützen soll und der als historischer Erfolg gefeiert wurde. Zu Beginn der Klimakonferenz in Dubai wurde der Fonds erstmals mit Geld gefüllt. Das Gastgeberland, die Vereinigten Arabischen Emirate, und Deutschland wollen jeweils einen Betrag von 100 Millionen US-Dollar beisteuern. Allerdings wurden keine weiteren Entscheidungen getroffen, wie sich der Fonds finanzieren und welches Land wie viel Geld bekommen soll. Laut Schätzungen der Vereinten Nationen belaufen sich die Klimaanpassungskosten der Entwicklungsländer bis 2030 auf bis zu 300 Milliarden US-Dollar jährlich. Auch hier ist noch ein weiter Weg zu gehen.

5 Schnelles Handeln gefragt

Es besteht nach wie vor eine erhebliche Lücke zwischen den Versprechungen der Regierungen und dem Gesamtumfang an Maßnahmen, die sie bisher ergriffen haben. Darüber hinaus liegen sowohl die aktuelle Politik als auch die Zusagen deutlich über den Emissionspfaden, die mit dem langfristigen Temperaturziel des Pariser Abkommens vereinbar sind. Dies sind die Ergebnisse eines unabhängigen wissenschaftlichen Projektes, des sogenannten Climate Action Trackers der Organisation Climate Analytics und des NewClimate Institutes. Auch Deutschlands Bemühungen werden als unzureichend betrachtet. Schon 2021 hat das Bundesverfassungsgericht die deutsche Regierung gerügt, ihr Klimaschutzgesetz aus dem Jahr 2019 sei mit den Grundrechten unvereinbar, da entscheidende Maßnahmen fehlten. Die Bundesregierung wurde verpflichtet, einen klaren Pfad aufzuzeigen, wie sie die Treibhausgasemissionen auf null reduzieren will.[20] Das Oberverwaltungsgericht Berlin-Brandenburg musste 2023 die Regierung zu zusätzlichen Klimaschutzmaßnahmen verpflichten, da insbesondere der Verkehrs- und Bausektor gegen das derzeitige Klimaschutzgesetz verstoßen.[21] Zwar sanken 2023 die CO_2-Emissionen in Deutschland im Rekordtempo, sodass das deutsche Klimaziel für 2030 erstmals erreichbar schien. Allerdings ist der Rückgang der Emissionen in der Industrie durch die schlechte konjunkturelle Lage im vergangenen Jahr zu begründen, und die Sektoren Verkehr und Gebäude hinken nach wie vor bei der Erreichung ihrer Ziele hinterher.

Der unabhängige und gemeinnützige Verein Germanwatch bringt mit seinem Climate Change Performance Index (CCPI), früher Klimaschutzindex, mehr Transparenz in die internationale Klimapolitik.[22] Der Index umfasst 59 Staaten und die EU, die zusammen für 92 Prozent der globalen Treibhausgasemissionen verantwortlich sind, und wird jährlich bei der UN-Klimakonferenz vorgestellt. Er ermöglicht den Vergleich zwischen den Ländern und zeigt ihren jeweiligen Fortschritt. Die wichtigste Erkenntnis aus 2023: Kein Land macht genug für den Klimaschutz, um eine sehr gute Bewertung zu bekommen.

Die ersten drei Plätze des Rankings blieben tatsächlich leer. Eine gute Note bekommen nur knapp ein Viertel aller untersuchten Länder, wobei die besten Bewertungen an Dänemark, Schweden und Chile gehen. Auch Deutschland bekommt eine gute Note auf Platz sechzehn, ist allerdings im Vergleich zum Vorjahr um drei Plätze gefallen. Indien liegt überraschenderweise auf Platz acht und die EU mit einer mäßigen Bewertung auf Platz achtzehn. Knapp ein Viertel aller Länder haben eine sehr schlechte Bewertung, darunter Russland, China, Ungarn und Polen, aber auch die USA, Kanada und Australien. Auf den letzten Plätzen liegen der Iran, Saudi-Arabien und Kasachstan. Während Deutschland eine gute Bewertung im Bereich Treibhausgasemissionen hat, ist die Bewertung in den Bereichen erneuerbare Energien, Energienutzung und Klimapolitik nur mäßig. Die Experten von Climate Watch fordern von der Regierung »einen schnelleren Ausstieg aus fossilen Brennstoffen, keine weiteren Subventionen für fossile Brennstoffe und eine stärkere Förderung von erneuerbaren Energien«. Darüber hinaus kritisieren die Fachleute die nicht weit genug reichende Agrarstrategie und dass es noch keinen Plan für die Verringerung des hohen Tierbestands gibt. Des Weiteren fordern sie ein Tempolimit auf Autobahnen und mehr Unterstützung für den öffentlichen Nahverkehr. Aufgrund der Bemühungen in internationalen Klimaverhandlungen erhält Deutschland für die internationale Klimapolitik eine gute Note, die Experten wünschen sich allerdings eine noch ambitioniertere Rolle.

Neben diesen Maßnahmen brauchen wir ein schnelleres Handeln bei den globalen und lokalen Anpassungsmaßnahmen. Dazu gehören die Pflanzung von Bäumen und Mangrovenwäldern, die Renaturierung von Auen und Mooren genauso wie die Anpassungen von Gebäuden, Weiterentwicklungen von Impfstoffen und digitale Lösungen wie Frühwarnsysteme. Die vielen beschriebenen umweltbezogenen, sozialen und wirtschaftlichen Gefahren und Risiken sollten die Weltgemeinschaft eigentlich aufrütteln, mehr Gelder für Anpassungsmaßnahmen zur Verfügung zu stellen. Bei der Finanzierung gibt es laut den Vereinten Nationen aber eine Lücke von 194–366 Milliarden US-Dollar pro Jahr.[23] Der »Adaptation Gap Report« stellt außerdem fest, dass sich die Fortschritte bei der Anpassung an den Klimawandel eher verlangsamen. 15 Prozent der UN-Mitgliedsstaaten haben noch gar keine nationale Klimaanpassungsstrategie, darunter viele Länder, die vor finanziellen, personellen und technischen Herausforderungen bei der Entwicklung und Durchführung von Anpassungsmaßnahmen stehen. In Deutschland haben wir bereits seit 2008 eine Anpassungsstrategie, welche gerade im November 2023 aktualisiert und zukünftig durch das Klimaanpassungsgesetz weitergeführt wird.[24] Die aktuelle Bundesumweltministerin Steffi Lemke erläutert: »Hitzewellen und Dürren, Starkregen und Hochwasser – die Folgen der Klimakrise wurden in den vergangenen Jahren immer deutlicher spürbar. Wir müssen Vorsorge betreiben und unser Land besser vorbereiten. Es ist höchste Zeit, dass Deutschland seiner Klimaanpassung ein neues Fundament gibt. Mit dem Klimaanpassungsgesetz verankern wir erstmals die Anpassung an die Folgen der Klimakrise als staatliche Aufgabe im Bundesrecht.« Das Gesetz gibt einen verbindlichen Rahmen für Bund, Länder und Kommunen vor sowie messbare Ziele und eine gemeinsame Finanzierung durch Bund und Länder. Zentrale Infrastruktur, wie Straßen, Gebäude oder Kanalisation, liegen allerdings meist in kommunaler Hand, sodass die Länder lokale Klimaanpassungskonzepte auf der Grundlage von Risikoanalysen selbst erstellen und ihre eigenen Klimaanpassungsstrategien vorlegen und umsetzen sollen, was viele Bundesländer bereits getan haben.

Auch Unternehmen sollten an Anpassungsstrategien arbeiten, da der Klimawandel mit zum Beispiel Extremwetterereignissen Einfluss auf ganze Produktionsbedingungen haben kann. Hier bedarf es selbstentwickelter oder branchenspezifischer Strategien und Umsetzungsmaßnahmen. Eine Reihe von Werkzeugen und Hilfestellungen stellt das Umweltbundesamt mit dem »Klimalotsen«[25] zur Verfügung, und das KliVO-Portal der Bundesregierung bietet verschiedene Dienste zur zielgerichteten Anpassung an die Klimafolgen.[26]

Auch wenn weitere Maßnahmen geplant sind, sind sich Wissenschaftler und Experten einig, dass auf der Welt und auch in Deutschland immer noch zu wenig für den Klimaschutz getan wird und wir ein schnelleres Handeln benötigen. Um unseren Planeten bewohnbar zu halten, brauchen wir neben vielen Anpassungsmaßnahmen vor allem notwendige Transformationen, die erhebliche Veränderungen für uns alle mit sich bringen werden. Vorher sollte uns allen aber bewusst werden, wie wir überhaupt in die jetzige Bedrohungslage kommen konnten und wer für die Zerstörung unseres Planeten verantwortlich ist.

[4] Wie konnte es überhaupt so weit kommen?

1 Die Profitgier der Ölkonzerne

Die 20 größten Ölkonzerne der Welt sind mit 493 Milliarden Tonnen CO_2-Äquivalenten für 35 Prozent der energiebezogenen Treibhausgasemissionen zwischen 1965 und 2018 verantwortlich.[1] Sie haben daher eine besondere Verantwortung für den Schutz unserer Erde und sollten großes Interesse daran haben, ihre Emissionen zu reduzieren. Doch das Gegenteil ist der Fall. Die fossile Industrie wusste schon in den 1960er-Jahren, welche Auswirkungen die Verbrennung fossiler Rohstoffe auf die Umwelt hat, und tut seitdem alles dafür, Politik und Öffentlichkeit zu täuschen, um die Zukunft ihrer Branche steuern und rechtzeitig auf Gefahren reagieren zu können. Das American Petroleum Institute (API), der größte Interessenverband für die amerikanische Öl- und Erdgasindustrie, beauftragte Ende der 1960er-Jahre das Stanford Research Institute, ein Auftragsforschungsunternehmen, das seit seiner Gründung eng mit den Öl- und Gasinteressen verbunden war,[2] die Auswirkungen der Verbrennung fossiler Brennstoffe zu untersuchen. Die Ergebnisse aus dem Jahr 1968 warnten schon damals davor, dass der Anstieg von CO_2 zu einer Erderwärmung führen würde und dass ein erheblicher Temperaturanstieg zu schmelzenden Eiskappen, steigenden Meeresspiegeln und möglicherweise weltweiten schwerwiegenden Umweltschäden führen könnte.[3] Dieser Bericht wurde hinter verschlossenen Türen nicht nur an den Auftraggeber, die API, sondern auch an die großen Öl- und Erdgasunternehmen übergeben und nicht, wie bei wissenschaftlichen Arbeiten normalerweise üblich, veröffentlicht. Die gesamte amerikanische Öl- und Erdgasindustrie war also schon damals über die Risiken der Verbrennung fossiler Brennstoffe bestens informiert, wie der Bericht zeigt. Darüber hinaus existieren viele weitere Beweise:

In den 1970er- und 1980er-Jahren beschäftigte das Unternehmen Exxon eigene Spitzenwissenschaftler und startete ein ehrgeiziges Forschungsprogramm, bei dem CO_2 empirisch untersucht und eigene Klimamodelle erstellt wurden. Das Unternehmen gab mehr als eine Million US-Dollar für ein Projekt aus, das sich mit der Aufnahme von CO_2 in die Ozeane befassen sollte.[4] Nach der Befragung von ehemaligen Mitarbeitenden und nach der Auswertung einer Vielzahl von internen Dokumenten konnte zurückverfolgt werden, dass Exxon schon seit 1977 über den Klimawandel Bescheid wusste und intern intensiv über das Thema diskutierte. Exxons Wissenschaftler James Black berichtete dem damaligen Management, es bestehe wissenschaftlicher Konsens darüber, dass der Mensch höchstwahrscheinlich das globale Klima durch die Freisetzung von CO_2 aus der Verbrennung fossiler Brennstoffe beeinflusse. Ein Jahr später warnte er Exxon, eine Verdoppelung von CO_2 in der Atmosphäre würde die globale Temperatur um zwei oder drei Grad erhöhen, und dem Menschen bleibe ein Zeitfenster von nur fünf bis zehn Jahren, bevor kritische Entscheidungen hinsichtlich der Energiestrategie getroffen werden müssten.

Auch Shell gab bereits Anfang der 1980er-Jahre Berichte zum Treibhauseffekt in Auftrag und bekam detaillierte Analysen potenzieller Klimaauswirkungen, einschließlich steigender Meeresspiegel, Ozeanversauerung und menschlicher Migration. Sogar der Beitrag seiner eigenen Produkte zu den globalen CO_2-Emissionen konnte quantifiziert werden.[5] Shell kam zu dem Schluss, dass frühzeitige politische Maßnahmen ergriffen werden sollten, bevor größere Klimaveränderungen zu beobachten seien. Auch Unternehmen wie BP, Chevron, ConocoPhillips und Peabody Energy nahmen an Dutzenden von Anhörungen im Kongress teil, in denen der Beitrag von CO_2-Emissionen zum Treibhauseffekt und andere Aspekte der Klimawissenschaft diskutiert wurden.[6] Aber anstelle eines grundsätzlichen Umdenkens und Erforschens erneuerbarer Energien entschied sich die gesamte Industrie für das Gegenteil. Die API, Exxon und Shell behielten ihre Erkenntnisse in der Schublade, und sämtliche Konzerne begannen, den Klimawandel zu leugnen und zu desinformieren. Die API täuschte die Öffentlichkeit bereits 1980 absichtlich mit ihrer Broschüre »Two Energy Futures: A National Choice for the 80s«, in der sie den Klimawandel und die von ihm ausgehende Bedrohung verharmloste und die Nutzung fossiler Brennstoffe als sicher und harmlos beschrieb.[7] Kurz vorher hatte ein Ingenieur der Stanford University die API gewarnt, dass es bei einer Erderwärmung von 2,5 Grad Celsius zu bedeutenden wirtschaftlichen Auswirkungen und starken regionalen Abhängigkeiten kommen werde und dass eine Erwärmung um fünf Grad globale katastrophale Ereignisse zur Folge haben würde.

Das Jahr 1988 markierte einen wichtigen Meilenstein für die wissenschaftliche Gewissheit über den Klimawandel. In diesem Jahr sagte James Hansen, ein führender Klimawissenschaftler und Direktor des Instituts für Weltraumstudien der NASA, vor dem Kongress aus, der Mensch sei durch die Verbrennung fossiler Energieträger schuld an der Erderwärmung, und der Klimawandel habe bereits begonnen. Seine Aussage trug dazu bei, ein breites Bewusstsein in Politik und Medien über die globale Erwärmung zu schaffen, und noch im gleichen Jahr wurde der Weltklimarat (IPCC) von den Vereinten Nationen gegründet. Nach der Aussage von James Hansen vor dem Kongress und nach der Gründung des Weltklimarats mischten sich die Ölkonzerne sofort in die öffentliche Debatte ein und sorgten für Skepsis in der Bevölkerung. 1989 wurde die Lobbyorganisation Global Climate Coalition (GCC) gegründet, um mit eigener Forschung systematisch die Wissenschaft zu bekämpfen, die Politik zu beeinflussen und Klimaschutzmaßnahmen zu verhindern. Zu ihren Mitgliedern zählten alle großen Unternehmen aus der fossilen Industrie sowie alle wichtigen Handelsverbände. Die Dokumentation »Im Würgegriff der Ölkonzerne« zeigt die massive politische Einflussnahme der Konzerne und der API. Durch ihre starke Beeinflussung wurden viele umweltfreundliche Vorhaben der Clinton-Regierung, wie zum Beispiel die geplante Einführung der CO_2-Steuer durch den damaligen US-Vizepräsident Al Gore, verhindert. Der Öffentlichkeit wurde suggeriert, dass umweltfreundliche Maßnahmen wie die Reduzierung der Emissionen mit beträchtlichen wirtschaftlichen Einbußen und einer daraus folgenden umfassenden Arbeitslosigkeit einhergingen. Angespornt durch den leicht eingefahrenen Sieg, startete die API eine weitere große Desinformationskampagne.

Mit direkter Beteiligung von Exxon und Chevron entwickelte die API 1998 den »Global Climate Science Communications Plan«[8], der nicht nur das Ziel hatte, die Öffentlichkeit über den Klimawandel falsch zu informieren, sondern vor allem das Kyoto-Protokoll zu torpedieren, welches verbindliche Emissionsminderungen vorsah. Das Ziel der Kampagne würde erreicht sein, wenn der Durchschnittsbürger und die Medien von »Unsicherheiten« in der Klimawissenschaft überzeugt seien – trotz der überwältigenden Beweise und nahezu einhelliger wissenschaftlicher Zustimmung darüber, dass der Mensch die globale Erwärmung verursacht. Für ihren Kommunikationsplan identifizierte, rekrutierte und finanzierte die API »unabhängige Wissenschaftler«, die teilweise auch schon die Desinformationskampagnen der Tabakindustrie vermarktet hatten, um relevante Radio-, TV-, und Printjournalisten zu beeinflussen. So bekam zum Beispiel der Fake-Experte und Astrophysiker Wei-Hock (»Willie«) Soon vom Harvard-Smithonian Center zwischen 2001 und 2012 mehr als 1,2 Millionen Dollar Forschungsförderung für Arbeiten, die zweifelsfrei täuschen und betrügen sollten. Die API-Strategie erreichte auch die Schulen. Teil der Strategie ist auch heute immer noch die bewusste Beeinflussung von Lehrern und Schülern über den Nationalen Verband der Naturwissenschaftslehrer. So stellt der API-Onlinelehrplan für Grundschüler die nicht erneuerbaren Energiequellen wie Öl, Erdgas und Kohle als »zuverlässiger, erschwinglicher und benutzerfreundlicher als die meisten erneuerbaren Energiequellen« dar.

Eine weitere Maßnahme, die Aufmerksamkeit von sich abzulenken, war die preisgekrönte Marketingkampagne »Beyond Petroleum«, die British Petroleum (BP) bei Ogilvy & Mather in Auftrag gegeben hat. Mit der Kampagne aus dem Jahr 2004 stellte BP einen neuen CO_2-Fußabdruck-Rechner vor, mit dem jede Privatperson abschätzen konnte, welchen Einfluss das eigene tägliche Leben, wie zur Arbeit fahren, Lebensmittel einkaufen oder reisen, auf die Erderwärmung hat. So lenkte BP die öffentliche Aufmerksamkeit gezielt auf den privaten Konsum und weg von der eigenen Verantwortung. Die Dokumentation »Die Kampagne gegen das Klima« vom dänischen Regisseur Mads Ellesøe zeigt, mit welchen weiteren Strategien die Ölkonzerne die öffentliche Meinung in den vergangenen Jahrzehnten hinsichtlich des Klimawandels beeinflusst haben. Die Desinformationskampagnen waren ein phänomenaler Erfolg. Der Ausstieg aus der fossilen Energie wurde um Jahrzehnte verzögert, und die Kampagnen gehen immer weiter.

Die fünf sogenannten Supermajors ExxonMobil, Chevron, TotalEnergies, Shell und BP haben in den drei Jahren nach Beschluss des Pariser Klimaabkommens insgesamt über eine Milliarde US-Dollar für weitere Desinformationskampagnen und Lobbying ausgegeben.[9] Mittlerweile investieren die Supermajors pro Jahr mindestens 750 Millionen US-Dollar (konservativ geschätzt) in Werbekampagnen und klimabezogene Kommunikationsaktivitäten, die sie als proaktive Klimaschützer in ein positives Licht rücken sollen, während die eigentliche Unternehmensstrategie weiter auf fossile Brennstoffe setzt. Eine Auswertung der von den Supermajors veröffentlichten Kommunikation aus dem Jahr 2021 ergab, dass 60 Prozent ihrer Kommunikation mindestens einen »grünen Werbeclaim« beinhalten, während sich nur 23 Prozent ausschließlich auf ihr Kerngeschäft, die fossilen Energieträger, beziehen. Im Gegensatz zur »grünen« Kommunikation planen die Unternehmen allerdings nur zwölf Prozent ihrer Investitionsausgaben für kohlenstoffarme Aktivitäten. Die Unternehmen wollen als Teil der Klimalösung gesehen werden, sind aber in Wirklichkeit nicht daran interessiert, die Klimakrise zu lösen, sondern arbeiten weiterhin daran, Profite aus ihrem Kerngeschäft zu erzielen. Derzeit stammen weniger als ein Prozent der weltweiten Investitionen in saubere Energie von Öl- und Gasunternehmen. Zwar sind Investitionen in die Öl- und Gasversorgung weiter erforderlich, um den weltweiten Energiebedarf zu decken. Aber die derzeit jährlich investierten 800 Milliarden US-Dollar sind doppelt so hoch, wie der Bedarf im Jahr 2030 sein wird.[10] Bis heute gibt es keine Anreize für Führungskräfte von Ölkonzernen, sich dem Klimaschutz zu widmen. Stattdessen sorgen lukrative Vergütungs- und Aktienoptionen eher dafür, sich dem Klimaschutz zu widersetzen. Vergütungspakete für CEOs, die oft mehr als zehn Millionen US-Dollar betragen, sind an die weitere Förderung fossiler Brennstoffe, die Erkundung neuer Felder und die Steigerung der Nachfrage (durch Werbung, Lobbyarbeit und staatliche Subventionen) gekoppelt.

Wegen ihrer großen Verantwortung als Hauptemittenten von CO_2 und aufgrund ihrer zahlreichen Täuschungskampagnen und betrügerischen Machenschaften werden die Forderungen an die Ölkonzerne nach Klimaentschädigungen immer lauter. Einer neuen Studie aus 2023 zufolge sollen die weltweit führenden Unternehmen der fossilen Brennstoffindustrie jährlich mindestens 209 Milliarden US-Dollar zahlen, um Gemeinden zu entschädigen, die durch ihr umweltschädliches Geschäft und ihre jahrzehntelangen Lügen am meisten geschädigt wurden.[11] Die fossile Brennstoffindustrie wird für mindestens 23,2 Billionen US-Dollar der klimabedingten wirtschaftlichen Verluste verantwortlich gemacht, die in den nächsten 25 Jahren erwartet werden. Das sind 893 Milliarden US-Dollar pro Jahr. So beschäftigen die sogenannten Klimaklagen immer mehr Gerichte. Und immer mehr Klagen richten sich an Unternehmen, Finanzinstitute und Handelsverbände, die oft einen erheblichen Einfluss auf den Klimaschutz haben. Das Grantham Research Institute on Climate Change and the Environment hat in Zusammenarbeit mit der Columbia Law School einen Bericht zu Klimarechtsstreitigkeiten veröffentlicht.[12] In den zwölf Monaten von Juni 2022 bis Mai 2023 wurden weltweit 2.341 Fälle in 51 Ländern erfasst, auch in China und Russland. Knapp 70 Prozent der Fälle stammen aus den USA, und rund zwanzig Klagen, die wahrscheinlich bald vor Gericht gehen, wurden von US-amerikanischen Städten und Staaten gegen die Supermajors eingereicht. Rund 55 Prozent der bereits entschiedenen Fälle hatten einen positiven Ausgang für den Klimaschutz zur Folge, was allerdings nicht immer klare Auswirkungen nach sich zog. Ein positives Urteil führte in den Niederlanden dazu, dass Shell per Gerichtsurteil dazu verpflichtet wurde, seine Treibhausgasemissionen bis 2030 um 45 Prozent gegenüber dem Stand von 2019 zu reduzieren.[13] Es wird in Zukunft sicher noch weitere Urteile gegen die Supermajors geben.

2 Die Macht der Lobbys

Nicht nur in der fossilen Brennstoffindustrie hat der Lobbyismus einen bedeutenden Stellenwert, sondern überall auf der Welt geben Interessenverbände und Unternehmen beträchtliche Summen für die Beeinflussung von Politik und Gesellschaft aus. Grundsätzlich ist Lobbyismus nichts Schlechtes und nicht verboten. Auch Umweltverbände und NGOs versuchen, über Lobbyarbeit politische Entscheidungen zu beeinflussen, haben allerdings nicht so viel Geld wie Unternehmen aus der freien Wirtschaft. Und natürlich kommt es auf die Art und Weise der Beeinflussung an. Basiert sie auf validen Fakten, oder werden diese verdreht oder ausgedacht? Weltweit gibt es viele Organisationen und Denkfabriken, die einzig mit dem Ziel gegründet werden, ein bestimmtes Meinungsklima zu schaffen und den menschengemachten Klimawandel zu leugnen. Sie werden mit viel Geld aus der Industrie finanziert und produzieren ihre eigenen »Kontra«-Studien (Fake Science). Die weltweit wohl bedeutendste solcher Organisationen ist das Heartland Institute (USA), das für wirtschaftsfreundliche Rahmenbedingungen wirbt, einen Abbau von Regelungen im Umwelt- und Verbraucherschutz fordert und Kohlekraftwerke für unverzichtbar hält. ExxonMobil und Philip Morris waren über Jahre wichtige Sponsoren, genauso wie die Stiftungen Charles G. Koch Foundation und die Mercer Family Foundation. Koch Industries ist ein Öl- und Chemiekonzern und zweitgrößtes US-amerikanisches Konglomerat in Privatbesitz, die Mercer Family Foundation ist eine private Förderstiftung, deren Vorsitzender Trump-Unterstützer Robert Mercer ist. Das Heartland Institute hat auch Verbindungen nach Deutschland und arbeitet mit dem in Jena ansässigen Klimaleugnerverein EIKE (Europäisches Institut für Klima und Energie) zusammen, dessen Präsident Berater von Heartland ist. EIKE gilt als die deutschsprachige Speerspitze der Klimawandelleugner. Auf ihrer Website wird unübersehbar gewarnt: »Nicht das Klima ist bedroht, sondern unsere Freiheit.« Der Verein ist mit der AfD vernetzt, aber auch mit dem FDP-Klimareferenten[14] und Teilen der CDU (Wirtschaftsrat, WerteUnion, Berliner Kreis).[15] Eine weitere sehr einflussreiche globale Organisation ist das Atlas-Netzwerk (USA) mit weltweit 500 Partnern in 100 Ländern. Weitere mächtige Verbände und international agierende Konzerne geben große Summen für Lobbyarbeit aus und beschäftigen ein ganzes Heer an Lobbyisten, um politische Rahmenbedingungen, Gesetze und Strategien im Wohle ihrer Auftraggeber zu beeinflussen. Auch deutsche Verbände wie der Verband der Chemischen Industrie, der Bundesverband der Energie- und Wasserwirtschaft oder der Bundesverband der Deutschen Industrie investieren jeweils mehrere Millionen Euro in ihre Arbeit in Brüssel.[16]

Mit gezielter Manipulation, finanziellen Anreizen und lukrativen Jobangeboten werden politische Entscheidungsträger so lange bezirzt, bis sie zum verlängerten Arm der Industrie werden oder diese zumindest in ein positives Licht rücken. LobbyControl ist ein deutscher gemeinnütziger Verein, der über Machtstrukturen und Einflussstrategien in Deutschland und in der EU aufklärt. »Pipelines in die Politik«, der Bericht des Vereins, beschreibt die Macht der Gaslobby in Deutschland, ihre Netzwerke und ihre privilegierten Zugänge zur Politik. Der Bericht kommt zu dem Schluss, dass die Macht der Gaskonzerne und ihre engen Lobbyverbindungen zur Bundesregierung der Gesellschaft massiven Schaden zugefügt haben. So wurden die Netzwerke gezielt von autoritären Regimen aus Förderländern wie Russland und Aserbaidschan unterstützt. Dadurch wurde laut LobbyControl die Ausrichtung auf russisches Gas forciert und Deutschland erpressbar gemacht. Greenpeace untersuchte schon vor zehn Jahren in ihrem »Schwarzbuch Kohlepolitik«,[17] wie eng deutsche Politiker mit der Kohleindustrie verbandelt sind. Das »Schwarzbuch« zeigt auf, wie sich 45 Abgeordnete der großen Parteien von der Industrie instrumentalisieren ließen und wie zwischen politischen Funktionen und Posten in der Energiewirtschaft die Seiten gewechselt wurden. Knapp einem Drittel der Politiker wirft Greenpeace vor, ihr politisches Mandat mit Aktivitäten für die Kohlewirtschaft vermischt zu haben. So hat sich zum Beispiel die Präsidentin des Deutschen Bundestages, Bärbel Bas (immer noch Aufsichtsrätin der Stadtwerke Duisburg), in der Vergangenheit oft für neue Kohlekraftwerke starkgemacht. Wolfgang Clement, ehemaliger Bundeswirtschaftsminister und Ministerpräsident Nordrhein-Westfalens, war Aufsichtsratsmitglied bei der RWE-Tochtergesellschaft Rheinbraun und Aufsichtsrat bei RWE Power. Immer wieder setzte er sich für RWE und die Kohle ein. Weitere bekannte Namen von SPD-Größen sind Hannelore Kraft, Bodo Hombach und Matthias Platzeck. Aber auch Politiker der CDU (Günther Oettinger und Reiner Haseloff) und der Grünen (Frank Bsirske und Boris Palmer) werden im Schwarzbuch aufgeführt und des Interessenkonflikts beschuldigt.

Nicht nur die Energiewirtschaft hat viel zu verlieren. Auch die Automobilindustrie hängt von fossilen Energieträgern ab und bremst kontinuierlich und erfolgreich viele Maßnahmen gegen den Klimaschutz. Die gemeinnützige Denkfabrik InfluenceMap zeigt in ihrem Report »German Automakers and Climate Policy« auf, wie Verbände und deutsche Autohersteller den Kampf zur Lockerung der Klimaregulierung dominieren. Der europäische Automobilherstellerverband (ACEA) und der deutsche Verband der Automobilindustrie (VDA), der zu den klimafeindlichsten Verbänden weltweit gehört, geben jährlich zusammen zehn Millionen Euro für ihre Lobbyarbeit in der EU aus. Während sich sowohl die Verbände als auch die wichtigsten Autohersteller VW, Daimler und BMW für E-Mobilität und die dafür notwendige Ladeinfrastruktur einsetzen, haben sie unterschiedliche Einstellungen zum Klimaschutz. BMW ist mittlerweile ein führender Gegner der Klimapolitik und hat sich in den Jahren 2019–2021 aktiv gegen wichtige europäische Klimapolitiken ausgesprochen. Während die deutschen Automobilhersteller zunehmend in anspruchsvolle

»grüne« PR-Kampagnen investieren, die ihre Marken mit »nachhaltiger Mobilität« und »Elektrifizierung« in Verbindung bringen, nutzen sie gleichzeitig ihre Branchenverbände, um Lobbyarbeit gegen Klimagesetze zu betreiben und sich gegen wichtige EU- und deutsche Klimaschutzmaßnahmen (wie CO_2-Grenzwerte) zu stellen. Aktuell kämpft die Automobilindustrie gegen die anstehende Euro-7-Abgasnorm, die das Ziel hat, die Emissionen im Verkehr weiter zu senken, und erstmals Grenzwerte für Partikelemissionen von Bremsen sowie Regeln für Mikroplastikemissionen von Reifen vorsieht, um die Umwelt noch stärker zu schützen. Die Autohersteller behaupten, die Schadstoffvorschriften machten Autos unbezahlbar, wobei sich die Kosten laut EU jedoch auf höchstens 150 Euro pro PKW belaufen.[18]

Bis zu den Protesten Anfang 2024 nicht ganz so präsent in der Öffentlichkeit, aber dafür mit umso stärkerer Lobby sperrt sich die Agrarindustrie immer wieder gegen Maßnahmen für mehr Klimaschutz und Tierwohl. So konnte die Bauernlobby zum Beispiel erreichen, dass ihre Branche nicht mit einer CO_2-Steuer versehen wurde, obwohl sie schon immer stark subventioniert war. Deutschland stellt der Branche für 2024 über zwei Milliarden Euro zur Verfügung und die EU über die Gemeinsame Agrarpolitik (GAP) zusätzliche 6,3 Milliarden Euro, die flächenanteilig an die Höfe verteilt werden. Interessanterweise liegen die staatlichen Subventionen in den 2020er-Jahren fast so hoch wie 1990, obwohl es nur noch die Hälfte an Landwirten und Höfen gibt. Während die Anzahl der kleineren Höfe unter 100 Hektar abgenommen hat, sind die größeren Betriebe, vor allem mit einer Fläche von über 200 Hektar, stark gewachsen (bei einer unveränderten Gesamtfläche).[19] Es profitieren also vor allem die Großen. Die zunehmende Professionalisierung und Konzentration lässt sich sehr gut in der Schweinefleischverarbeitung beobachten. Zwei Drittel der Produktion entfallen auf die fünf Unternehmen Tönnies, Westfleisch, Vion, Müller-Gruppe und Danish Crown,[20] die mit ihrer Marktmacht niedrige Erzeugerpreise durchsetzen und Zuchtbetriebe zwingen können, teilweise unter ihren Produktionskosten zu bleiben. Das Fleisch landet am Ende zu sehr günstigen Preisen im Supermarkt. Hier dominieren Edeka, die Schwarz-Gruppe, Rewe und Aldi die Konditionen und profitieren von stetig wachsenden Umsätzen. Die kleinen Landwirte, die Umwelt und das Tierwohl profitieren am wenigsten.

Auch in der Agrarpolitik wird das politische Mandat gern für Lobbyismus verwendet. Der agrarpolitische Sprecher der CDU/CSU-Bundestagsfraktion ist ebenfalls Mitglied im Ausschuss für Ernährung und Landwirtschaft. Außerdem ist er Betriebsleiter eines eigenen Milchviehbetriebes und übt diverse entgeltliche Nebentätigkeiten in der Agrarbranche aus. Er gehört zu den Bundestagsabgeordneten mit den höchsten Nebeneinkommen und bezieht Nebenverdienste von Unternehmen aus der Viehvermarktung, Milchverwertung, Agrartechnik, vom Fleischhandel und von Fleischereien.[21] Er verteidigt die konventionelle Landwirtschaft und spricht sich gegen die Reduzierung von Dünger und Pflanzenschutzmitteln aus. Vielleicht weil sich sein Hof nahe der niederländischen Grenze in einem Gebiet mit hoher Nitratbelastung im Grundwasser befindet?[22] Er ist auch gegen ein Werbeverbot für ungesunde Lebensmittel für Kinder.[23] Vielleicht weil damit auch Fruchtjoghurts nicht mehr beworben werden dürften und dies Milchbauern schaden würde? Auch dem FDP-Bundestagsabgeordneten, der im Landwirtschaftsausschuss arbeitet und Präsident des Fischereiverbands ist, wird vorgeworfen, Lobbyarbeit und Mandat zu vermischen. Seine Nebentätigkeiten tauchen im Lobbyregister noch nicht einmal auf.

Konzerne, die von der Agrarindustrie profitieren und abhängen, sind ebenfalls häufig gesehene Akteure in Brüssel. So ist Bayer, das weltweit führende Unternehmen der Agrarchemie, im Jahr 2022 laut EU-Transparenzregister mit Ausgaben von circa sechs Millionen Euro (plus zusätzliche 2,5 Millionen in Deutschland) das Unternehmen mit den höchsten Lobbyausgaben aus Deutschland.[24] Bayers größter Geschäftsbereich Crop Science (Landwirtschaft) ist für 50 Prozent der Umsätze verantwortlich, woran die Pflanzenschutzmittel, die unserer Umwelt bekanntlich nachhaltig schaden, den größten Anteil haben. Der weltweit wohl bekannteste Unkrautvernichter Glyphosat ist wahrscheinlich sogar krebserregend und hat dem Unternehmen in den letzten Jahren viele Prozesse und immer mehr Niederlagen vor Gericht eingebracht. Zuletzt wurden einem Glyphosat-Kläger Anfang 2024 über zwei Milliarden US-Dollar zugesprochen.[25] In Deutschland galt eigentlich seit 2024 ein nationales Anwendungsverbot von Glyphosat, welches jedoch durch die erneute Wirkstoffgenehmigung durch die EU-Kommission aufgehoben wurde (ermöglicht durch die Befürwortung von FDP und Union). In Deutschland überschreiten 80 Prozent der Wasserproben die Grenzwerte für Pestizide.[26] Trotzdem lobbyieren Pestizid- und Düngerhersteller schon seit Jahren gegen eine EU-Verordnung zur nachhaltigen Verwendung von Pflanzenschutzmitteln, die eine Reduzierung des Pestizideinsatzes um 50 Prozent bis 2030 vorsieht. Mehr als 400 Treffen von Konzernen und Verbänden der Pestizidbranche mit wichtigen konservativen EU-Politikern sorgten dafür, dass die Verordnung 2023 im EU-Parlament scheiterte.[27] Auch die Getränkeindustrie startet regelmäßig Lobbyversuche gegen die neue Plastikstrategie der EU, mit der sie ab 2030 Einwegflaschen verbannen will.

Der Chemiekonzern BASF, auch ein großer Player in der Agrarchemie und einer der größten Plastikproduzenten der Welt, hat mit drei Millionen Euro Lobbybudget nicht nur die zweithöchsten Ausgaben in Brüssel, sondern liegt auch auf Platz drei der Unternehmen, die 2022 weltweit am einflussreichsten und negativsten gegenüber der Klimapolitik aufgetreten sind.[28] Die globale Plastiklobby arbeitet eng mit der Öllobby zusammen, da Erdöl und Erdgas wichtige Quellen für die Kunststoffproduktion sind. Konzerne wie Exxon und Shell gehören interessanterweise auch zu den Spitzenproduzenten von Kunststoffen.[29] Weitere deutsche Unternehmen auf der Liste sind Lufthansa auf Platz 15 und BMW auf Platz 16. Die gemeinnützige Denkfabrik InfluenceMap deckt auf, welche Verbände und Unternehmen mit welchen Aktivitäten klimapolitische Maßnahmen beeinflussen, und veröffentlicht kontinuierlich sektorspezifische Berichte. So kann sich die Öffentlichkeit zum Beispiel über die Lobbyaktivitäten der europäischen Stahl- und Gasindustrie informieren, die den europäischen »Green Deal« angreift. Oder über die politischen Strategien eines deutschen Autozulieferers, der die Emissionsvorschriften für den Straßenverkehr in Europa untergräbt.

Die Profitgier der Industrie und die Einzelinteressen der Unternehmenslenker und politischen Entscheidungsträger sind schuld an einem großen moralischen Versagen unseres politischen Systems. Das bestehende System basiert auf finanziellen Interessen, Macht, Wachstum und Kapitalrendite und belohnt kurzfristigen Erfolg. Unsere Politik und unsere Demokratie müssen sich gegen die bestehenden Machtverhältnisse und den Einfluss von Wirtschaftsinteressen zur Wehr setzen und resilienter sein gegen den immer stärker werdenden Lobbyismus – eine fast unmögliche Aufgabe.

3 Zähes politisches Verhandeln

Auch die Politik wurde schon sehr früh von Wissenschaftlern vor den Gefahren der Erderwärmung durch CO_2-Emissionen gewarnt. Dem damaligen US-Präsident Lyndon B. Johnson wurde bereits 1965 ein erster Regierungsbericht von seinem wissenschaftlichen Beirat vorgelegt, der den Zusammenhang zwischen dem Verbrennen großer Mengen fossiler Brennstoffe und den daraus resultierenden klimatischen Auswirkungen erkannte und sogar konkrete Folgen wie das Abschmelzen der antarktischen Eiskappe und den Meeresspiegelanstieg benennen konnte.[30] Auch wenn der Treibhauseffekt bereits seit 1824 bekannt und die wärmende Kraft von CO_2 längst nachgewiesen war, sagte die Wissenschaft erstaunlich genau einen CO_2-Anstieg in der Atmosphäre bis zum Ende des 20. Jahrhunderts um knapp 25 Prozent voraus. Wissenschaftler warnten außerdem davor, dass der Mensch, ohne es zu ahnen, ein enormes geophysikalisches Experiment durchführte. Einen weiteren Bericht veröffentlichte die Nationale Wissenschaftsakademie der USA im Jahr 1979. »Kohlendioxid und Klima: Eine wissenschaftliche Bewertung« von Jule Charney[31] kam zu dem Schluss, eine Verdoppelung von CO_2 in der Atmosphäre könne die Erde um etwa drei Grad Celsius erwärmen.

Der Club of Rome, eine gemeinnützige Organisation und ein Zusammenschluss verschiedener Experten aus mehr als 30 Ländern, warnte vor den Folgen der steigenden industriellen Produktion bei wachsender Bevölkerung. Er veröffentlichte 1972 die Studie »Grenzen des Wachstums« zur Zukunft der Weltwirtschaft, die schon damals die heutigen Krisen wie Umweltzerstörung, Nahrungsmittelunsicherheit und Erschöpfung der wichtigsten Rohstoffe vorhersah. Der Club of Rome forderte daraufhin eine Begrenzung des industriellen Wachstums und leitete das Konzept der nachhaltigen Entwicklung ein. Doch weder diese Studie noch Regierungsberichte oder wissenschaftliche Arbeiten führten zu einem politischen Umdenken oder konnten bedeutende Klimaschutzmaßnahmen initiieren.

Als James Hansen 1988 vor dem US-Kongress aussagte, der Mensch verschulde durch die Verbrennung fossiler Energieträger die Erderwärmung und habe den Klimawandel bereits in Gang gesetzt, entstand endlich eine politische Bewegung. Das Umweltprogramm der UN (UNEP) und die Weltorganisation für Meteorologie (WMO) gründeten den Weltklimarat IPCC als zwischenstaatliche Institution, um politischen Entscheidungsträgern aktuelle wissenschaftliche Forschung zur Verfügung zu stellen. Seit 1990 veröffentlichte das IPCC insgesamt sechs Sachstandsberichte, welche jeweils die aktuellen Forschungserkenntnisse rund um den Klimawandel umfassend und objektiv bereitstellen und die Bedrohungslage ausführlich beschreiben. Was also führte in den letzten Jahrzehnten dazu, dass die Politik die Warnungen der Wissenschaftler und des IPCC so lange ignorieren und den Klimaschutz so lange verschleppen konnte?

Die erste Umweltschutzkonferenz fand 1972 in Stockholm statt und gilt als Beginn der internationalen Umweltpolitik, da erstmals Entwicklung und Umwelt als globale Verantwortung gesehen wurden. Die Teilnehmerstaaten formulierten einen Aktionsplan mit mehr als 100 allerdings unverbindlichen Empfehlungen für eine nachhaltige Umweltpolitik. Einen wirklichen Meilenstein für die Bekämpfung des Klimawandels bildete die UN-Konferenz für Umwelt und Entwicklung

1992 in Rio de Janeiro, bei der sich 178 Länder auf die sogenannte Agenda 21 einigten. In Rio wurde die nachhaltige Entwicklung zum ersten Mal zum internationalen Leitbild, das die wirtschaftlichen, ökologischen und sozialen Ziele gleichberechtigt verfolgt. Unter dem Motto »Global denken – lokal handeln« wurde ein Aktionsprogramm ins Leben gerufen, das Partnerschaften zwischen Industrie- und Entwicklungsländern vorsah und die drei Rio-Konventionen zum Ziel hatte: Bekämpfung des Klimawandels, Bekämpfung der Wüstenbildung und Erhalt der biologischen Vielfalt. In Rio sagten die Industrieländer unverbindlich zu, ihren CO_2-Ausstoß bis zum Jahr 2000 auf den Stand von 1990 zu senken. Seit Mitte der 1990er-Jahre trifft sich die Weltgemeinschaft jährlich auf der UN-Klimakonferenz, auch COP (Conference of the Parties) genannt, die erstmals 1995 in Berlin (COP 1) stattfand. Während in Rio das Leitbild und die internationale Absicht im Vordergrund standen, ging es in Kyoto im Jahr 1997 (COP 3) zum ersten Mal um verbindliche Zielwerte für Treibhausgasemissionen (Verringerung um 5,2 Prozent gegenüber dem Stand von 1990). So wurde das Kyoto-Protokoll als Zusatzprotokoll von der UN verabschiedet, trat allerdings erst 2005 in Kraft. Es wurde von 191 Staaten sowie der Europäischen Union ratifiziert und konnte erste Erfolge erzielen. Die Emissionen aller beteiligten Staaten gingen bis 2012 um über 20 Prozent gegenüber 1990 zurück. Deutschland konnte seine Emissionen sogar um 24 Prozent senken.[32] Viele Jahre später einigten sich 197 Staaten und die EU auf der Klimakonferenz in Paris (COP 21) im Jahr 2015 in einem erstmals völkerrechtlich bindenden Vertrag, die Erderwärmung auf deutlich unter zwei Grad Celsius – möglichst unter 1,5 Grad Celsius – zu begrenzen. Mittlerweile haben 195 der 198 Vertragsparteien das Abkommen unterschrieben.

Für eine globale nachhaltige Entwicklung sind neben der Treibhausgasreduzierung und den ökologischen Aspekten auch ökonomische und vor allem soziale Maßnahmen enorm wichtig. Aus diesem Grund haben die Vereinten Nationen gemeinsam mit der Weltbank, dem IWF und der OECD im Jahr 2000 die sogenannten Millenniums-Entwicklungsziele (engl. Millennium Development Goals, MDGs) ins Leben gerufen, die vor allem die Förderung ärmerer Länder im Blick hatten. Daraus entstanden 2015 die heute immer noch gültigen, in der Öffentlichkeit allerdings eher unbekannten »Nachhaltigen Entwicklungsziele« (Sustainable Development Goals, SDGs), die als »Agenda 2030« bezeichnet werden und auch die Basis für die deutsche Nachhaltigkeitsstrategie bilden. Die Agenda 2030 ist ein globaler Plan zur Förderung nachhaltigen Friedens, Wohlstands und Schutzes unseres Planeten, der ökonomische, ökologische und soziale Aspekte beinhaltet. Der wichtigste Grundsatz der Agenda 2030 lautet: »Niemand darf zurückgelassen werden« (engl. leave no one behind). Alle Mitgliedsstaaten der UN haben sich verpflichtet, diese ambitionierten Ziele mit einem eigenen Aktionsplan bis 2030 zu erreichen. Obwohl Schätzungen von UNICEF davon ausgehen, dass lediglich zwei Prozent des weltweiten Bruttoinlandsprodukts ausreichen würden, um alle Ziele zu erreichen, scheint die Zielerreichung in weiter Ferne und finanziell kaum zu stemmen.[33] Beim derzeitigen Umsetzungstempo werden wohl nur rund 12 Prozent der Ziele erreicht, und bei knapp einem Drittel der auswertbaren Ziele wurden gar keine Fortschritte und teilweise sogar Rückschritte verzeichnet.[34]

Trotz des Wissens um den Klimawandel, der jährlichen Klimakonferenzen und der Ausrufung der Agenda 2030 schien sich die Politik weder ernsthaft um die Probleme einer immer wärmer werdenden Erde noch um eine nachhaltige Entwicklung zu kümmern. Dies erkannte das junge Mädchen Greta Thunberg im Jahr 2018 und machte mit zunächst belächelten Mitteln auf sich aufmerksam. Mit ihrem Schulstreik gelang ihr ein globaler Weckruf, der eine bemerkenswerte Bewegung in Gang setzte, die Politik und Gesellschaft endlich aufrütteln sollte. Die Europäische Kommission rief 2019 aufgrund der existenziellen Bedrohungen des Klimawandels unter der Leitung von Ursula von der Leyen den »European Green Deal« aus und gab das ehrgeizige Ziel vor, Europa zum ersten klimaneutralen Kontinent zu machen. Das Programm sieht eine Umgestaltung der EU-Wirtschaft für eine nachhaltige Zukunft vor. Dabei sollen die Netto-Treibhausgasemissionen bis 2030 um mindestens 55 Prozent gegenüber 1990 gesenkt werden, bis 2050 keine Netto-Treibhausgase mehr ausgestoßen werden und das Wachstum von der Ressourcennutzung abgekoppelt wird.[35] Die Kommission hat umfassende Vorschläge und Gesetzesvorhaben für eine neue Klima-, Energie-, Verkehrs- und Steuerpolitik vorgelegt und will mit diesem Programm auch wirtschaftlich und geopolitisch zu den USA und China aufschließen. Das Erreichen der Ziele hängt jedoch maßgeblich von den 27 Mitgliedsstaaten ab, die das Programm zwar gemeinsam verabschiedet haben, in der Exekution aber unterschiedlich ambitioniert sind. Auch angesichts der aktuellen Krisen werden nötige Umstrukturierungen und Investitionen leicht aufgeschoben und die Umsetzung des Green Deals oft gebremst. Deutschland will bis 2030 seine Treibhausgasemissionen um 65 Prozent reduzieren und im Jahr 2045, schon fünf Jahre früher als die EU, klimaneutral werden. Ab 2050 sollen die Emissionen sogar im negativen Bereich sein. Damit verfolgt Deutschland mit seinem Klimaschutzgesetz ambitioniertere Ziele als die EU und nimmt eine Vorreiterrolle ein, während das internationale politische Verhandeln um allgemeingültige Klimaziele nach wie vor schwierig ist.

In der zuletzt stattfindenden UN-Klimakonferenz 2023 in Dubai (COP 28) wurde zwar eine Abkehr von fossilen Energien beschlossen, allerdings gab es keine konkreten Zusagen von Ölgesellschaften und Öl fördernden Staaten. Während EU-Kommissionspräsidentin Ursula von der Leyen den Beschluss lobt und die Politik mit den Ergebnissen zufrieden scheint, bezeichnet die Organisation Fridays for Future sie als inkonsequent und unzureichend. Immerhin haben sich 118 Länder verpflichtet, die weltweite Kapazität an erneuerbaren Energien bis 2030 zu verdreifachen. Außerdem haben erstmals einige Länder Investitionen von 400 Millionen Dollar, darunter Deutschland mit 100 Millionen Dollar, in den »Loss and Damage Fund« zugesichert, der ärmeren Ländern bei der Bewältigung von klimabedingten Schäden helfen soll. Rückblickend haben die Klimakonferenzen jedoch bei Weitem nicht genug bewegen können. Dennoch sind sie dringend notwendig, da die Klimakrise eine globale Bedrohung ist, deren Bekämpfung globale Antworten mit der Beteiligung aller Länder erfordert. Die globale Klimapolitik hat die Aufgabe, die unterschiedlichen Interessen von Industriestaaten und sich erst entwickelnden Ländern zu berücksichtigen. Das Prinzip der Einstimmigkeit erfordert globale Verhandlungen, auch wenn sie zäh voranschreiten und selten zu konkreten Maßnahmen führen. Eine große Herausforderung sind dabei nicht nur die bremsenden Kampagnen der mächtigen Lobbyverbände und Klimawandelleugner, sondern auch die fehlende überstaatliche Instanz, die bei Nichteinhaltung oder bei Nichtmitmachen Sanktionen aussprechen könnte. So haben Staaten wie Russland und Saudi-Arabien, die vom Verkauf fossiler Energie leben und gemeinsam mit den Ölkonzernen massive Abwehrkampagnen gegen den Klimaschutz fahren, keine Einbußen zu befürchten, wenn sie sich nicht am Klimaschutz beteiligen.

Nicht nur auf globaler Bühne, sondern auch in der EU und bei uns in Deutschland wurde die Klimakrise durch die Politik lange verharmlost und nötige Klimaschutzmaßnahmen verschleppt. Das Climate Action Network, Europas größte Nichtregierungsorganisation mit über 200 Mitgliedsorganisationen, hat aufgedeckt, dass die europäischen und nationalen Parteien der EU im Kampf gegen den Klimawandel insgesamt eher bremsend auftreten. Dazu wurde das Abstimmungsverhalten der Europaabgeordneten während der Legislaturperiode 2014 bis 2019 individuell bewertet.[36] Während einige Abgeordnete aktiv für den Schutz der europäischen Bürger vor dem Klimawandel kämpfen, verzögern und verhindern die meisten Abgeordneten notwendige Klimaschutzmaßnahmen. Der unabhängige Deutsche, Stefan Eck, war der einzige Europaabgeordnete im Ranking, der die höchstmögliche Punktzahl von 100 Prozent erreicht und sich dementsprechend am meisten für Maßnahmen gegen die Klimakrise eingesetzt hat. Die Grünen bekommen von den großen deutschen Parteien, nicht wirklich überraschend, die beste Bewertung mit 88 Prozentpunkten. Auch SPD (63 Prozent) und LINKE (59 Prozent) schneiden als sogenannte Verteidiger der europäischen Klimaschutzmaßnahmen gut ab. Dagegen bekommen sowohl die FDP als auch CDU und CSU sehr schlechte Bewertungen ähnlich der AfD. Die FDP erreicht 14 Prozent, CDU und CSU jeweils 13 Prozent und die AfD nur zehn Prozent. Wenn ein Großteil der deutschen Parteienlandschaft regelmäßig gegen Klimaschutzmaßnahmen abstimmt, muss man sich nicht wundern, dass es in der Umsetzung hakt. In ihrem Buch »Die Klima Schmutz Lobby« beschreiben Susanne Götze und Annika Joeres die Strategien und Tricks der deutschen Klimaschutzbremser in Parlament und Behörden. Gesetze werden viel komplizierter gemacht als notwendig, damit selbst Experten sie nicht mehr verstehen, und die von Ministerien in Auftrag gegebenen Studien werden zurückgehalten, wenn die Ergebnisse nicht ins Programm passen. Die Autorinnen berichten von mehreren anonymen Quellen, die aussagen, dass weder Sigmar Gabriel noch Peter Altmaier in ihren Amtszeiten als Umweltminister großes Interesse am Umweltschutz zeigten. Peter Altmaier machte eher durch kontroverse Aussagen auf sich aufmerksam. So behauptete er 2013, die Energiewende würde eine Billion Euro kosten, wobei selbst seine eigenen Fachleute nicht nachvollziehen konnten, wie er auf diese Zahl kam. Bei der Vorstellung eines Berichts der Gasindustrie ließ Altmaier sich noch im Jahr 2019 zu der Aussage »Gas ist sexy« hinreißen.[37] Darüber hinaus ist das Amt des Umweltministers sehr konfliktreich, da mächtige Interessengruppen und Privatpersonen gleichermaßen von zu progressiven Vorschlägen überfordert sind. Zu heftige Konflikte werden daher vermieden, auch weil ein Großteil der Politiker Kontakte in die Wirtschaft sucht, um dort den Karriereweg fortzusetzen. So ist es nicht verwunderlich, dass Deutschland mit seinem Klimaschutzprogramm hinterherhinkt. Der deutsche Klimarat bemängelt in seiner aktuellen Stellungnahme nicht nur die substanzielle Zielerreichungslücke von 200 Millionen Tonnen CO_2-Äquivalenten, sondern auch ein fehlendes Gesamtkonzept und sieht erheblichen Handlungsbedarf für die Bundesregierung.

Eine große Herausforderung besteht nun darin, Klimaschutzmaßnahmen wie das »Heizungsgesetz« sehr schnell auf den Weg zu bringen, um die Klimaziele noch erreichen zu können. Dabei werden die Bürger jedoch inhaltlich und emotional nicht abgeholt und reagieren mit Skepsis und Misstrauen, da Veränderungs- und Verlustängste im Vordergrund stehen. Es fehlt ein übergreifendes Konzept für die Kommunikation mit den Bürgern und eine Erklärung für die notwendige Reise in eine nachhaltigere Welt, die Mut macht und Ängste nimmt. Die Politiker bewegen sich zu sehr im politischen Alltag, den sie zum Stimmenfang für die nächste Wahl nutzen. Es mangelt an Grund- und Fachwissen, warum welche Transformationen wichtig sind, und an persönlichem Interesse, sich in die Themen einzuarbeiten. So wird der Klimawandel sowohl in der Gesellschaft als auch in der Politik nicht wirklich verstanden. Die Bürger wissen zu wenig über den tatsächlichen Zustand der Erde, über drohende Gefahren und vor allem über wirtschaftliche Chancen. Unwissenheit ist aber gefährlich, denn sie bietet Nährboden für Fake News der Klimawandelleugner. Dabei wurden schon große Erfolge in Deutschland erzielt, die in der Öffentlichkeit jedoch nicht wahrgenommen werden konnten, weil sie schlecht bis gar nicht kommuniziert wurden. Vor einigen Jahren noch kaum vorstellbar, stammen mittlerweile bereits über 50 Prozent des deutschen Stromverbrauchs aus erneuerbaren Energien. Damit ist Deutschland das Land mit der weltweit fünfthöchsten Stromleistung aus den Erneuerbaren. Wir brauchen eine wissenschaftlich aufgeklärte Politik, die überzeugend und lösungsorientiert kommuniziert und sich gegen die mächtigen Lobbys zur Wehr setzt, die kritisch hinterfragt und wirklich etwas bewegen will, statt nur auf die nächste Wiederwahl zu setzen. Wir brauchen eine Politik, die unsere Gesellschaft auf die großen anstehenden Veränderungen vorbereitet. Es liegt in ihrer Hand, sie positiv zu beeinflussen. Klimaschutz kann die wirtschaftliche Basis unserer Gesellschaft sichern, dafür brauchen wir aber bessere Aufklärung, eine starke Vision und ein überzeugendes politisches Narrativ.

4 Die Medien und ihr Auftrag

Der Medienstaatsvertrag regelt die Rechte und Pflichten der Medien in Deutschland und enthält besondere Bestimmungen für den öffentlich-rechtlichen Rundfunk, dessen Auftrag in Paragraf 26 beschrieben wird. So sollen die öffentlich-rechtlichen Rundfunkanstalten einen »umfassenden Überblick über das internationale, europäische, nationale und regionale Geschehen in allen wesentlichen Lebensbereichen« geben. Sie sind bei der Erfüllung ihres Auftrags »in besonderem Maße der Einhaltung journalistischer Standards, insbesondere zur Gewährleistung einer unabhängigen, sachlichen, wahrheitsgemäßen und umfassenden Information und Berichterstattung« verpflichtet und sollen Objektivität und Unparteilichkeit achten. Daher haben die Bürger einen Anspruch auf umfassende Wissensvermittlung und können von den öffentlich-rechtlichen Medien erwarten, möglichst schnell über wichtige Ereignisse und kontinuierlich über die neuesten Entwicklungen informiert zu werden. Daher sollte man erwarten, dass die Medien auch von der seit Jahrzehnten bestehenden Bedrohungslage durch den Klimawandel berichten und Aufklärungsarbeit leisten. Dies ist aber erst seit einigen Jahren der Fall, und die Berichterstattung ist immer noch ungenügend – wie konnte das passieren?

Die Medien orientieren sich inhaltlich fälschlicherweise am politischen Alltag und an den Programmen der Parteien. Da die Politik die Kommunikation zur Klimakrise aber selbst versäumt und teilweise absichtlich zurückgehalten hat, können sich Journalisten und Journalistinnen nur auf die kommunizierten Fakten und wenig aussagekräftigen Erzählungen der Politiker beziehen, die häufig von Eigeninteressen geprägt sind. Dabei ist es die Aufgabe der Medien, wichtige und relevante Themen selbst auszuwählen, um das staatliche Handeln als »vierte Gewalt« hinterfragen und mit einer Berichterstattung und eigenen Prioritäten kontrollierenden Einfluss auf das politische Geschehen nehmen zu können. Dieser Verantwortung werden sie jedoch (noch) nicht gerecht.

Aus diesem Grund hat die Klimakrise in den letzten Jahrzehnten viel zu wenig Aufmerksamkeit in den Medien erfahren. Es gibt selbstverständlich einige sehr gute Journalisten und Journalistinnen und gut recherchierte, interessante und informative Formate. Diese landen aber meistens bei Spartensendern oder werden zu Randzeiten ausgestrahlt, sodass sie die breite Öffentlichkeit nicht erreichen. Das Gros der Journalisten hat es versäumt, die Bedeutung der Klimakrise frühzeitig zu erkennen, Zusammenhänge zu verstehen und sie zu ihrem Thema zu machen – auch gegen den Widerstand der Politiker und verschiedener Interessengruppen. Bezeichnend ist, dass die Themen Klimawandel, Nachhaltigkeit und ökologische Transformation selbst in den großen politischen Talkshows in den letzten Jahren kaum vorkamen. Der deutsche Branchendienst MEEDIA wertet seit 2010 die Gäste- und Themenlisten der Polittalks von ARD und ZDF, »Anne Will«, »Hart aber fair« und »Maybrit Illner« aus.[38] Die großen Themen der letzten Jahre, die Coronapandemie und der russische Angriffskrieg gegen die Ukraine, beherrschten die Sendungen, während der Klimawandel kaum Aufmerksamkeit bekam. In den Jahren 2020 und 2021 waren ihm jeweils nur vier Sendungen gewidmet, 2022 sogar nur zwei. Die Initiative »KLIMA vor Acht« beurteilt die Berichterstattung, Einordnung und Aufklärung der ARD zum Thema Klimawandel als unzureichend und fordert mehr Primetime für das Klima. Und der (ehemalige) Journalist Christian Stöcker mahnt, der öffentlich-rechtliche Rundfunk riskiere es, seinem Informationsauftrag nicht gerecht zu werden. »Die Gefahr, dass man sich eines Tages wird nachsagen lassen müssen: ›Ihr habt das wichtigste Thema der Welt nicht adäquat behandelt‹«, hält er für realistisch.[39]

Die wenigen klimabezogenen Berichte, die veröffentlicht werden, konzentrieren sich meistens auf Teilaspekte des Umweltschutzes oder auf Wetterextreme, Klimakonferenzen und aktuelle politische Diskussionen. Dabei ist die Beschreibung und Beurteilung des großen Ganzen viel wichtiger, um Bedeutung und Ausmaße einordnen und verstehen zu können. Auch die Betrachtung der wirtschaftlichen, technischen und gesellschaftlichen Aspekte ist für eine umfassende

Berichterstattung essenziell. Für die Öffentlichkeit ist es zum Beispiel wichtig zu erfahren, warum sie weniger Fleisch essen sollte, welche Regionen am meisten unter der Klimakrise leiden werden und auf welche wirtschaftlichen Schäden wir uns einstellen müssen. Eine umfassende Berichterstattung würde zur generellen Aufklärung beitragen und das Verständnis der Öffentlichkeit schärfen. Die derzeitige Informationslücke verharmlost die Bedrohungslage und sorgt dafür, dass die notwendige Akzeptanz für Klimaschutzmaßnahmen in der Bevölkerung fehlt. Das liegt auch daran, dass die Berichterstattung zur Klimakrise oft oberflächlich durch die Medien wabert und nicht kontinuierlich und lösungsorientiert stattfindet. Außerdem verkaufen sich schlechte Nachrichten sehr viel besser als gute. Daher stehen die negativen Aspekte der Klimakrise oft im Vordergrund. Dass Medien eher über das Problem (wie Hitzewellen und Flutereignisse) und das Leid der Opfer als über mögliche Lösungen berichten, bestätigt eine aktuelle Medienanalyse, die mehr als 50.000 wissenschaftliche Artikel über den Klimawandel auswertet.[40] Negative Berichterstattungen rufen aber ein Gefühl der Enttäuschung und Hilflosigkeit hervor und führen zu Verdruss und Untätigkeit. Mediale Formate sollten genau das Gegenteil bewirken und das Interesse der Menschen wecken, sie motivieren und sie überzeugen, aktiv zu werden.

Die Herausforderung liegt in der Komplexität des Klimawandels. Um die Zusammenhänge überhaupt verstehen und einordnen zu können, muss man in viele Fachbereiche eintauchen. Noch schwieriger ist es dann, diese Zusammenhänge für die Öffentlichkeit greifbar und verständlich zu machen. Dies ist eine Erklärung dafür, warum es die Medien bisher nicht wirklich geschafft haben, der Öffentlichkeit ein Grundverständnis über Klimawandel und Klimapolitik zu vermitteln. Aufgrund ihrer eigenen Wissenslücke und weil sie unzureichend recherchieren und wenig kritisch hinterfragen, wurden Journalisten in der Vergangenheit leicht Opfer von Desinformationskampagnen. So erschien zum Beispiel im Jahr 2012 der Artikel »Die CO_2-Lüge« in der *Bild*-Zeitung, in dem ein angeblich renommiertes Forscherteam behauptet, die Klimakatastrophe sei Panikmache der Politik und die

Sonne sei für die Temperaturschwankungen verantwortlich.[41] Zum Autorenteam gehörte Hamburgs ehemaliger Umweltsenator und Klimawandelskeptiker Fritz Vahrenholt, der nach seiner politischen Karriere in den Vorstand der Deutschen Shell AG wechselte und heute als Klimawandelleugner bekannt ist. Grundsätzlich bekommen Klimawandelleugner und Verschwörungstheoretiker erstaunlich viel Raum in der medialen Berichterstattung. Das Phänomen der falschen Ausgewogenheit (engl. *false balance*) beschreibt, wie im Wissenschaftsjournalismus einer klaren Minderheitenmeinung so viel Raum gegeben wird, dass der Eindruck entsteht, die Minderheitenmeinung wäre gleichwertig mit dem wissenschaftlichen Konsens. Die hohe mediale Präsenz verleiht den Minderheiten dadurch Seriosität und führt dazu, dass die Bevölkerung den Minderheiten Glauben schenkt. Der deutsche Journalist und Fernsehmoderator Dirk Steffens kritisiert den Umgang der Medien mit Klimawandelleugnern scharf und spricht sogar von einem »journalistischen Grundversagen«.[42]

In Zeiten von Social Media, Livestreams und Echtzeitjournalismus werden die Ansprüche an Journalisten und Journalistinnen immer höher, und es stellt sich die Frage, inwieweit die Medien ihrem Bildungs- und Informationsauftrag im Spagat zwischen Tagesaktualität und kritischem Journalismus überhaupt noch nachkommen (können). Es sollte aber ihr eigener Anspruch sein, sich den vielen aktuellen Herausforderungen zu stellen und ihre Branche weiterzuentwickeln. Die Medien können mit klimapolitischer Aufklärung, positiven Lösungsbeispielen und innovativen Ansätzen aus der Wirtschaft, aus der Gesellschaft und aus anderen Ländern Mut machen und eine nachhaltige Entwicklung fördern. Werden die Medien ihrem Auftrag gerecht, können sie einen wertvollen Beitrag zur Bewältigung der Klimakrise leisten.

5 Die Menschen werden nicht abgeholt

Ein Großteil der Bevölkerung empfindet den Klimawandel als Bedrohung und bewertet Klima- und Umweltschutz als wichtig. Das ergab eine repräsentative bundesweite Befragung zum Thema Nachhaltigkeit im Auftrag des TÜV.[43] Über die Hälfte der Deutschen hat wegen des Klimawandels ihr Konsum- und Mobilitätsverhalten verändert und ist auch bereit, auf einen Teil ihres Wohlstands zu verzichten. Ein erschreckend hoher Anteil glaubt jedoch nicht an den menschengemachten Klimawandel und fühlt sich von dessen negativen Auswirkungen überhaupt nicht betroffen. Viele Menschen scheinen sowohl das Ausmaß der erforderlichen Maßnahmen als auch die Geschwindigkeit, mit der sie umgesetzt werden müssen, massiv zu unterschätzen. Die meisten Deutschen fühlen sich über den Klimawandel gut informiert, wenn es aber um konkrete Themen wie den Flächenverbrauch, Schadstoffe in Lebensmitteln oder Umweltbelastungen durch Überdüngung geht, sieht es schon ganz anders aus.[44] Verschiedene Studien zeigen, dass die Klimakompetenz in unserer Gesellschaft besorgniserregend niedrig ist. Nur 32 Prozent der Deutschen geben an, eine Menge über das Thema Nachhaltigkeit zu wissen, und nur 14 Prozent erweisen sich im Bereich Klima mit einem gewissen Maß an Grundwissen als kompetent.[45] Auch wenn die meisten Menschen den Klimawandel als Bedrohung wahrnehmen, wird die Klimakrise daher ganz unterschiedlich eingeschätzt. Vielen fehlt nicht nur das Hintergrundwissen, sondern auch die Neugier, das Interesse und vor allem die Zeit und Muße, mehr darüber zu erfahren. Daher klaffen die Veränderungsbereitschaft und die tatsächlichen Verhaltensänderungen auseinander. So setzen die Deutschen beim Kauf von Produkten eher auf Preis, Design und Qualität und weniger auf Nachhaltigkeit, und beim Energiesparen steht nicht der Klimaschutz im Vordergrund, sondern meist der eigene Geldbeutel. Eigentlich ist man also für mehr Klimaschutz, aber ein günstiger Preis ist dann doch wichtiger, und in unserem Alltag wollen wir auch nicht von Menschen gestört werden, die sich direkt vor uns auf die Straße kleben. Dabei ist die Politik, die den Klimaschutz seit Jahren selbst gebremst hat und nun von den Bürgern auf breiter Linie Akzeptanz erwartet, kein gutes Vorbild. So will Wacker Chemie, eines der größten Chemieunternehmen Deutschlands, zusammen mit der Politik einen eigenen Windpark bauen, um seinen steigenden Energiebedarf in der Zukunft absichern zu können und Arbeitsplätze zu erhalten. Nachdem die CSU-geführte bayerische Politik aber jahrelang gegen die Windenergie angegangen ist, hat nun die Bürgerinitiative »Gegenwind Altötting« folgerichtig auch gegen die Windräder gestimmt, sodass das Projekt zu scheitern droht. Bayern zählte beim Ausbau der Windkraft auch im vergangenen Jahr zu den Schlusslichtern Deutschlands und hat es nach jahrzehntelanger Blockadehaltung nun schwer, die Stimmung im Land wieder umzudrehen.[46]

Viele Menschen sind von den zahlreichen Krisen und Bedrohungen, mit denen wir gleichzeitig konfrontiert sind, auch einfach müde: Covid-19, teure Strompreise durch den russischen Angriffskrieg auf die Ukraine, steigende Lebenshaltungskosten durch Inflation, erneut steigende Flüchtlingszahlen, immer noch mangelnder Wohnraum, der Hamas-Angriff auf Israel, aufflammender Antisemitismus und ein Angst machender Rechtsruck in der Gesellschaft. Daraus resultieren ernst zu nehmende (finanzielle) Sorgen und Zukunftsängste, vor allem unter den Bürgern, die weniger Geld zur Verfügung haben. Hinzu kommt die Angst vor Veränderung, Verlusten und sozialem Abstieg, weil kaum jemand weiß, was auf einen zukommt. Die wenigsten können abschätzen, was der Klimawandel physisch, psychologisch und finanziell für sie bedeutet und welchen Einfluss politische Maßnahmen auf ihr Leben haben werden. Drei Viertel der Deutschen sind der Meinung, dass arme Menschen in der öffentlichen Diskussion über die Transformation hin zu einer umwelt- und klimafreundlichen Wirtschaft zu wenig berücksichtigt werden, und nur knapp ein Drittel ist zuversichtlich, dass sich ihr Lebensstandard verbessern wird. Anstatt die Bürger besser aufzuklären und ihnen die persönlichen und wirtschaftlichen Vorteile und Chancen einer nachhaltigen Entwicklung aufzuzeigen, lässt die Politik die Bevölkerung mit ihren Ängsten allein. Das oft vorgeschobene Argument, die Menschen seien mit dem Klimawandel überfordert, ist zwar nicht ganz falsch, aber vor allem eine Strategie, um zu bremsen. Die Mehrheit der Bevölkerung ist der Meinung, sowohl die Bundesregierung als auch die EU unternehme zu wenig in Sachen Klimaschutz, und sieht die Hauptverantwortung für die Lösung der Klimakrise in erster Linie bei der Politik und der Wirtschaft. Dadurch, dass die Politik notwendige Transformationen, wie beispielsweise den Ausbau des öffentlichen Nahverkehrs, jahrelang nicht angegangen ist und es nicht geschafft hat, eine starke und gesellschaftlich unterstützte Vision für eine nachhaltige und lebenswerte Zukunft zu entwickeln, ist ein »Wissensvakuum« entstanden. Dieses Vakuum bietet nun einen Nährboden für Klimawandelleugner, die mit ihren Themen Gehör finden, weil sie die unzureichende Klimakompetenz und die Sorge der Bevölkerung vor wohlstandsmindernden Veränderungen geschickt ausnutzen. So fehlt die soziale Akzeptanz für aktuelle Maßnahmen der Bundesregierung, wie zum Beispiel für die Einführung des Heizungsgesetzes oder die Abschaffung der Steuerbegünstigung beim Agrardiesel. Kurzfristige Entscheidungen und hektische Reaktionen verunsichern die Bevölkerung aber umso mehr. Wir brauchen stattdessen konstruktive Lösungen und Visionen für eine nachhaltige und sozial gerechte Zukunft, in der alle Menschen sichtbar werden. Das bringt Sicherheit und Stabilität. Werden die Menschen besser aufgeklärt, abgeholt und eingebunden, sind sie eher bereit, ihren Lebensstil zu ändern und auf gewisse Annehmlichkeiten zu verzichten. Und dann sind sie auch eher gewillt, mehr für den Klimaschutz einzufordern. Klimaschutz betrifft alle Generationen, alle Einkommensschichten und jeden Wirtschaftszweig. Die Schwächsten werden am stärksten unter den Auswirkungen leiden, und die Jüngsten werden am längsten mit ihnen zu tun haben. Daher ist der Klimawandel eine gesellschaftliche und politische Herausforderung, der sich jede Person stellen sollte. Und jeder Mensch sollte die Chance bekommen, seine Stimme einzubringen und an dem Umbau mitzuwirken.

6 Ein Vakuum für Rechtspopulisten

Es ist nicht verwunderlich, dass Ölkonzerne und Öl fördernde Staaten, deren Geschäftsmodelle von fossilen Energieträgern abhängen, und Unternehmen, deren Produkte die Umwelt stark belasten, Klimaschutzmaßnahmen bremsen. Genauso wenig überraschend ist es, dass Menschen, die lange vom industriellen Aufschwung profitiert haben, sich nun in ihrem Wohlstand bedroht fühlen. Besonders die ältere weiße Mittel- und Oberschicht beäugt die fortschrittlichen sozialen Bewegungen (insbesondere gegen rassistische, sexistische und soziale Diskriminierung) und die Forderungen nach mehr globaler Gerechtigkeit sowie Klima- und Umweltschutzmaßnahmen sehr kritisch und bangt darum, ihre Gewohnheiten ändern und ihre Freiheit einschränken zu müssen. Der Klimawandel stellt für sie eine besondere Bedrohung dar, weil er die wirtschaftlichen Errungenschaften der letzten Dekaden und viele damit in Verbindung stehende männliche Statussymbole wie das Autofahren infrage stellt. Für viele Männer gilt Umweltschutz schlichtweg als zu feminin. Studien zeigen, dass Männer umweltbewusstes Verhalten, wie zum Beispiel die Nutzung von wiederverwendbaren Einkaufstaschen oder eine vegetarische Ernährung, oft deshalb ablehnen, weil sie nicht als »unmännlich« oder »schwul« wahrgenommen werden wollen.[47] Die amerikanische Politikwissenschaftlerin Cara Daggett hat dazu passenderweise den Begriff der Petromaskulinität geprägt, der sich auf autoritäre männliche Gegenbewegungen zum Klimaschutz bezieht und auf die Verteidigung von Männlichkeit, Dominanz und fossilen Brennstoffen setzt. Für diese Männer ist nicht nur der Klimawandel an sich eine Bedrohung, sondern auch die weiblichen Anführerinnen der Klimaproteste. Frauen wie Greta Thunberg, Laura Neugebauer und Carla Reemtsma bekommen nicht nur große mediale Aufmerksamkeit und gesellschaftliche Unterstützung, sondern sind auch noch provokant, fordern zum sofortigen Handeln auf und greifen die etablierten Machtstrukturen an. So werden sie zu Feindbildern von primär älteren weißen Männern weit rechts der Mitte, die sich nun zur Wehr setzen, weil es unbequem für sie wird.

Rechtspopulisten und Klimawandelleugner gehen sehr geschickt vor, indem sie das entstandene »Wissensvakuum« mit ihren vielen Begrifflichkeiten, Behauptungen und Verschwörungen ausfüllen und eine Spaltung in Politik und Gesellschaft anstreben. Die AfD spricht zum Beispiel schon lange von den »Altparteien« und von den »Linksgrünen«, ein Begriff, der recht schnell von CDU und FDP in ihren politischen Sprachgebrauch übernommen wurde und mittlerweile auch in der Gesellschaft Anwendung findet. Die Rechtspopulisten schaffen es damit, langsam, aber sicher einen Keil zwischen die demokratischen Parteien zu treiben und grundsätzliches Misstrauen in der Bevölkerung zu säen. Ist eine gewisse Skepsis erst einmal da, fällt es den Klimawandelleugnern leicht, falsche Behauptungen aufzustellen mit dem Ziel, Klimaschutzmaßnahmen gezielt zu bremsen. Dabei betonen sie häufig die enormen Kosten der Energiewende und warnen vor drohenden Arbeitsplatzverlusten. Schon seit Langem ist auch der systematische Rufmord an Klimawissenschaftlern eine gängige Praxis der Klimawandelleugner und auch in Deutschland zu beobachten. Im Jahr 2021 zeigte eine Forschergruppe, dass der Rufmord an Klimaforschern und Entscheidern eine der häufigsten Desinformationsstrategien war.[48] Noch häufiger wird argumentiert, die aktuellen Klimalösungen würden nicht funktionieren, und es werden technische Innovationen als Alternative versprochen, die angeblich alle Probleme lösen. In Ländern wie den USA, Russland, Brasilien, Ungarn oder der Türkei sind Verschwörungstheorien und Fake News sowie die Mobilmachung und Hetze gegen Klimaaktivisten und Wissenschaftler schon lange fester Bestandteil der Politik.

Auch das Grundsatzprogramm der AfD offenbart, dass die Partei den Klimawandel ganz offen leugnet: So beruhe die Klimaschutzpolitik der Bundesregierung auf bisher unbewiesenen hypothetischen Klimamodellen, und die staatliche Planwirtschaft solle genauso wie der unkontrollierte Ausbau der Windenergie gestoppt werden.[49] Auch in ihrem Europawahlprogramm 2024 schlägt die Partei keine Maßnahmen für eine ökologische Transformation vor, sondern fordert eine Abkehr der grünen Weltrettung und Wohlstandsvernichtung sowie die Abschaffung aller Klimaschutzgesetze auf nationaler und europäischer Ebene. Darüber hinaus will die AfD den motorisierten Individualverkehr fördern, den Flugverkehr als Wirtschaftsfaktor stärken und die Automobilindustrie als Leitindustrie erhalten. Sie bezeichnet die aktuelle Klimapolitik als Verbotspolitik und Bevormundung, als Machtmittel des Staates und als Ökodiktatur und nutzt vor allem die sozialen Medien für die Verbreitung ihrer Verschwörungstheorien. Dabei wird die weniger wohlhabende Bevölkerung für ihre Erzählungen ausgenutzt, die sich in Zukunft weder das Heizen mit erneuerbaren Energien noch das Autofahren oder ein gutes Stück Fleisch leisten könne. Die Gesellschaft soll das Gefühl bekommen, ihr werde die Freiheit genommen und die normalen Bürger und Bürgerinnen würden benachteiligt. Vor allem Menschen, die Angst vor Veränderungen haben oder die unzufrieden sind mit sich und der Politik, springen leicht auf diese Erzählungen an.

Eine erfolgreiche Bekämpfung der Rechtspopulisten kann nur mit einer konstruktiven Zusammenarbeit und einem geschlossenen Auftreten der demokratischen Parteien gelingen. Politisches Machtgehabe und populistisches Gerede sind gerade in der jetzigen Zeit fehl am Platz. Die demokratischen Parteien sollten sich auf die Sache und auf die richtigen Maßnahmen konzentrieren und nicht einfach die von der AfD geprägten Begriffe und Themen übernehmen. Die Gefahr, dass sich diese Themen dadurch als Mainstream in den sprachlichen Gebrauch einschleichen und eine noch höhere Aufmerksamkeit bekommen, ist viel zu hoch. Außerdem bestärkt es potenzielle Wähler in ihrer Meinung, die AfD zu wählen. Klimaschutzmaßnahmen sollten auch nicht als Lieblingsprojekte der Grünen abgestempelt oder grundsätzlich abgelehnt werden, nur weil die Impulse von den Grünen kommen. Wir brauchen stattdessen eine konstruktive Auseinandersetzung, die sich auf Fakten und Argumente konzentriert. Diese werden zwar von Rechtspopulisten und Klimawandelleugnern bestritten, sodass eine inhaltliche Auseinandersetzung mit ihnen fast unmöglich erscheint. Aber gerade Menschen, die unsicher und verängstigt sind, sollten keinen Grund haben, ihr Kreuz bei der AfD zu setzen. Die demokratischen Parteien sollten den Menschen eine Perspektive in einer lebenswerten Zukunft aufzeigen, die durch eine wirksame Klimapolitik gefördert und durch notwendige Transformationen ermöglicht wird.

[5] Welche Transformationen sind notwendig?

1 Energiewende

Wenn wir darüber sprechen, welche Transformationen notwendig sind, um die Klimakrise aufzuhalten, ist die Energiewende und damit die Abkehr von fossilen Brennstoffen der entscheidende Hebel. Dabei ist es zunächst wichtig zu verstehen, von welcher Energie wir sprechen, wie wir Energie erzeugen und welche Unterschiede es in der Bereitstellung gibt. Unter dem Primärenergieverbrauch versteht man die gesamte Energiemenge, die wir in unserem Land brauchen – in der Industrie, zur Stromproduktion, zum Heizen und um uns fortzubewegen. Der Endenergiebedarf ist die Menge an Energie, die beim Endverbraucher ankommt, zum Beispiel der Strom und die Wärme in den Fabriken oder bei uns zu Hause. Bei der Umwandlung von Primärenergie in Endenergie geht immer ein Teil der Energie verloren, und dabei ist die Effizienz je nach Energieträger unterschiedlich. Bei der Umwandlung von Rohöl in die Endenergien Benzin oder Diesel geht zum Beispiel sehr wenig Energie verloren, während die Umwandlungsverluste bei der Stromerzeugung dagegen relativ hoch sind. Die Nutzenergie ist die Energie, die dem Endverbraucher zur Verfügung steht, also die gewünschte Energiedienstleistung für Beleuchtung, Warmwasser, Kühlung und Lüftung.

Energieverbrauch und Stromerzeugung nach Energieträgern

Eigene Darstellung

Um die Energiewende zu schaffen, ist es wichtig, den gesamten Energieverbrauch entlang dieser Kette – vor allem in den Industrieländern – zu reduzieren. Dies ist Deutschland und der EU in den letzten Jahren bereits gelungen, allerdings steigt der weltweite Energiebedarf mit einer wachsenden Bevölkerung weiter an und wird weiter vorwiegend mit fossilen Brennstoffen gedeckt. Die fossilen Energieträger Öl, Kohle und Gas sind immer noch leicht zugängliche Schwergewichte gegenüber den erneuerbaren Energien, deren Anteil am weltweiten Primärenergieverbrauch bei nur sieben Prozent liegt und auch bei der Stromerzeugung nur auf 14 Prozent kommt.[1]

Globaler Energieverbrauch und Stromerzeugung (2022)

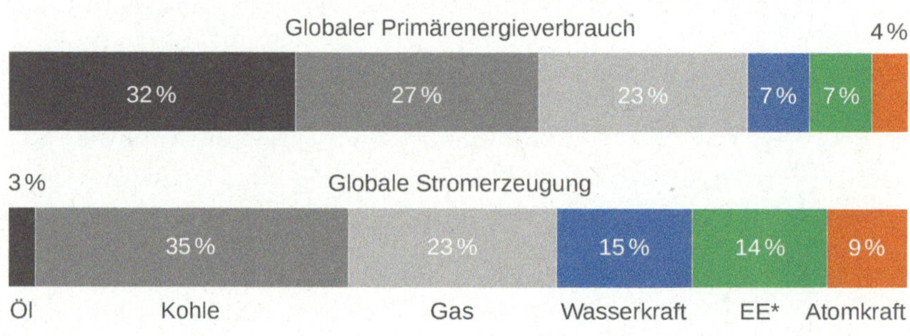

Energy Institute (2023) * EE = erneuerbare Energien / eigene Darstellung

Um das Pariser 1,5-Grad-Ziel zu erreichen, müssen die Erneuerbaren massiv ausgebaut werden, damit sie im Jahr 2050 einen Anteil von 77 Prozent des weltweiten Primärenergieverbrauchs ausmachen können. Der Anteil der fossilen Energieträger würde dementsprechend auf unter 20 Prozent schrumpfen, und die Atomkraft würde auf sieben Prozent zurückgehen. Für die Stromerzeugung sollten die Erneuerbaren sogar auf einen sehr ambitionierten Anteil von über 90 Prozent kommen. Während China der mit Abstand größte Verursacher der weltweiten CO_2-Emissionen ist, wird kaum darüber gesprochen, dass das Land auch führend im Ausbau erneuerbarer Energien ist. Zurzeit kommt mehr als ein Drittel der globalen Stromleistung aus Erneuerbaren aus China,[2] das sowohl in der Windenergie (an Land und im Wasser), in der Photovoltaik und in der Wasserkraft mit Abstand führend ist und seine Position weiter ausbauen will. Während fast die Hälfte des erneuerbaren Stroms aus Asien stammt, liefert Deutschland immerhin einen Anteil von vier Prozent der weltweiten Stromleistung.

Im Vergleich zum weltweiten Durchschnitt, ist Deutschland bei der Energiewende auf einem guten Weg. Im Jahr 2022 kamen etwa

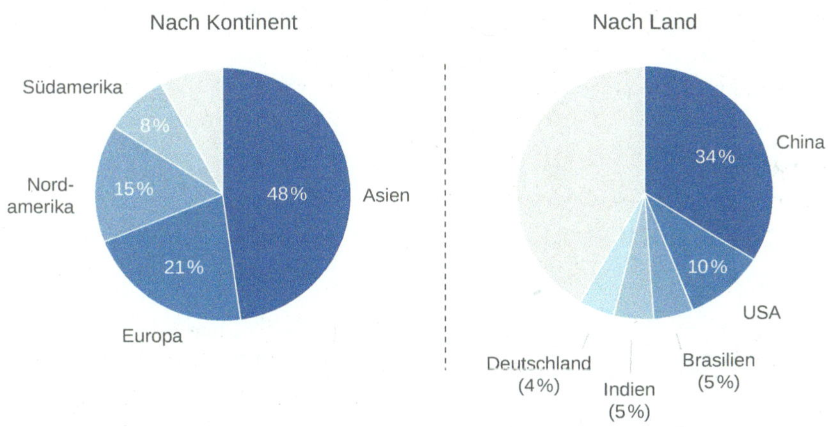

IRENA (2023) / eigene Darstellung

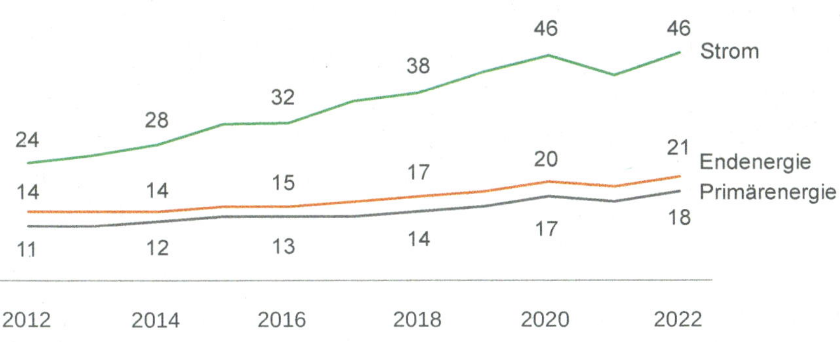

Bundesministerium für Wirtschaft und Klimaschutz (2023) / eigene Darstellung

ein Fünftel des Primärenergieverbrauchs und ein Fünftel des Endenergieverbrauchs von den Erneuerbaren.[3] Der Anteil am Stromverbrauch betrug im Jahr 2023 sogar schon 52 Prozent und soll bis 2030 auf 80 Prozent wachsen. Im Bereich Wärme und Kälte liegt der Anteil der Erneuerbaren allerdings erst bei 19 Prozent und im Verkehrssektor bei nur sieben Prozent, aber dazu später mehr.

Die Energiegewinnung aus Erneuerbaren kann regional sehr unterschiedlich sein. Wie der Mix in Deutschland aussieht, zeigt die Abbildung rechts.[4] Die Biomasse erfährt in der öffentlichen Diskussion zwar keine hohe Aufmerksamkeit, stellt aber die Hälfte der Endenergie aus den Erneuerbaren bereit und leistet einen erheblichen Beitrag zur Wärmeerzeugung. Biomasse ist damit die wichtigste erneuerbare Energiequelle in Deutschland. Sie trägt als Biogas knapp ein Fünftel zur Stromerzeugung bei und macht als Biokraftstoff den weitaus höchsten Anteil im Verkehrssektor aus. Windenergie und Photovoltaik tragen dagegen maßgeblich zur deutschen Stromerzeugung bei.

Global gesehen, ist das Potenzial für den massiven Ausbau der Erneuerbaren eindeutig vorhanden. Zahlreiche Schätzungen und Studien ergaben, dass das globale technische Potenzial für erneuerbare Energien wesentlich höher ist als der weltweite Energiebedarf. Der Einsatz von Windenergie ist in den meisten Regionen der Welt in erheblichem Umfang möglich, sodass allein das Potenzial für Windenergie die globale Stromproduktion übersteigt, obwohl die durchschnittlichen Windgeschwindigkeiten je nach Standort erheblich variieren.[5] Sonnenenergie ist die am häufigsten vorkommende Energiequelle und kann in jedem Land einen erheblichen Beitrag zum Energiemix liefern, obwohl nicht alle Länder gleichermaßen über Sonnenschein verfügen. Auch Bioenergie spielt nicht nur in Deutschland, sondern auch global eine große Rolle bei der Energiewende. Sie wird aus Biomasse gewonnen und kann aufgrund verschiedener Umwandlungstechniken sehr vielfältig zur Herstellung von Kraftstoffen (Biodiesel), Wärme und Strom (Biogas) und für die Prozesswärme in der Industrie verwendet werden. Sie wird aus Energiepflanzen wie

Energiebereitstellung aus erneuerbaren Energien (2023)

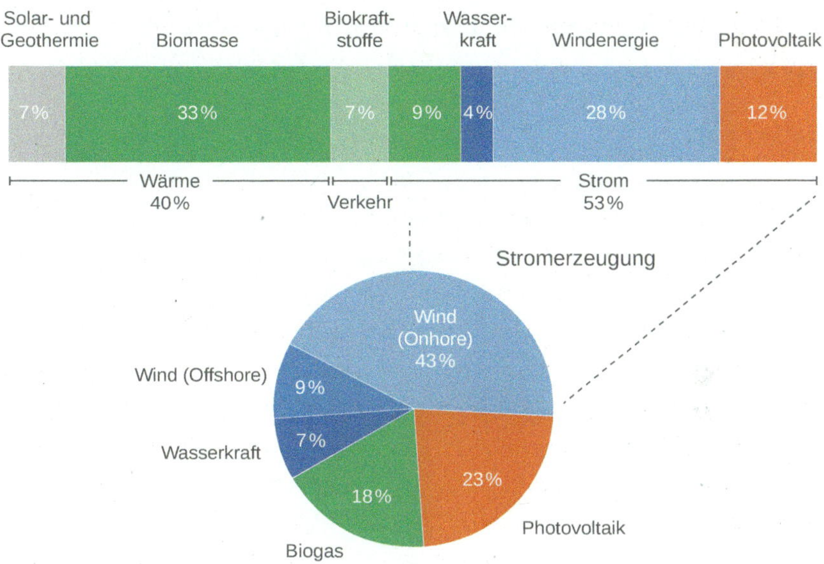

Umweltbundesamt (2024) / eigene Darstellung

Mais, Raps oder Weizen gewonnen, aus schnell wachsenden Gehölzen und aus Abfall- und Reststoffen von Landwirtschaft (Gülle, Stroh), Haushalten (Biomüll) und der Industrie. Trotz der vielen Vorteile ist die zunehmende Nutzung von Bioenergie umstritten, da der Anbau von Biomasse in Konkurrenz zur Nahrungs- und Futtermittelproduktion steht. Ein massiver Anbau steigert zudem die Risiken für Boden, Wasser und Biodiversität und verändert die globale Landnutzung. Darüber hinaus braucht der Anbau von Biomasse viel Platz, weshalb die Flächeneffizienz niedrig und auch nicht steigerungsfähig ist. Die Menge an Energie, die auf der Anbaufläche gewonnen wird, liegt bei nur 0,5–1 Prozent.[6] Im Vergleich dazu liegt der Wirkungsgrad von Solarmodulen bei 20 Prozent. Eine weitere Nutzung von Abfall und Reststoffen ist aber durchaus ausbaufähig, da diese Art der Energiegewinnung ökologisch günstige Nebeneffekte haben kann. So können zum Beispiel bei der Gewinnung von Biogas aus Gülle die Reststoffe als Dünger genutzt werden.

Einen bedeutenden Anteil zur Energiewende werden die Nutzung von Erdwärme (Geothermie) aus Wärmereservoirs in größeren Tiefen und die Nutzung von Umgebungswärme haben. Vor allem bei der Beheizung und Kühlung von Wohnhäusern und größeren kommunalen oder gewerbebetriebenen Gebäuden wird die Umgebungswärme häufig über Wärmepumpen genutzt. Diese Nutzung gilt als sehr umweltfreundlich und ist langfristig auch ein sehr kostengünstiges Heizsystem. Tiefe Geothermieanlagen sind dagegen für den Einsatz in Großstädten und Gemeinden ausgelegt und mit bis zu zehn Millionen Euro pro Bohrung sehr viel kostspieliger. Außerdem eignet sich nicht jedes Gebiet für die Gewinnung von Erdwärme aus großen Tiefen, und es kann zu Schäden durch unbeabsichtigtes Anheben oder Absenken des Bodens kommen. Ebenso hat Wasserkraft weltweit ein enormes Ausbaupotenzial, ihre Leistungsfähigkeit ist in Deutschland allerdings so gut wie ausgeschöpft. Auch die Meeresenergie kann noch eine viel größere Rolle spielen. Hierbei wird die kinetische und thermische Energie des Meerwassers (von zum Beispiel Wellen oder Strömungen) genutzt, um Strom oder Wärme zu erzeugen. Auch das theoretische Potenzial der Meeresenergie übersteigt den heutigen Energiebedarf, allerdings befinden sich die Technologien noch in frühen Entwicklungsstadien.

Die Kernenergie erlebt in vielen Ländern aufgrund ihrer CO_2-Neutralität neuen Aufschwung, ist aber weltweit sehr umstritten. So haben auf der Klimakonferenz in Dubai gerade 22 Länder, darunter große Industriestaaten wie die USA, Großbritannien und Frankreich, verkündet, die Atomenergie bis zum Jahr 2050 verdreifachen zu wollen, da die Klimakrise ohne einen massiven Ausbau aktuell nicht zu bewältigen sei. In diesen Ländern hat die Atomkraft allerdings auch einen sehr viel höheren Anteil an der aktuellen Stromerzeugung als in Deutschland. Der Anteil lag hierzulande bei nur noch sechs Prozent im Jahr 2022, und infolge des beschlossenen Atomausstiegs im Jahr 2011 wurden die letzten drei Kernkraftwerke 2023 ausgeschaltet.

Die deutsche Wirtschaftswissenschaftlerin Claudia Kemfert erklärt, dass sich der Atomstrom aus wirtschaftlicher Perspektive nicht lohne und unter reinen Marktbedingungen unrentabel sei, da er stets subventioniert werden müsse. »Atomkraftwerke sind unflexibel, da sie auf einen Dauerbetrieb ausgelegt sind. Dadurch stehen sie den flexiblen, intelligenten und smarten Systemen der erneuerbaren Energien im Weg.«[7] Reaktorprojekte seien darüber hinaus wegen der hohen Sicherheitsauflagen und technischen Hürden sehr komplex, zeitaufwendig und finanziell schwer kalkulierbar. Darüber hinaus bleibe die Gefahr von Reaktorkatastrophen, und die Frage der Endlagerung sei längst nicht geklärt. Die Preise für die Produktion von Strom aus Atomkraft sind in den letzten Jahren außerdem kontinuierlich gestiegen. So kostete eine Megawattstunde 2009 noch 123 US-Dollar, während sie 2023 schon bei 180 US-Dollar (+46 Prozent) lag. Trotz all der Risiken sprechen sich CDU, CSU und Teile der FDP wiederholt für den Bau neuer Kernkraftwerke aus und drängen zur Rückkehr der Atomkraft. Wolfram König, bis Anfang 2024 Präsident des Bundesamts für die Sicherheit der nuklearen Entsorgung, spricht von »einem rasanten Wissensverlust in Bevölkerung und Politik« und bezeichnet die Versprechungen, dass Atomenergie für sinkende Strompreise sorgen und die Probleme mit dem Atommüll sich von selbst lösen würden, für populistische Parolen.[8] Auch EnBW-Chef Andreas Schell hält die aktuelle Debatte für rein politisch und ist davon überzeugt, dass neue Atomkraftwerke nicht die Lösung für die Energieversorgung seien, weil damit niemals kostendeckend Strom erzeugt werden könne.[9]

Bis vor Kurzem war vor allem der Strom aus fossilen Energieträgern günstiger und preiswerter als Strom aus erneuerbaren Energien (sofern die »fossilen« Subventionen unberücksichtigt bleiben), sodass es nicht verwunderlich ist, dass fossile Brennstoffe die globale Stromversorgung weiter dominieren. Die Stromgestehungskosten, also die Kosten für die Energieumwandlung von einer Energieform in elektrischen Strom, haben sich im letzten Jahrzehnt jedoch dramatisch verändert.[10] So hat sich der durchschnittliche Preis für die Produktion von einer Megawattstunde Strom aus Photovoltaikgroßanlagen von

359 US-Dollar im Jahr 2009 auf 60 US-Dollar im Jahr 2023 um insgesamt 83 Prozent verringert. An den meisten Orten der Welt ist Strom aus erneuerbaren Energien mittlerweile wettbewerbsfähig und sogar günstiger als Strom aus fossilen Brennstoffen. Darüber hinaus werden die Technologien für erneuerbare Energien noch Lernkurven folgen, weshalb davon auszugehen ist, dass die Erneuerbaren in Zukunft noch preiswerter werden.

Für den benötigten Übergang von fossilen Brennstoffen zu erneuerbaren Energien in der Stromerzeugung spielt die Elektrifizierung im Verkehr und bei der Herstellung von Wärme und Kälte (Wärmepumpen für Gebäude) eine große Rolle. Die IRENA (Internationale Agentur für erneuerbare Energien) sagt voraus, Elektrizität werde als Hauptenergieträger der Zukunft bis 2050 mehr als die Hälfte des weltweiten Energieverbrauchs ausmachen. Wenn wir die Elektrifizierung ausbauen wollen, wächst allerdings auch der (grüne) Strombedarf. Allein durch das Ziel der Bundesregierung, 15 Millionen Elektrofahrzeuge bis 2030 auf die Straße bringen zu wollen, steigt der Strombedarf um sieben Prozent gegenüber 2021.[11] Darüber hinaus brauchen wir für eine verlässliche klimafreundliche Energieversorgung Speichermöglichkeiten, da die erneuerbaren Energien Wind und Sonne nicht immer zur Verfügung stehen, und wir brauchen einen Ausbau der Transportnetze.

Ein weiterer zentraler Baustein der Energiewende wird Wasserstoff sein, der fossile Brennstoffe überall dort ersetzen kann, wo der direkte Einsatz von Strom an seine Grenzen stößt, also in der Stahlindustrie, im Flug- und Schiffsverkehr und in der Chemiebranche. Er wird mithilfe von Strom aus Wasser extrahiert und erzeugt bei der Verbrennung keine schädlichen Emissionen. Wasserstoff lässt sich in großen Mengen erzeugen, lagern, transportieren und in das bestehende Erdgasnetz einspeisen und eignet sich darüber hinaus als saisonaler Langfristspeicher. Ein Schlüssel der Energiewende wird daher die Umwandlungstechnologie Power-to-X sein, bei der Strom aus erneuerbaren Energien in Gase, Kraftstoffe oder Chemikalien umgewandelt und gespeichert wird. Bei der Umwandlung von grünem Strom zu Gas (Power-to-Gas) entsteht speicherbares Gas wie Wasserstoff, das ins Gasnetz eingespeist werden kann. Der grüne Strom kann auch in flüssige Brenn- und Kraftstoffe sowie in chemische Grundstoffe (Power-to-Chemicals) umgewandelt werden. Diese Technologien helfen, die Klimaschutzziele in den Sektoren Energie, Gebäude, Verkehr und Industrie zu erreichen, allerdings stecken Wasserstoffprojekte in Deutschland noch in den Kinderschuhen. Um den steigenden Bedarf an Wasserstoff bedienen zu können, laufen zurzeit viele Projekte um den Bau von Elektrolyseuren, Wasserstoffpipelines, unterirdischen Speicheranlagen und um die Umstellung von Produktionsprozessen. In Deutschland ist bis 2032 außerdem ein Wasserstoffkernnetz geplant, um wesentliche Wasserstoffstandorte anzubinden, wobei es noch einige Herausforderungen zu bewältigen gibt. Denn die Langfristspeicher sind noch nicht wirtschaftlich und außerdem recht teuer. Um in Zukunft die Versorgungssicherheit zu gewährleisten, sind sie jedoch unabdingbar. Außerdem gibt es derzeit noch hohe Effizienzverluste, an denen geforscht und gearbeitet wird.

Wasserstoff kann im Flug- und Schiffsverkehr für die Produktion von alternativen Kraftstoffen genutzt werden. Darüber hinaus kann die Branche mittlerweile auf Biokraftstoffe wie HVO (Hydrotreated Vegetable Oil) zurückgreifen, ein hydriertes Pflanzenöl, das bei der Verarbeitung von Biomasse zu Kraftstoff entsteht. Dieses wurde bisher aus Nahrungs- und Futtermitteln wie Weizen, Mais und Raps gewonnen und hat den Nachteil, dass der Anbau sehr viel Fläche in Anspruch nimmt und damit in Konkurrenz zur Nahrungsmittelproduktion steht. Mittlerweile kann Biokraftstoff aber auch aus Abfall, Plastik oder Klärschlamm (über hydrothermale Verflüssigung) hergestellt werden, wie zum Beispiel HVO-Diesel aus Frittierfett. Die verfügbare Menge an HVO ist allerdings lokal und global sehr begrenzt. Weitere alternative Kraftstoffe für Flugzeuge und Schiffe sind E-Fuels und Methanol. E-Fuels werden chemisch hergestellt und können theoretisch in unbegrenzter Menge produziert werden, allerdings sind sie teuer in der Herstellung, energieintensiv und ineffizient, sodass sie keinen nennenswerten Beitrag zur Energiewende liefern können. Der Einsatz von mit Methanol betriebenen Brennstoffzellen als Alternative zu batteriebetriebenen Elektroautos ist ebenfalls deutlich ineffizienter als Batterien, die direkt aus dem Stromnetz geladen werden. Für einige Branchen gibt es zurzeit also noch keine fertigen Lösungen für die Umstellung auf CO_2-neutrale Energieträger, und es herrscht Ungewissheit, wann und in welchem Umfang auf neue Technologien zurückgegriffen werden kann. Heute und auch in Zukunft werden wir auf weitere technologische Innovationen angewiesen sein, auch wenn wir all die Möglichkeiten der bereits verfügbaren erneuerbaren Energien, der Elektrifizierung und der alternativen Kraftstoffe bestmöglich ausnutzen.

Nachdem wir jetzt wissen, wovon die Energiewende abhängt, bleibt die Frage, ob wir sie überhaupt stemmen können. Das Beratungsunternehmen McKinsey untersucht mit seinem Energiewende-Index halbjährlich den Status der Energiewende in Deutschland anhand von 15 Indikatoren.[12] Konkret geht es um die Frage, wie realistisch es ist, die für 2030 gesteckten Ziele zu erreichen. Für acht Indikatoren ist die Zielerreichung derzeit realistisch, zwei Indikatoren stehen auf der Kippe, und für fünf Indikatoren ist die Zielerreichung unrealistisch. Während Deutschland bei den beiden wichtigen Indikatoren für den Klimaschutz (Anteil der erneuerbaren Energien am Endenergieverbrauch sowie am Stromverbrauch) sehr gut aufgestellt ist, kann bei der Verringerung des CO_2-Ausstoßes und bei der Reduktion des Primärenergieverbrauchs noch keine klare Aussage getroffen werden. Beide Ziele stehen also auf der Kippe. Die Zielerreichungen für den Anteil der erneuerbaren Energien am Endenergieverbrauch für Wärme und Kälte und für die Elektrifizierung des Verkehrs (zugelassene Elektrofahrzeuge) liegen in weiter Ferne und sind daher unrealistisch. So machen die Erneuerbaren nur 19 Prozent des Endenergieverbrauchs für Wärme und Kälte aus (Ziel: 90 Prozent in 2030). Und von den anvisierten 15 Millionen Elektroautos fahren erst gut zwei statt fünf Millionen auf Deutschlands Straßen.

Neben dem Klima- und Umweltschutz spielt auch die Versorgungssicherheit eine wichtige Rolle. Während der Energiekrise durch den russischen Angriffskrieg auf die Ukraine ist dies mehr als deutlich geworden, und die Sorge vor Abhängigkeiten von anderen Ländern und Versorgungslücken ist nach wie vor groß. Die gute Nachricht ist, dass wir uns keine Sorgen machen müssen, was die grundsätzliche Stromversorgung in Deutschland angeht, da der Ausfall der Stromversorgung in Deutschland quasi nicht stattfindet. Mit einem Wert von null (in Minuten pro Jahr gemessen) belegt Deutschland im europäischen Vergleich schon seit Jahren eine der Spitzenpositionen. Außerdem gibt es genügend verfügbare Kapazitäten für Stromimporte aus Nachbarländern, falls es Engpässe bei der eigenen Produktion geben sollte. Die gesicherte Reservemarge (gesicherte Kraftwerkskapazität im Verhältnis zur Spitzenlast) liegt mit derzeit 120 Prozent Zielerreichung auf Kurs, hat sich in den letzten Jahren allerdings durch den Ausstieg aus der Kernkraft verschlechtert und wird mit dem Kohleausstieg weiter schrumpfen. Die Zielerreichung für die Kosten der Netzeingriffe, die zur Aufrechterhaltung der Sicherheit und Zuverlässigkeit des Elektrizitätsversorgungssystems durch verschiedene Maßnahmen getätigt werden, liegt dagegen in weiter Ferne.

Wie bereits oben erwähnt, ist der Ausbau der Transportnetze für Strom, Gas und Wasserstoff ein unverzichtbarer Baustein der Energiewende, er erfolgt allerdings viel zu langsam, um das Ziel von 6.014 Kilometer Länge zu erreichen (aktuell 2.586 Kilometer). Immerhin gibt es Fortschritte bei den Genehmigungsverfahren, die sich in den letzten Jahren mehr als verdreifacht haben. Der Indikator Industriestrompreis bildet die deutsche Strompreisentwicklung im Vergleich zum europäischen Durchschnitt ab und liegt mit einer Zielerreichung von 172 Prozent auf einem sehr guten Weg. Im internationalen Vergleich lag der deutsche Industriestrompreis Ende 2023 allerdings immer noch mehr als doppelt so hoch wie in den USA oder in China, sodass ein schleichender Abzug der stromintensiven Industrie droht.[13] Der Haushaltsstrompreis liegt dagegen über dem europäischen Durchschnitt, sodass dieser Indikator schlechter abschneidet.

Auch der Anteil der Energiekosten an den Gesamtausgaben der Verbraucher entwickelt sich unbefriedigend.

Als weiteren Indikator betrachtet McKinsey die Arbeitsplätze im Bereich der erneuerbaren Energien. Aufgrund des beschleunigten Ausbaus der Erneuerbaren sind hier bereits mehr Arbeitsplätze entstanden (387.700), als zur Zielerreichung notwendig sind. Es wird in Zukunft aber noch größeren Bedarf geben, und in einigen Bereichen deutet sich schon jetzt ein Fachkräftemangel an, sodass dieser Indikator stark im Blick behalten werden muss.

Das Erreichen der ambitionierten Klimaziele ist also kein Selbstläufer. Umso wichtiger sind politische Steuerungsinstrumente wie der Emissionshandel, der die Reduzierung der Treibhausgasemissionen weiter vorantreiben soll. Er hat das Ziel, die Treibhausgase vor allem in der Energiewirtschaft und in der energieintensiven Industrie zu reduzieren, indem Unternehmen, aber auch Privatpersonen ein wirtschaftlicher Anreiz geboten wird, weniger auszustoßen. Jede Tonne ausgestoßenes Treibhausgas (gemessen in CO_2-Äquivalenten) kostet die Unternehmen einen bestimmten Preis, der am Markt festgelegt wird und der teilweise an die Verbraucher weitergegeben werden kann. Weltweit sind 25 unterschiedliche Emissionshandelssysteme im Einsatz.[14] Der europäische Emissionshandel deckt alle EU-Mitgliedsländer sowie Island, Liechtenstein und Norwegen ab. Darüber hinaus gibt es Länder wie China, Großbritannien und Deutschland, die nationale Systeme haben, und Staaten und Provinzen wie Kalifornien in den USA oder Guangdong in China sowie Städte wie Peking und Tokio mit eigenen regionalen Systemen. Die Emissionshandelssysteme decken bisher 17 Prozent der globalen Treibhausgase ab und erwirtschafteten im Jahr 2021 einen Umsatz von 37 Milliarden US-Dollar (+ 63 Prozent zum Vorjahr). Weitere 22 Systeme sind insbesondere in Südamerika und Südostasien gerade im Aufbau oder in Planung.

In der EU wurde der Emissionshandel im Jahr 2005 eingeführt und setzt in der Industrie, in Kraftwerken und im innereuropäischen Flugverkehr an, wo direkte Emissionen entstehen.[15] Ab 2024 wird auch der Seeverkehr mit eingebunden. Die Europäische Kommission setzt für jedes Jahr die europaweite Obergrenze (Cap) fest, also wie viele CO_2-Äquivalente insgesamt ausgestoßen werden dürfen, und legt die Berechtigungen anteilig auf alle Mitgliedsstaaten um. Die Deutsche Emissionshandelsstelle ist für die Zuteilung der sogenannten Ver-

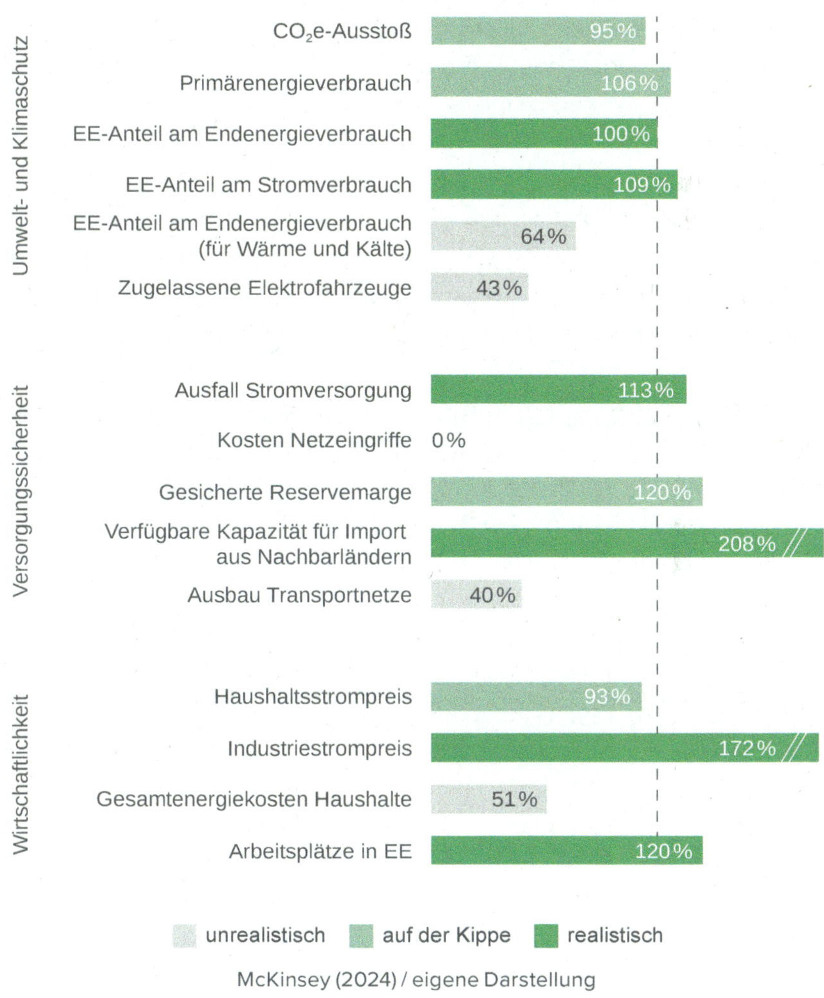

McKinsey (2024) / eigene Darstellung

schmutzungsrechte zuständig und weist den Unternehmen gemäß den Zuteilungsregeln eine gewisse Anzahl an Emissionsberechtigungen zu. Alle Unternehmen, die aufgrund der gesetzlichen Bestimmungen am Emissionshandel teilnehmen, müssen für jede Tonne ausgestoßene Emissionen eine Berechtigung abgeben. Stößt das Unternehmen mehr Emissionen aus, als es die Obergrenze zulässt und als es Berechtigungen hat, muss es weitere Berechtigungen über die Auktion an der European Energy Exchange (EEX) in Leipzig ersteigern oder von anderen Unternehmen kaufen. Unternehmen, die weniger Emissionen ausstoßen, als sie dürfen, oder mehr Berechtigungen haben, als sie brauchen, können ihre Berechtigungen weiterverkaufen.

Seit Einführung des Emissionshandels im Jahr 2005 gab es bisher vier Handelsperioden. In den ersten beiden Perioden konnte jedes Land sein Cap selbst festlegen, sodass das Gesamt-Cap eine Summe

Funktionsweise des europäischen Emissionshandels

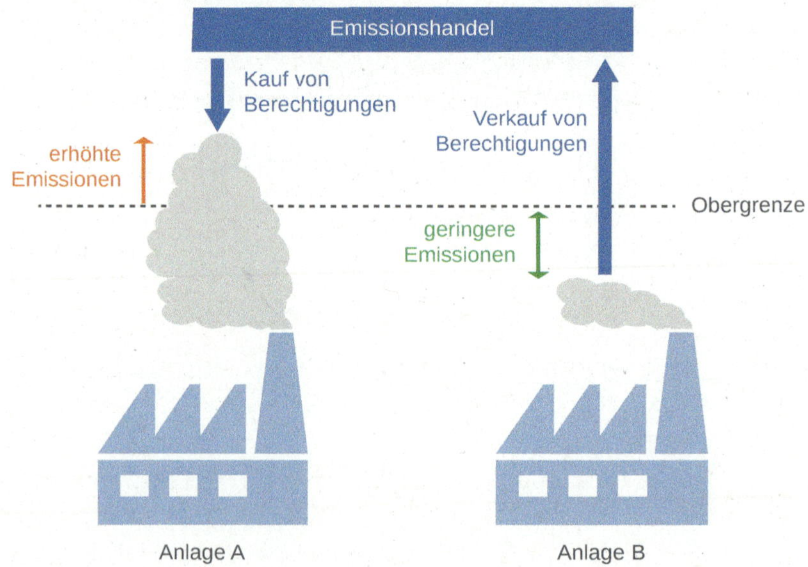

Umweltbundesamt (2023) / eigene Darstellung

der Länder-Caps war. Die Emissionen lagen jedoch in jedem Jahr, außer 2008, bereits unter dem Cap, weshalb die Obergrenzen ihre Wirksamkeit als Steuerungsinstrument nicht wirklich ausspielen konnten. Bis zum Jahr 2017 hat sich aufgrund der wenig ambitionierten Obergrenzen eine große Menge überschüssiger Berechtigungen in der EU angesammelt. Daher kam es zu einem Preisrückgang für europäische Emissionsberechtigungen (EUA), und der Emissionshandel konnte weiterhin nur eine eingeschränkte Lenkungswirkung erzielen. Zudem stellte der WWF fest, dass die EU-Staaten im Zeitraum 2013–2021 insgesamt 88,5 Milliarden Euro mit dem Verkauf von Emissionszertifikaten eingenommen, aber im Gegenzug Emissionszertifikate im Wert von 98,5 Milliarden Euro an die Industrie verschenkt haben.[16] Mit dem eingenommenen Geld wurden teilweise fragwürdige Projekte wie Subventionen für Kohle und Gas finanziert.

Aufgrund der mangelnden Lenkungswirkung hat die EU ihr Emissionshandelssystem im Rahmen des Klimaschutzpakets »Fit for 55« im Jahr 2021 angepasst. Mit diesem Paket verfolgt die EU das Ziel, die Treibhausgasemissionen bis 2030 um mindestens 55 Prozent zu senken. Es verschärft das bestehende Emissionshandelssystem, indem Obergrenzen gesenkt und Emissionsberechtigungen nach Effizienz der Unternehmen vergeben werden. Die gesenkten und dadurch anspruchsvollen Caps sorgen dafür, dass die EUA-Preise in den letzten Jahren deutlich gestiegen sind und sich ein Preis für Treibhausgase gebildet hat, der einen Anreiz schafft, noch mehr in Klimaschutz zu investieren. So werden fossile Brennstoffe immer teurer, und Kohlekraftwerke können nur noch selten wirtschaftlich betrieben werden. Darüber hinaus wird es ein neues Emissionshandelssystem für Gebäude und Straßenverkehr geben.

Um die höheren Produktionskosten deutscher Unternehmen durch die CO_2-Bepreisung auszugleichen und um wirtschaftliche Nachteile im internationalen Wettbewerb zu verhindern, hat die EU einen CO_2-Preis für Importe (den sogenannten CO_2-Grenzausgleichsmechanismus) beschlossen, welcher 2026 zur vollständigen Anwendung kommen wird. So müssen auch Unternehmen aus dem Ausland beim

Import ihrer Ware einen CO_2-Preis zahlen, sofern sie dies in ihrem Heimatland nicht schon getan haben. Unternehmen, die bereits bei der Herstellung ihrer Ware einen CO_2-Preis zahlen und in ein Land, das keine CO_2-Preise erhebt, exportieren, bekommen den gezahlten CO_2-Preis zurückerstattet.

Neben dem europäischen gibt es in Deutschland seit 2021 einen zusätzlichen nationalen Emissionshandel, der die sogenannten Inverkehrbringer von Brennstoffen in den Sektoren Verkehr und

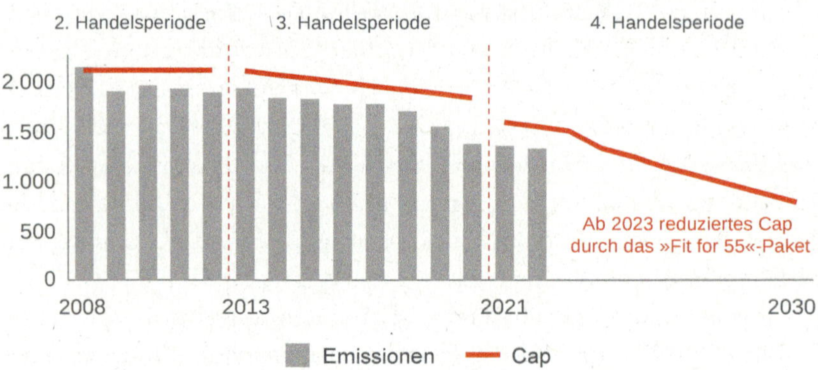

Umweltbundesamt, Deutsche Emissionshandelsstelle (2023) / eigene Darstellung

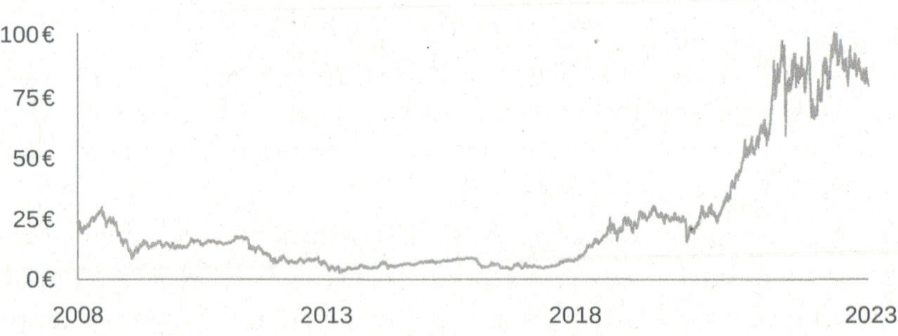

Umweltbundesamt, Deutsche Emissionshandelsstelle (2023) / eigene Darstellung

Wärme in die Pflicht nimmt. Hier wird für die indirekten Emissionen gezahlt, die durch die spätere Verbrennung der Brennstoffe, also beim Autofahren oder beim Heizen, entstehen. Im nationalen Emissionshandel gibt es allerdings noch keine Auktion, sondern einen zunächst politisch festgesetzten Preis, der sich ab 2025, ähnlich wie beim europäischen Emissionshandel, frei am Markt bilden soll. Im Gegensatz zum europäischen Emissionshandel werden hier keine kostenlosen Zertifikate verteilt, sodass klimaschädliches Heizen und Autofahren auch für die Endverbraucher teurer werden, da Unternehmen die steigenden Kosten für fossile Brennstoffe an die Kunden weitergeben können. Anfang 2024 kostete eine Tonne ausgestoßenes CO_2 schon 45 Euro (statt 30 Euro im Vorjahr). Klimaschonende Technologien wie Wärmepumpen und Elektromobilität werden damit reizvoller. Allerdings sind vor allem Geringverdiener mit steigenden Preisen auf finanzielle Unterstützung der Bundesregierung angewiesen. Diese plante ursprünglich, einen Teil der Einnahmen aus den Emissionshandelssystemen über eine Pro-Kopf-Pauschale an die Bürger zurückzuzahlen, was auch Wissenschaftler und Forscher mit der Einführung des sogenannten Klimageldes empfehlen.

Die Fördermittel für die Bürger sollten aus dem Klima- und Transformationsfonds (KTF) stammen, der über die Rekordeinnahmen des Emissionshandels finanziert werden sollte. Der europäische Emissionshandel brachte Deutschland im Jahr 2023 Einnahmen in Höhe von 7,7 Milliarden Euro ein und der nationale für Wärme und Verkehr zusätzliche 10,7 Milliarden Euro. Das Bundesverfassungsgericht untersagte der Bundesregierung aber Ende 2023 eine Verschiebung von Mitteln in den Klima- und Transformationsfonds, die eigentlich zur Bekämpfung der Coronakrise vorgesehen waren, sodass dem Fonds 60 Milliarden Euro fehlen und es zurzeit keine konkreten Pläne für die Unterstützung der Bürger gibt.

Eine erfolgreiche Energiewende kann aber nur mit einem Ausgleich und mit sozialer Akzeptanz gelingen. Die wird erst dann erreicht, wenn die Bürger über die anstehenden Änderungen aufgeklärt und sensibilisiert sind, wenn sie mit den geplanten Maßnahmen (vor allem vor Ort) und den daraus resultierenden Auswirkungen vertraut sind und finanziell nicht darunter leiden. Für die Wirtschaft sind vor allem klare und verlässliche Vorgaben sowie Planungssicherheit entscheidend. Liegen diese nicht vor, werden Investitionen ins Ausland verlagert, verzögert oder ganz verworfen.

2 Ernährungswende

Unser derzeitiges Ernährungssystem beruht auf großen Erfolgen in der Professionalisierung der Landwirtschaft und den damit einhergehenden Effizienzgewinnen. Mit der heutigen Intensivlandwirtschaft ermöglicht es die weltweite Versorgung einer stetig wachsenden Bevölkerung, hat auf der Kehrseite jedoch der Umwelt bereits großen Schaden zugefügt. Die in der Landwirtschaft ausgestoßenen Emissionen und der hohe Einsatz von Pestiziden, Stickstoff und Phosphor belasten nicht nur das Klima, sondern verunreinigen unser Grundwasser und zerstören ganze Ökosysteme. Die Massentierhaltung quält unzählige Tiere, macht sie krank und produziert viele ungesunde Lebensmittel. Vor allem aber ist der hohe Ressourcenverbrauch der Landwirtschaft eine der großen Herausforderungen, vor der wir stehen. Denn mittlerweile wird fast die Hälfte der weltweit bewohnbaren Fläche für die Landwirtschaft genutzt.[17] Ein Großteil davon beansprucht die Futtermittelproduktion in der Viehhaltung: Erstaunliche 35 Prozent der weltweit bewohnbaren Fläche stehen ausschließlich dem Futteranbau zur Verfügung. Obwohl die Fläche zur Herstellung für pflanzliche Lebensmittel sehr viel kleiner ist, haben Pflanzen einen bedeutend höheren Anteil an der globalen Kalorien- und Proteinversorgung, was sie zu den effizienteren Energielieferanten macht.

Dennoch hat die Futtermittelproduktion einen sehr viel höheren Stellenwert. Das weltweit am meisten produzierte und damit wichtigste Getreide ist Mais mit einem Volumen von über einer Milliarde Tonnen pro Jahr. Von der weltweiten Maisproduktion werden etwa 60 Prozent als Viehfutter verwendet und nur zwölf Prozent für die

Globale Landnutzung für die Nahrungsmittelproduktion

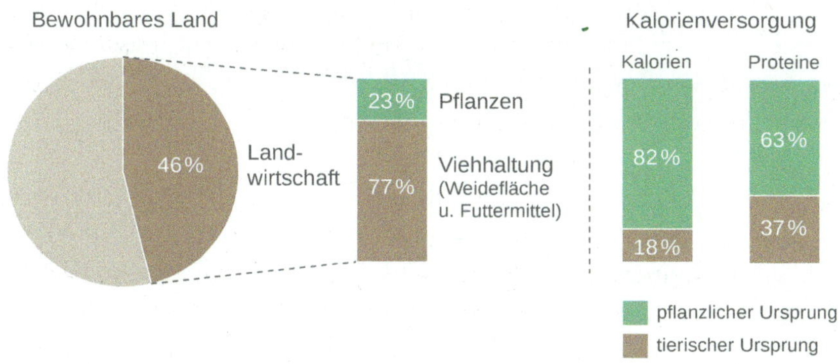

Ritchie, Roser (2019) / eigene Darstellung

menschliche Nahrung. Auch von den Ölsaaten wird weit mehr als die Hälfte als Tierfutter genutzt – bei Soja liegt der Anteil sogar bei 77 Prozent. Die proteinreiche Sojabohne ist in den letzten Jahren ein immer wichtigeres Futtermittel in der Massentierhaltung geworden, vor allem für Hühner. Allerdings ist ihr Flächenbedarf enorm. Für ein Hähnchenbrustfilet mit einem Gewicht von 150 Gramm wird knapp ein Kilogramm Soja an das Huhn verfüttert, wofür eine Ackerlandfläche von 3,7 Quadratmetern erforderlich ist.[18] Auf der gleichen Fläche könnten 15 Kilogramm Kartoffeln angebaut werden. Dennoch haben sich die Anbauflächen von Soja aufgrund der steigenden Nachfrage nach Fleisch und dem damit verbundenen Anstieg des Futtermittelbedarfs seit dem Jahr 2000 mehr als verdoppelt. Durch die starke Fokussierung auf die Fleischproduktion und die dahinterstehenden wirtschaftlichen Interessen bleiben den Menschen immer weniger Ernteanteile für ihre eigene Ernährung. In Deutschland sieht das Bild ganz ähnlich aus. Fast die Hälfte der bewohnbaren Fläche wird landwirtschaftlich genutzt, auf weit über der Hälfte dieser Flächen werden Futtermittel für die Tierhaltung angebaut, und nur knapp ein Viertel wird für die Lebensmittelproduktion genutzt. Eine Analyse der Unternehmensberatung Kearney kommt zu der Erkenntnis, dass wir mit der heutigen weltweiten Ernte etwa doppelt so viele Menschen ernähren könnten, wenn wir aufhören würden, so viel Schlachtvieh zu füttern.[19]

Die Viehhaltung nimmt nicht nur viel Platz ein, sondern verbraucht auch jede Menge Wasser, denn der Wasserbedarf für die Erzeugung tierischer Lebensmittel ist deutlich höher als beim Anbau pflanzlicher Nahrung. Dies führt dazu, dass 71 Prozent des globalen Süßwasserverbrauchs auf die Landwirtschaft entfallen. So ist für die Herstellung von einem Kilogramm Rindfleisch eine Wassermenge von über 15.000 Litern notwendig, wovon 94 Prozent der Futterproduktion zuzurechnen sind.[20] Für ein Kilogramm Schwein sind knapp 6.000 Liter erforderlich und für ein Kilogramm Butter 5.500 Liter. Ein Kilogramm Getreide verbraucht dagegen 1.600 Liter und ein Kilogramm Gemüse nur 300. Neben dem Wasserverbrauch spielen auch die Treibhausgasemissionen und die durch Landnutzungsänderungen entstandenen Emissionen (wie durch die Rodung des Regenwaldes) eine große Rolle. Auch hier haben Fleisch und tierische Produkte wie Fisch, Milch, Käse, Eier und Butter einen deutlich schlechteren CO_2-Fußabdruck als Gemüse, Obst und Getreide.[21] Der Anteil der Viehhaltung und damit des Fleischkonsums an den globalen Treibhausgasemissionen wird allerdings oft stark unterschätzt. Wenn man sich die Emissionen der fünf größten Fleisch- und Milchkonzerne (JBS, Tyson, Cargill, Dairy Farmers of America und Fonterra) anschaut, werden viele überrascht sein, dass sie zusammen pro Jahr mehr Emissionen verursachen als der Ölkonzern Exxon und weitaus mehr als Länder wie Frankreich oder Großbritannien.

Trotz alledem und vor allem aufgrund der wachsenden Weltbevölkerung hat sich der weltweite Fleischkonsum in den letzten 30 Jahren verdoppelt. Während die Erzeugung von Rindfleisch leicht und die von Schweinefleisch moderat gestiegen ist, hat sich die Produktion von Geflügelfleisch seit 1990 verdreifacht.[22] Der Fleischverzehr in Deutschland ist entgegen dem globalen Trend in den letzten Jahren zurückgegangen. Wurden 2010 noch gut 63 Kilogramm Fleisch pro Kopf und Jahr verzehrt, waren es 2022 nur noch gut 53 Kilogramm.[23] Auch der Konsum von Schweinefleisch ist zurückgegangen, macht aber immer noch die Hälfte des deutschen Fleischverzehrs aus. Dafür essen wir immer mehr helles Geflügelfleisch, das mittlerweile ein Viertel unseres Verzehrs ausmacht. Aufgrund des weltweit steigenden Bedarfs und des sinkenden Inlandsverbrauchs exportiert Deutschland immer mehr, mittlerweile etwa die Hälfte der Schlachtmenge, ins Ausland. Ein Großteil davon ist Schweinefleisch. Vor gut 20 Jahren lag dieser Anteil bei nur gut 20 Prozent.[24] Die absolute Ausfuhrmenge ist jedoch ebenfalls rückläufig.

Globale Fleischproduktion (in Millionen Tonnen)

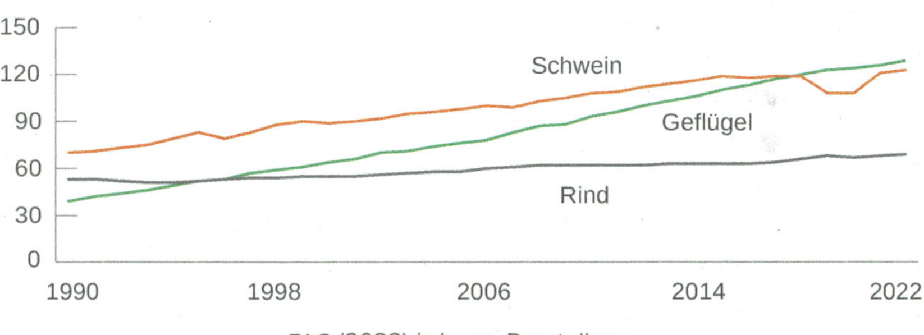

FAO (2023) / eigene Darstellung

Neben Fleischprodukten sind auch Milchprodukte weltweit stark nachgefragt und machen einen Umsatzanteil von knapp 30 Prozent aller Lebensmittel aus.[25] Die weltweite Milchindustrie ist mit Nestlé (Schweiz), Lactalis (Frankreich), Dairy Farmers of America (USA) und Danone (Frankreich) ähnlich konsolidiert wie die globale Fleischwirtschaft mit ihren großen Playern JBS (Brasilien), Tyson Foods (USA), Cargill (USA) und der WH Group (China). In Deutschland haben Fleisch- und Milchprodukte sogar einen Umsatzanteil von 40 Prozent an der Ernährungsindustrie und machen beim Export mit über 30 Prozent ebenfalls den höchsten Anteil aus.[26] Auch in Deutschland dominieren wenige große Unternehmen die beiden Branchen. So entfallen zwei Drittel der deutschen Schweinefleischverarbeitung auf nur fünf Unternehmen (Tönnies, Vion, Westfleisch, die Müller-Gruppe und Danish Crown). Die deutsche Milchindustrie wird von Müller und dem Deutschen Milchkontor (DMK) dominiert. Trotz des hohen Ressourcenverbrauchs und der schlechten Klimabilanz von Fleisch und tierischen Produkten wird weiterhin kräftig die Werbetrommel gerührt, denn allein die globale Wertschöpfungskette von Fleisch (Saatgut, Chemikalien, Maschinen, Produktion und Verarbeitung, Futtermittel und Groß- und Einzelhandel) ist mit 1,9 Billionen US-Dollar[27] so groß und mächtig, dass die Industrie ihren derzeitigen Status leicht verteidigen kann.

Die großen Konzerne der Ernährungsindustrie profitieren von einem professionellen und effizienten Ernährungssystem, das sie in den letzten Dekaden selbst entwickelt haben, und bedienen eine stetig wachsende Nachfrage. Das weltweite Ernährungssystem hat aber auch zwei Parallelwelten geschaffen, in denen die einen zu viel haben und die anderen zu wenig. Die Nahrungsmittelindustrie hat dafür gesorgt, dass weltweit mittlerweile 38 Prozent aller Menschen übergewichtig und 14 Prozent fettleibig sind.[28] Wenn sich das Ernährungsverhalten nicht ändert, werden 2035 sogar über die Hälfte der Menschen übergewichtig und ein Viertel fettleibig sein. Auf der anderen Seite ist knapp ein Drittel der Weltbevölkerung von Nahrungsmittelunsicherheit betroffen, und gut neun Prozent bekommen so wenig Nährstoffe, dass sie unterernährt sind.[29] Ein sehr großer Anteil der weltweiten Bevölkerung kann sich eine gesunde Ernährung nicht leisten und ist auf eine lokale Versorgung oder einen günstigen Warenkorb angewiesen. Eigentlich wäre genug für alle da, wenn nicht so viel weggeworfen würde. Weltweit geht etwa ein Drittel aller für den menschlichen Verzehr produzierten Lebensmittel verloren oder wird verschwendet.[30] Dabei findet über die Hälfte der Verschwendung in privaten Haushalten statt. Auch in Deutschland wird viel zu viel weggeworfen – hier sind es pro Kopf und Jahr circa 78 Kilogramm Lebensmittel, die im Müll landen.[31]

Eine Umstellung auf eine ökologische und nachhaltige Produktion wird daher immer wichtiger. Wir stehen allerdings vor der großen Herausforderung, eine wachsende Weltbevölkerung gesund ernähren zu müssen, ohne dem Klima, der Umwelt und unseren natürlichen Ressourcen weiter zu schaden. Die Weltbevölkerung wird bis zum Jahr 2050 von derzeit gut acht Milliarden auf zehn Milliarden anwachsen, und mit steigender Bevölkerungszahl steigt auch das Durchschnittseinkommen, was zu einer höheren Nachfrage nach ressourcenintensiven Produkten wie Fleisch und letztendlich auch zu höheren Treibhausgasemissionen pro Kopf führen wird. Um diesen wachsenden Bedarf zu decken, müssen bis 2050 etwa 50 Prozent mehr Lebensmittel produziert und idealerweise auch gerecht verteilt werden. Doch die weltweiten Ernteerträge sinken durch den Klimawandel und die zunehmenden Wetterextreme wie Hitzewellen, Dürren und Überschwemmungen, sodass sich die Landwirtschaft schnellstmöglich anpassen und eine aktivere Rolle beim Klimaschutz einnehmen muss. Das globale Ernährungssystem muss radikal umgestaltet und Anbausysteme sowie Produktionsprozesse neu überdacht und gestaltet werden, um stabile Ernteerträge zu sichern.

Doch wie kann ein gesundes und nachhaltiges Ernährungssystem aussehen? Um Antworten darauf zu finden, hat die EAT-Lancet-Kommission führende Wissenschaftler und Wissenschaftlerinnen aus verschiedenen Ländern und Disziplinen zusammengebracht mit der Absicht, universelle wissenschaftliche Ziele für das Ernährungssystem festzulegen.[32] Die Wissenschaftler bestätigen die Ergebnisse zahlreicher Studien, die zu dem Schluss kamen, dass eine Ernährung, die reich an pflanzlichen Lebensmitteln ist und weniger tierische Lebensmittel enthält, sowohl gesundheitliche als auch ökologische Vorteile mit sich bringt. Die von der Kommission entwickelte »Planetary Health Diet« besteht aus einer Vielzahl pflanzlicher Lebensmittel und geringen Mengen tierischer Produkte. Statt gesättigter Fette enthält sie ungesättigte sowie begrenzte Mengen an verarbeiteten Lebensmitteln, zugesetztem Zucker und raffiniertem Getreide (weißes Mehl und Produkte, die daraus hergestellt werden, wie Brot oder Nudeln).

Diese Ernährungsweise hätte positive Auswirkungen auf die Sterblichkeit durch ernährungsbedingte Krankheiten und könnte pro Jahr etwa elf Millionen Todesfälle verhindern, erfordert allerdings erhebliche Umstellungen. So müsste der Konsum gesunder Lebensmittel (wie Obst, Gemüse, Hülsenfrüchte und Nüsse) mehr als verdoppelt und der Konsum ungesunder Lebensmittel (wie rotes Fleisch, zugesetzter Zucker) um mehr als die Hälfte reduziert werden.

Die Analyse der EAT-Lancet-Kommission zeigt außerdem, dass wir nicht nur eine Ernährungsumstellung brauchen, sondern darüber hinaus erheblich verbesserte Praktiken in der Lebensmittelproduktion, um im Jahr 2050 eine Weltbevölkerung von zehn Milliarden Menschen ernähren zu können. Dafür wurden fünf Strategien entwickelt, die eine Transformation ermöglichen sollen. Für eine Umstellung auf eine gesunde Ernährung ist vor allem ein politisches Handeln erforderlich, das gesunde Lebensmittel durch Angebote in Schulen, Kantinen und über Öffentlichkeitsarbeit verfügbarer, zugänglicher und erschwinglicher macht. Die Agrar- und Meerespolitik sollte auf eine Vielzahl nährstoffreicher Lebensmittel ausgerichtet werden, die die biologische Vielfalt fördern, anstatt auf eine Vergrößerung des Volumens einiger weniger Nutzpflanzen zu zielen, von denen heute ein großer Teil als Tierfutter verwendet wird. Gebraucht wird eine nachhaltige Intensivierung der Lebensmittelproduktion, um die Qualität der Produkte zu steigern und um die Ertragslücken auf den derzeitigen Ackerflächen um mindestens 75 Prozent zu reduzieren. Dies erfordert eine radikale Verbesserung der Düngemittel- und Wassernutzungseffizienz, Recycling von Phosphor, Umverteilung des weltweiten Einsatzes von Stickstoff und Phosphor und erhebliche Änderungen im Pflanzen- und Futtermanagement. Um sicherzustellen, dass keine weiteren Landflächen für die Landwirtschaft genutzt werden, und für die Erholung der biologischen Vielfalt schlägt die Kommission eine koordinierte Verwaltung von Land und Ozeanen sowie eine Verbesserung der Bewirtschaftung der Ozeane vor. Außerdem sollen durch technologische Lösungen entlang der Versorgungskette Lebensmittelverluste und -verschwendung bis 2050 mindestens halbiert werden.

Planetary Health Diet

	Empfohlene Menge pro Tag in Gramm (Toleranzspannen)	Kalorienaufnahme pro Tag (in kcal)
Vollkornprodukte		
Reis, Weizen, Mais etc.	232	811
Stärkereiche Gemüse		
Kartoffeln, Maniok etc.	50 (0–100)	39
Gemüse		
alle Sorten	300 (200–600)	78
Obst		
alle Sorten	200 (100–300)	126
Milchprodukte		
alle Sorten	250 (0–500)	153
Proteinquellen		
Rind, Lamm, Schwein	14 (0–28)	30
Geflügel	29 (0–58)	62
Eier	13 (0–25)	19
Fisch	28 (0–100)	40
Hülsenfrüchte	75 (0–100)	284
Nüsse	50 (0–75)	291
Fette		
ungesättigte Fette	40 (20–80)	354
gesättigte Fette	11,8 (0–11,8)	96
Zugesetzte Zucker		
alle Süßungsmittel	31 (0–31)	120

EAT-Lancet-Kommission (2019) / eigene Darstellung

Auch das aktuelle deutsche Ernährungssystem ist nicht wirklich nachhaltig und bedarf einer tiefgreifenden sozialökologischen Transformation. Dieser Befund ist die Ausgangsthese eines Forschungsprojekts von 2023, das vom Umweltbundesamt und vom Bundesministerium für Umwelt, Naturschutz, nukleare Sicherheit und Verbraucherschutz in Auftrag gegeben wurde. Die »Bausteine für die Transformation zu einem nachhaltigen Ernährungssystem« basieren auf drei Strategien, die sich an der Planetary Health Diet der EAT-Lancet-Kommission orientieren: 1. Förderung einer stärker pflanzenbasierten Ernährung (was wir essen), 2. Weiterentwicklung der ökologischen Land- und Lebensmittelwirtschaft (wie produziert wird), 3. Stärkung regionaler Wertschöpfungsketten (wo produziert wird). Alle Strategien sind mit einem Maßnahmenpaket bis 2030 versehen und beinhalten jeweils Handlungsansätze zur Integration in der Politik, zur Stärkung der Nachfrage sowie im Bereich Bildung, Wissen und Innovation. Es bleibt jedoch abzuwarten, inwieweit die Maßnahmen angenommen und umgesetzt werden, denn die Wahrscheinlichkeit für ein schnelles Handeln scheint eher gering. Nachdem der erstmals national eingesetzte Bürgerrat Deutschlands seine Ergebnisse zum Thema »Ernährung im Wandel« im Januar 2024 im Bundestag präsentiert hatte, wurden die vorgeschlagenen und durchaus sinnvollen Maßnahmen wie der Wegfall der Mehrwertsteuer auf gesunde Lebensmittel, eine Zuckersteuer oder eine Verbrauchsabgabe zur Förderung des Tierwohls[33] vor allem von der Opposition sehr skeptisch aufgenommen und vom Lebensmittelverband Deutschland sogar mit unsachlicher Polemik zurückgewiesen.[34]

Wie die Ernährungsindustrie auf die anstehenden Herausforderungen reagiert, bleibt abzuwarten. Ihre Bundesvereinigung hat 2023 den Leitfaden »Ambitionierten Klimaschutz erfolgreich umsetzen« mit Förderung des Bundesministeriums für Wirtschaft und Klimaschutz herausgebracht, in dem es um Hilfestellung bei der Entwicklung einer Klimaschutzstrategie und deren Operationalisierung geht. Es findet sich jedoch kein einziges Wort über klimaschonende Ernährung oder die Reduzierung tierischer Lebensmittel, sodass die größten Hebel somit noch nicht einmal thematisiert werden. In der deutschen Bevölkerung hat dennoch ein Umdenken hin zu einer bewussteren und nachhaltigeren Ernährungsweise begonnen. Zwar sind die wichtigsten Kriterien beim Kauf von Lebensmitteln immer noch Geschmack und Frische sowie das Preis-Leistungs-Verhältnis und die Verfügbarkeit im Supermarkt. In einer landesweiten Umfrage aus 2023[35] gaben aber immerhin 34 Prozent der Befragten an, aus Nachhaltigkeitsgründen weniger oder gar kein Fleisch mehr zu essen, und ein Fünftel aller Befragten versuchen bereits ihr Bestes, tierische Produkte durch pflanzliche Alternativen zu ersetzen. Dabei sind die Jüngeren eher bereit, auf tierische Produkte zu verzichten als die Älteren, und setzen auch stärker auf eine vegetarische oder vegane Ernährung, die ganz auf tierische Lebensmittel verzichtet. Zudem sind Frauen eher bereit als Männer, tierische Produkte wegzulassen. Während 28 Prozent der befragten Frauen sich hauptsächlich mit pflanzlichen Lebensmitteln ernähren und nur gelegentlich Fleischprodukte essen, sind es bei den männlichen Befragten nur 19 Prozent. Die Mehrheit der Befragten verzichtet auf den Kauf von nachhaltigen oder umweltfreundlichen Lebensmitteln vor allem aufgrund der höheren Kosten und der Bequemlichkeit, lieber gewohnte Lebensmittel zu kaufen. Ein Fünftel der Befragten vermutet aber auch Greenwashing und Betrug hinter den nachhaltigen Angeboten.

Wie wird sich unsere Ernährung in Zukunft ändern? Wird Fleisch seinen hohen Stellenwert in der Ernährungspyramide beibehalten können, wird es weiterhin ein Statussymbol für aufstrebende Mittelschichten bleiben, und werden vor allem Männer an dem Mythos Fleisch festhalten? Laut einer Analyse der Unternehmensberatung Kearney stehen wir mittelfristig vor einer Disruption des weltweiten Fleischmarktes. Denn Fleischersatzprodukte sind nicht nur im Aufstreben, sondern haben das Potenzial, die gesamte Branche zu verändern.[36] Viele Unternehmen konzentrieren sich mittlerweile auf die Erfindung von pflanzlichen oder insektenbasierten Fleischalternativen und zunehmend auch auf kultiviertes Fleisch, das durch exponentielles Zellwachstum in Bioreaktoren entsteht und im Ergebnis wie konventionell hergestelltes Fleisch wirkt. Diese neuen Technologien werden innerhalb der nächsten zehn Jahre etwa ein Drittel des weltweiten Fleischangebots decken. Kearney prognostiziert, der Anteil von herkömmlichem Fleisch, so wie wir es kennen, werde in Zukunft stark sinken, und unsere alltäglichen Lebensmittelentscheidungen würden bis 2030 stark klimaorientiert sein.[37] Unternehmen sollten sich daher schnellstmöglich darauf einstellen, um in Zukunft weiterhin erfolgreich zu sein.

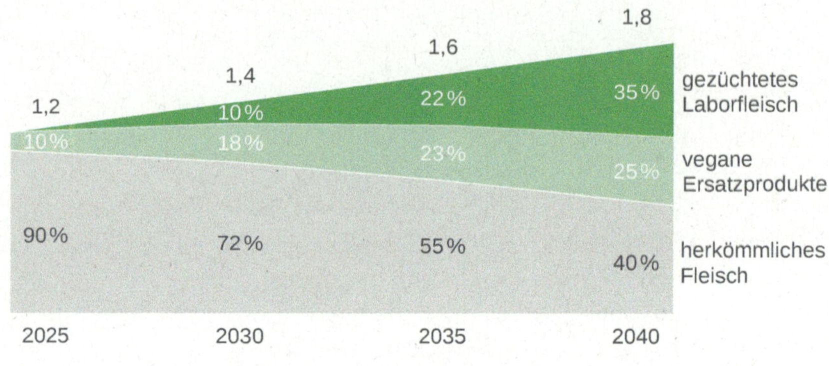

Kearney (2020) / eigene Darstellung

Schaffen wir es, unsere Ernährung so umzustellen, dass sie den Empfehlungen der Planetary Health Diet entsprechen, können wir die Emissionen, die bei der Nahrungsmittelproduktion entstehen, stark reduzieren. Die EAT-Lancet-Kommission hat Emissionsgrenzen vorgeschlagen, innerhalb deren die globale Nahrungsmittelproduktion bleiben sollte, um das Risiko irreversibler und möglicherweise katastrophaler Veränderungen im Erdsystem zu verringern. Diese Grenze wurde auf fünf Gigatonnen CO_2-Äquivalente festgesetzt. Im Jahr 2020 emittierten die weltweiten Lebensmittelsysteme allerdings bereits 5,6 Gigatonnen CO_2-Äquivalente, womit die vorgesehene Grenze bereits weit überschritten wurde.[38]

Während mehr als die Hälfte der Lebensmittelemissionen in den G20-Ländern entsteht, findet ein Großteil des prognostizierten Bevölkerungswachstums jedoch in Entwicklungsländern mit hohen Unterernährungsraten statt, sodass eine gerechtere Verteilung des globalen CO_2-Budgets für Lebensmittel von zentraler Bedeutung und gleichzeitig die große Herausforderung sein wird. Wenn wir die planetare Grenze von fünf Gigatonnen CO_2-Äquivalenten einhalten wollen, erfordert dies eine schnelle Umstellung auf eine pflanzenbasierte Ernährung wie die Planetary Health Diet. Dies wäre mit einem

Gerechte Verteilung des globalen CO_2-Budgets für Lebensmittel

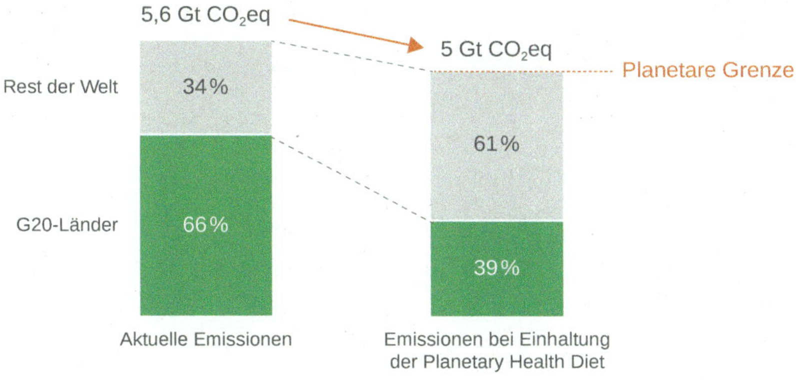

EAT-Lancet (2020) / eigene Darstellung

drastischen Rückgang von fast 50 Prozent der Emissionen aus den G20-Ländern verbunden, würde aber ermöglichen, eine Weltbevölkerung von zehn Milliarden Menschen zu ernähren. Bei der Frage, für welche Ernährungsweise man sich persönlich entscheidet, hilft ein Blick auf die Treibhausgasemissionen.[39] Allein die Reduzierung des Fleischkonsums verringert die Emissionen, die rund um die Ernährung entstehen, um 28 Prozent pro Person und Jahr. Verzichtet man komplett auf Fleisch, können die Emissionen um fast die Hälfte reduziert werden. Eine vegane Lebensweise hat jedoch kaum weitere Auswirkungen auf die Treibhausgase, wird aber immer häufiger auch wegen des Tierwohls angestrebt.

Ein wichtiger Hebel für die Transformation des Ernährungssystems ist die ökologische Landwirtschaft, also die Art und Weise, wie unsere Lebensmittel hergestellt werden. Eine ökologische Nahrungsmittelproduktion schützt Gewässer, Boden und Tiere, erhält die Bodenfruchtbarkeit und die Biodiversität, ist ressourceneffizient und schadstoffarm. Diese ist allerdings auch mit Herausforderungen wie einem geringeren Flächenertrag, kostenintensiven Betriebsumstellungen, unzureichend ausgebauten Wertschöpfungsketten und dem Risiko der Nachfrageentwicklung aufgrund der höheren Preise ver-

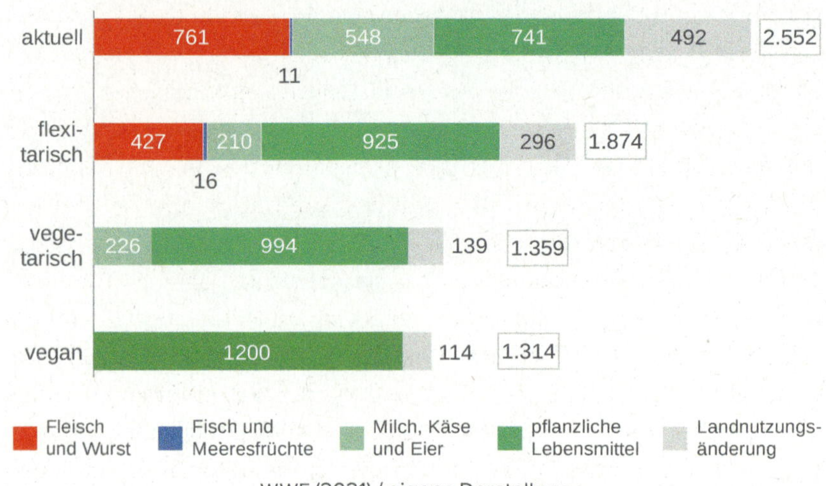

WWF (2021) / eigene Darstellung

bunden. Noch haben Bioprodukte einen eher geringen Marktanteil von sieben Prozent.[40] Im Koalitionsvertrag von 2021 wurde daher das Ziel definiert, 30 Prozent der landwirtschaftlichen Fläche bis 2030 ökologisch zu bewirtschaften. Zurzeit sind es mit 37.000 Biohöfen erst 14 Prozent, die einen Flächenanteil von elf Prozent ausmachen. Das Umweltbundesamt hat konkrete Ziele und Handlungsansätze für eine Weiterentwicklung der ökologischen Landwirtschaft ausgearbeitet, die sich auf die Erhöhung der Flächenproduktivität, eine weitere Verbesserung der Klimabilanz, Verbesserungen in der Tierhaltung und Ausbau und Stärkung der Wertschöpfungsketten konzentrieren. Weitere wichtige Ziele sind die transparente und faire Preisgestaltung, eine Verringerung von Wettbewerbsnachteilen für ökologisch produzierte Lebensmittel und die damit verbundene Reduzierung von umweltschädlichen Subventionen.

Digitalisierung, künstliche Intelligenz, Satellitentechnik und Technologien wie Robotik und Sensorik sind weitere wichtige Bausteine, die dabei helfen, dieses ambitionierte Ziel zu erreichen. Die Präzisionslandwirtschaft, die schon lange im Einsatz ist, ermöglicht die Überwachung und Optimierung landwirtschaftlicher Produktionsverfahren mit digitalen Technologien, um Ressourcen wie Saatgut, Dünger, Wasser und Pflanzenschutzmittel optimal zu nutzen und gleichzeitig die Ernteerträge zu maximieren. Darüber hinaus gibt es mittlerweile viele Möglichkeiten, mit »Smart Farming« effizienter, kostengünstiger und nachhaltiger zu produzieren. GPS-Kameratechnik identifiziert, wo sich Unkräuter befinden, und besprüht mit der gekoppelten Spritze nur diese Ziele. Auch Drohnen können so konzipiert werden, dass sie aus der Vogelperspektive Unkraut erkennen, und Algorithmen können erkrankte oder von Schädlingen befallene Pflanzen identifizieren. Das Bundesministerium für Ernährung und Landwirtschaft (BMEL) fördert die sogenannten Digitalen Experimentierfelder in verschiedenen Regionen Deutschlands, die digitale Lösungen für den täglichen Einsatz testen, wie zum Beispiel Sensoren in der Milchwirtschaft für mehr Tierwohl und Drohnen in den Weinbergen für weniger Pflanzenschutzmittel.

Die Ernährungswende steht dennoch vor vielen Hindernissen. Aufgrund der umfangreichen Veränderungen und Weiterentwicklungen, die radikal, aber notwendig sind, reagiert der Großteil der Agrarindustrie sehr skeptisch. Vor allem Landwirte müssen sich stark umstellen und fürchten um ihre Existenz, da Umbau und Anpassungsmaßnahmen beträchtliche Investitionen erfordern. Sie müssen von der Politik abgeholt und unterstützt werden, und auch die Lebensmittelindustrie muss ihren Beitrag leisten, damit die Landwirte entsprechend entlohnt werden. Noch ist viel Überzeugungsarbeit notwendig, um die weltweiten Verbraucher dafür zu gewinnen, von der westlichen Ernährungsweise abzurücken, die für viele nach wie vor erstrebenswert ist. Niemandem sollte eine vegetarische oder vegane Ernährung aufgezwungen werden. Regierungen sollten keine Vorschriften machen, doch sollten sie nicht davor zurückschrecken, Empfehlungen für eine klimaschonende und gesunde Ernährung zu formulieren und entsprechende Anreize zu schaffen. Darüber hinaus brauchen wir ein Gleichgewicht zwischen globaler und lokaler Erzeugung und eine tiefgreifende Wende zur Sicherung der globalen Lebensmittelstabilität. Ob dies gelingt, hängt auch davon ab, ob wir es schaffen, unsere Trägheit abzulegen und unser wirtschaftliches Betriebssystem zu ändern.

3 Ressourcenwende

Unser derzeitiges Betriebssystem ist linear angelegt. Lineares Denken ist das vorherrschende Wirtschaftsmodell seit der Industrialisierung und verfolgt das Ziel, Produkte und Dienstleistungen zum niedrigsten Preis anzubieten. Rohstoffe werden zu den niedrigsten Kosten aus der Natur gewonnen, mit dem günstigsten Arbeitsaufwand in Produkte umgewandelt und zum höchsten Preis verkauft. Das Prinzip »take-make-use-dispose« ist darauf ausgelegt, dass die Menschen ein Produkt kaufen, es verwenden und dann wegwerfen. Produkte sollen möglichst schnell durch ein neues ersetzt oder durch weitere Produkte ergänzt werden, damit der sogenannte Kundenwert (Customer Lifetime Value) für ein Unternehmen möglichst hoch ist. Dieses Wirtschaftsmodell beruht jedoch auf der Annahme, die weltweiten Ressourcen seien immer für alle verfügbar. Wie die vorherigen Kapitel aber eindrucksvoll gezeigt haben, sind die natürlichen Ressourcen der Erde schon längst übernutzt, da sie viel schneller verbraucht werden, als sie wieder entstehen können. Der Weltüberlastungstag (Earth Overshoot Day) zeigt deutlich, dass die Regenerationsfähigkeit der Erde schon weit überschritten ist.[41] Er markiert den Tag, an dem wir global mehr natürliche Ressourcen wie Trinkwasser oder Energie verbrauchen, als die Erde innerhalb eines Jahres zur Verfügung stellen kann. Wie die Abbildung zeigt, rückt dieses Datum im Kalender immer weiter nach vorne. Im Jahr 2023 fiel der Tag bereits auf den 2. August. Der deutsche Weltüberlastungstag liegt sogar auf dem 4. Mai und damit weitaus früher im Jahr. Wenn alle so lebten wie wir in Deutschland, bräuchte die Welt drei Erden.

Laut WWF hat sich der weltweite Rohstoffkonsum seit 1970 verdreifacht.[42] Die Förderung und Verarbeitung aller natürlichen Ressourcen verursachen mittlerweile die Hälfte der globalen Treibhausgasemis-

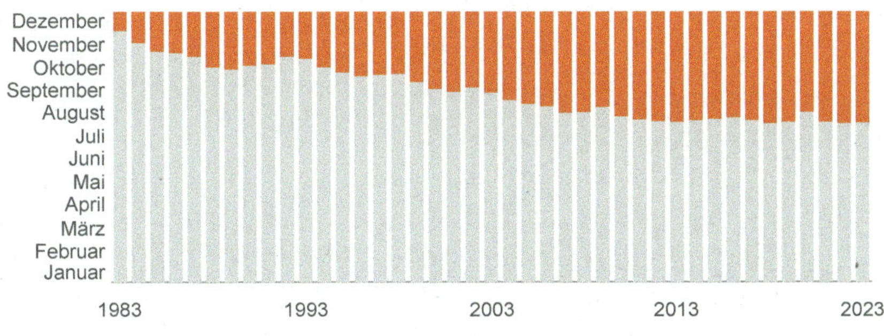

Global Footprint Network (2023) / eigene Darstellung

sionen und sind für 90 Prozent des Biodiversitätsverlusts verantwortlich.[43] In Deutschland liegt der Rohstoffkonsum bei 16 Tonnen pro Kopf und Jahr.[44] Das ist die Masse an Rohstoffen (Mineralien, fossile Energieträger, Biomasse und Metallerze), die entlang der Wertschöpfungsketten aller Waren und Dienstleistungen zum Einsatz kommen, die in Deutschland in den Endkonsum fließen. Davon entfällt der Großteil auf unsere Ernährung, insbesondere auf den Kauf von tierischen Produkten, sowie auf Wohnen und Mobilität. Kleidung macht nur einen sehr geringen Anteil von zwei Prozent aus, allerdings trägt die Modebranche mit ihrem »Fast Fashion«-Ansatz einen wesentlichen Beitrag zu Umweltverschmutzung und zum steigenden Ressourcenverbrauch bei. Je mehr Kleidung produziert und je mehr Baumwolle angebaut wird, desto höher ist der Verbrauch von Wasser, Pestiziden und Düngemitteln. Günstige Produkte enthalten außerdem chemische Fasern, die beim Waschen Mikroplastik freisetzen, das in Gewässer und Meere gelangt. Die weltweite Produktion von Kleidung hat sich in den letzten 20 Jahren verdoppelt, und Unternehmen wie H&M oder Zara produzieren mittlerweile 52 Kollektionen im Jahr.[45] Das führt dazu, dass die Deutschen pro Jahr und pro Kopf 26 Kilogramm Textilien konsumieren, von denen allerdings 40 Prozent als Schrankleichen enden und nie getragen werden, und jährlich 1,3 Millionen Tonnen Kleidung entsorgt werden.[46] Beim Kauf von Modeartikeln haben Nachhaltigkeit und Umweltfreundlichkeit (noch) keinen hohen Stellenwert, sondern es zählen Tragekomfort, Preis, Haltbarkeit und Stil. Gleiches gilt beim Kauf von Kosmetika und Körperpflegeprodukten, bei denen Duft, Preis und Qualität die Kaufentscheidung maßgeblich beeinflussen.

Insgesamt sollten wir unser derzeitiges Verständnis von Wachstum und Konsum neu betrachten und uns darüber klar werden, dass die Ressourcen der Erde endlich sind. Dabei spielt das Recycling eine wichtige Rolle: Entsorgte Produkte und Materialien werden so weit wie möglich wiederaufbereitet, um wiederverwendet werden zu können. Bei neu angefertigten Verbrauchsgütern ist der Anteil des Materials, das aus einem Recycling stammt (Rezyklat), allerdings noch sehr gering. Gerade günstige Kleidung aus Synthetik mit geringer Qualität eignet sich kaum zum Recyceln, sodass der Großteil ausgedienter Kleidungsstücke als Putzlappen endet oder in osteuropäischen Ländern an die arme Bevölkerung verkauft wird, die sie zum Heizen nutzt.[47] Recycling ist zwar die beste aller Entsorgungsmöglichkeiten, Abfallvermeidung und Wiederverwendung sind jedoch sehr viel nachhaltiger und daher erstrebenswerter. Die Zirkularitätsrate misst den Anteil des zurückgewonnenen und wieder in den Markt eingeführten Materials im Verhältnis zur gesamten Materialnutzung und stellt damit einen Richtwert für den Beitrag von Sekundärrohstoffen (Rezyklate) zum gesamten Rohstoffbedarf (nicht zu verwechseln mit der Recyclingquote) dar. Deutschland liegt mit einer Zirkularitätsrate von 13 Prozent leicht über dem EU-Durchschnitt von 11,5 Prozent, während die Niederlande und Belgien mit jeweils über 20 Prozent das meiste Material wieder zurück in den Markt führen.[48] Die Zirkularitätsrate ist für die EU ein wichtiger Indikator für die Messung des Fortschritts und soll sich bis 2030 verdoppeln. Zwischen 2015 und 2021 ist sie allerdings um nur 0,4 Prozentpunkte gestiegen, sodass das Ziel in weiter Ferne liegt.[49]

Noch wichtiger als das Recycling ist eine wirtschaftliche Transformation, die einen sehr viel geringeren Ressourcenverbrauch vorsieht als bisher, um die Wirtschaft nachhaltiger, klimafreundlicher und rohstoffsicherer zu machen. Statt eines linearen Modells benötigen wir eine Kreislaufwirtschaft (Circular Economy), also ein regeneratives Wirtschaftsmodell, das darauf abzielt, Abfall zu minimieren und Ressourcen möglichst lange zu erhalten. Dieser Ansatz basiert auf der Ablehnung von unnötigen Produkten und Verpackungen und erfordert eine Reduzierung des Konsums von nicht wiederverwertbaren Produkten. Produkte sollten so oft und so lange wiederverwendet werden wie möglich, und für alte Gegenstände sollten neue Verwendungszwecke gefunden werden. Bereits bei der Gestaltung von Produkten sollten Langlebigkeit, Weiterverwendung, Reparaturfreundlichkeit und stoffliche Verwertung im Vordergrund stehen. Dabei ist es wichtig zu betonen, dass wir einen Weg aus der Wegwerfgesellschaft finden sollten, bei dem es aber nicht um Verzicht geht, sondern um eine Dematerialisierung des Konsums und eine damit einhergehende Entkopplung des Wirtschaftswachstums vom Ressourcenverbrauch.

Die Bundesregierung hat in ihrer Kreislaufwirtschaftsstrategie nicht nur den Umwelt- und Klimaschutz zum Ziel, sondern auch die Sicherung der nationalen Rohstoffversorgung sowie die damit verbundene Sicherung unseres Wohlstands. Eine Kreislaufwirtschaft

Kreislaufwirtschaft

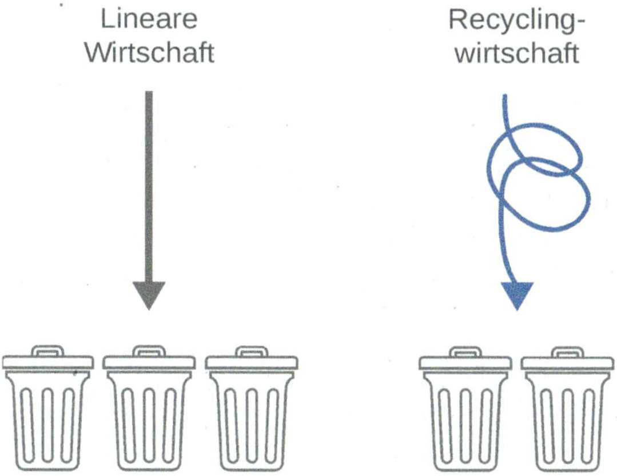

eigene Darstellung

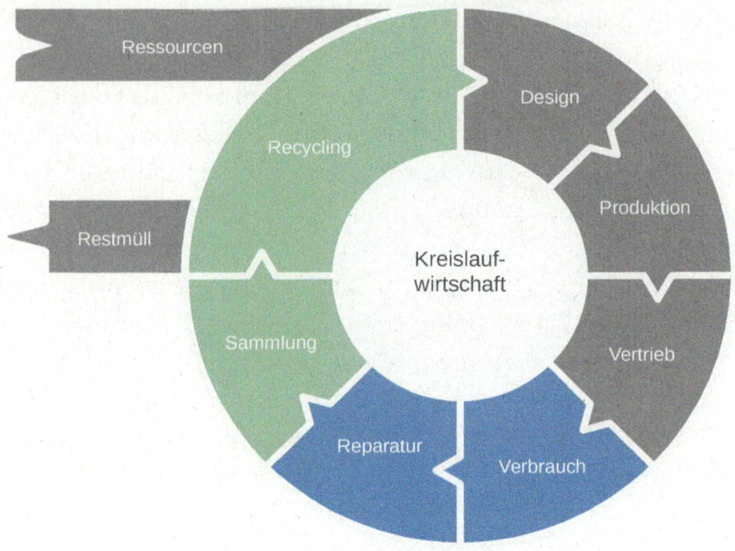

Eigene Darstellung

bietet dem Standort Deutschland viele Potenziale, welche die Circular Economy Initiative Deutschland unter der Beteiligung von drei Ministerien, 24 Unternehmen und 22 Forschungseinrichtungen in ihrer »Circular Economy Roadmap für Deutschland« beschreibt. Dazu gehören ein neues Werteversprechen Deutschlands (für ressourcenproduktive, hochqualitative zirkuläre Produktlösungen), eine internationale Neupositionierung für profitable Lösungen aus der Kreislaufwirtschaft und eine neue Markenbildung der deutschen Industrie mit Fokus auf zirkuläre Geschäftsmodelle. Wie die Kreislaufwirtschaft in Deutschland gelingen kann, zeigt eine aktuelle WWF-Studie, die in Zusammenarbeit mit dem Öko-Institut, Fraunhofer ISI und FU Berlin ausgearbeitet wurde.[50] Die Modellrechnung zeigt, dass der Übergang zu einer umfassenden Kreislaufwirtschaft in allen acht untersuchten Sektoren substanziell positive ökologische Wirkungen entfalten kann. So können bis 2045 insgesamt 186 Millionen Tonnen CO_2-Äquivalente und 179 Millionen Tonnen Rohstoffe eingespart sowie 8,5 Millionen Hektar Land zurückgewonnen werden.

Das größte Einsparungspotenzial steckt dabei im Hochbausektor, wo der mit Abstand größte Hebel bei der Reduzierung von Wohn- und Büroflächen zu finden ist. Nicht überraschend hoch ist das Potenzial bei Fahrzeugen und Lebensmitteln. Eine Verringerung des Individualverkehrs durch stärkere Nutzung von öffentlichen Verkehrsmitteln oder Carsharing sowie eine Ernährung, die weniger tierische Produkte enthält, sind hier die gewinnbringenden Maßnahmen. Bei der Informations- und Kommunikationstechnologie haben die ressourceneffiziente Nutzung von Rechenzentren und die Verlängerung der Lebens- und Nutzungsdauer bei Haushaltsgeräten die größte Wirkung. Bei Textilien sind weniger Neukäufe entscheidend, aber auch Verleihangebote, Tauschbörsen oder Leasing von Dienstkleidung und Hotelwäsche können einen Unterschied machen.

Wirkungskraft einer Kreislaufwirtschaft
(in Deutschland bis 2045 in ausgewählten Sektoren)

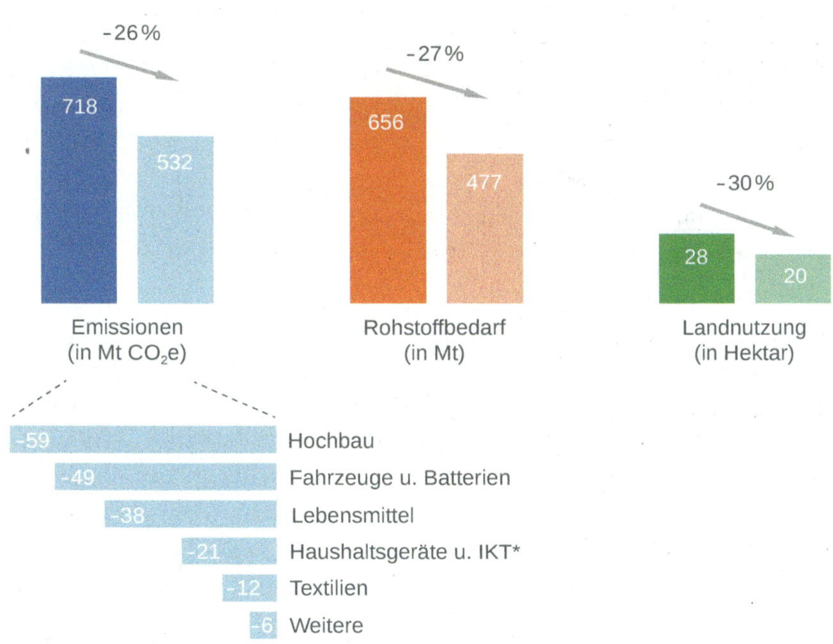

WWF (2023), * Informations- u. Kommunikationstechnologie / eigene Darstellung

Eine umfassende Kreislaufwirtschaft sorgt darüber hinaus für geringere Folgekosten durch Klimawandel und Umweltzerstörung, reduziert die Abhängigkeit von kritischen Rohstoffen und ermöglicht damit eine bessere Versorgungssicherheit. So wird die Versorgungslage strategisch wichtiger Rohstoffe von zum Beispiel Dysprosium, Neodym, Terbium, Praseodym, Kobalt und Kupfer, die aufgrund der zunehmenden E-Mobilität immer stärker nachgefragt und für die digitale und grüne Transformation benötigt werden, deutlich entspannt. Weiterer wirtschaftlicher Nutzen entsteht durch ein frei werdendes Einkommen von 170 Milliarden Euro durch Vermeidung unnötiger Neukäufe und durch einen steigenden Arbeitskräftebedarf. Dabei ist es wichtig zu betonen, dass der Übergang zu einer Kreislaufwirtschaft einen Transformationsprozess darstellt, der den Wohlstand der ganzen Gesellschaft betrifft. Bisher bewerten wir den Wohlstand eines Landes nach dem Bruttoinlandsprodukt (BIP), das die wirtschaftliche Leistung einer Volkswirtschaft darstellt und als international vergleichbare statistische Kenngröße dient. In das BIP fließen hauptsächlich die inländische Wertschöpfung, die privaten und staatlichen Konsumausgaben sowie das Volkseinkommen ein. Dies ist aber ein unvollständiges Bild der tatsächlichen Kosten des Wirtschaftswachstums. Es bleibt unbeachtet, ob bei der Wertschöpfung übermäßig viele nicht erneuerbare Ressourcen verbraucht werden oder ob es zu hohen Folgekosten durch Umweltschäden kommt. Auch Ausgaben als Folge von Naturkatastrophen, Kriminalität oder Verkehrsunfällen haben einen positiven Einfluss auf das BIP. Darüber hinaus fehlt ein Indikator zur Abbildung der Ungleichheit, also der ungleichen Verteilung des Einkommens, innerhalb eines Landes. Das BIP reduziert den gesellschaftlichen Wohlstand auf wirtschaftliche Leistungskennzahlen und ist für die Messung des Wohlstandes nicht wirklich aussagefähig. Daher wird die Frage nach einem neuen Wohlstandsmodell immer häufiger gestellt.

Die vielen Herausforderungen, mit denen die Welt zu kämpfen hat, haben weltweit zu einem umfassenden Umdenken bei der Bewertung des Wohlergehens geführt. Gesucht wird nach einem Wohlstandsmodell, das zum einen die wirtschaftlichen Aktivitäten von Umweltschäden entkoppelt und zum anderen die »Gesundheit« eines Landes und das Wohlbefinden der Bevölkerung widerspiegelt. Es gibt bereits viele Initiativen und Ansätze, neue Indikatoren zu entwickeln. Die Vereinten Nationen beraten über den Aufbau eines »Beyond GDP« unter Einbeziehung von nachhaltigen Entwicklungsindikatoren. Auch die Organisation für wirtschaftliche Zusammenarbeit und Entwicklung (OECD) arbeitet mit ihren Mitgliedsländern daran, das BIP um die Bereiche Klimaschutz, Gesundheit und Bildung zu ergänzen. Die OECD hat den »Better Life Index« entwickelt, der aus elf Teilbereichen besteht wie zum Beispiel Gesundheit, Wohnverhältnisse, Einkommen, Beschäftigung, aber auch Gemeinsinn, Work-Life-Balance und Lebenszufriedenheit. Bei der Lebenszufriedenheit liegt Deutschland im OECD-Vergleich auf einem sehr guten siebten Platz und bei insgesamt sieben weiteren Indikatoren über dem Durchschnitt. Die einzelnen Indikatoren lassen sich auf der Website des Better Life Index je nach Präferenz gewichten, sodass man sich seinen eigenen Index zusammenbauen kann.[51] Der wahrscheinlich bekannteste Wohlfahrtsindikator ist der Human Development Index (HDI) der Vereinten Nationen,[52] der bereits 1990 entwickelt wurde und Lebenserwartung, Bildung und Einkommen kombiniert. Auch hier liegt Deutschland auf einem sehr guten neunten Platz.

In einigen Ländern werden Wohlfahrtsindikatoren schon in politischen Entscheidungen berücksichtigt. So gehören Schottland, Neuseeland, Island, Finnland, Wales und Kanada zur Wellbeing Alliance, einer Allianz von Ländern, die Haushaltsmittel bereitstellen, um bestimmte Wohlfahrtsziele zu erreichen und Fachwissen untereinander auszutauschen. Finnland hat beispielsweise die Gesundheitskompetenz als eigenständiges Fach in die nationalen Lehrpläne aufgenommen, Schottland hat ein Wellbeing Framework eingeführt, auf das die Bevölkerung großen Einfluss nehmen durfte, und in Kanada wurde die erste zirkuläre Lebensmittelwirtschaft in der Stadt Guelph aufgebaut, die von Ernährungsunsicherheit betroffen war.

Auch in Deutschland gibt es mit dem Nationalen Wohlfahrtsindex (NWI) bereits einen alternativen Index, der im Auftrag des Umweltbundesamtes entwickelt wurde, um das BIP zu ergänzen.[53] Er berücksichtigt sowohl wohlfahrtsstiftende als auch wohlfahrtsmindernde Aktivitäten. Neben den Konsumausgaben findet sich somit auch der Wert der Hausarbeit und der ehrenamtlichen Tätigkeit wieder. Auch der Beitrag der Ökosysteme zum Erhalt biologischer Vielfalt und Wohlfahrtseffekte der Digitalisierung sind wohlfahrtsstiftende Komponenten, die aufgeführt werden. Außerdem werden Kosten, die durch Umweltverschmutzung, Kriminalität oder Ungleichheit entstehen und im BIP nicht auftauchen, im NWI berücksichtigt.

Durch die unterschiedliche Art der Erfassung verläuft die Entwicklung des NWI gegenüber dem BIP unterschiedlich. Während die Wirtschaft wächst, stagniert der Wohlstand. Nur in der ersten Phase nach Einführung des NWI von 1991–1999 verlief das Wachstum beider Indizes ähnlich. Danach stieg das BIP weiter an, und der NWI sank aufgrund von steigender Ungleichheit im Land und blieb bis 2013 relativ stabil. Dann stieg der NWI wieder an, weil die Konsumausgaben stiegen, die Ungleichheit im Land stagnierte und die Umweltkosten leicht abnahmen. Während der Covid-19-Pandemie fielen sowohl BIP als auch NWI. Das BIP erholte sich schnell wieder, während der NWI wieder absank, unter anderem bedingt durch die Flutkatastrophe im

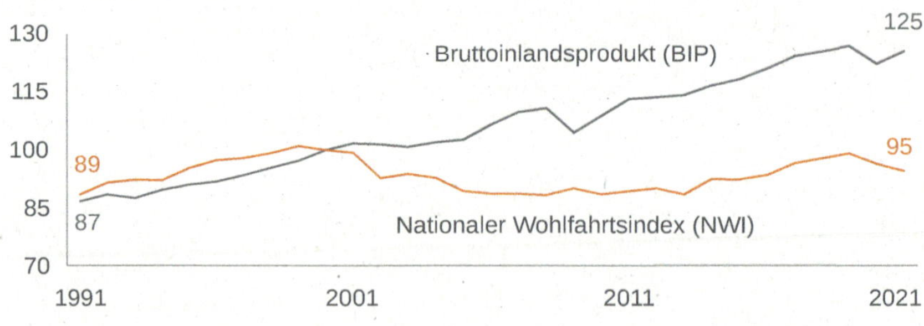

Hans-Böckler-Stiftung, IMK (2023) Basisjahr 2000 = 100 / eigene Darstellung

Ahrtal. Laut Umweltbundesamt ist die zunehmende Ungleichverteilung der Einkommen die Hauptursache für das Sinken des NWI in den 2000er-Jahren. Um dieses und andere politisch wichtige Themen besser adressieren zu können, brauchen wir solch ein zusätzliches Instrument zur Wohlstandsmessung unseres Landes.

[6] Was brauchen wir für die Umsetzung?

1 Politische Rahmenbedingungen

Allein durch Aufklärung, Sensibilisierung und ein individuell gesteigertes Verantwortungsbewusstsein können Verhaltensweisen nicht so schnell geändert werden, dass der Klimawandel dadurch ausreichend bekämpft werden kann. Unsere Industriegesellschaft basiert schon sehr lange auf fossilen Energieträgern, und das Autoland Deutschland ist stolz auf seine jahrzehntelangen Erfolge mit dem Verbrennungsmotor. Unsere Ernährungsgewohnheiten haben viel mit Tradition, Familie und Gemütlichkeit zu tun, und gerade Männer wollen sich ihr Stück Fleisch nicht vom Teller nehmen lassen. Für das Gelingen von Transformationen haben politische Rahmenbedingungen daher eine große Bedeutung, weil sie klimafreundliche Entscheidungen maßgeblich beeinflussen und durch Anreize fördern können. Diese Rahmenbedingungen haben die Aufgabe, Menschen und Umwelt zu schützen, marktwirtschaftliche Anreize für klimafreundliche Innovationen zu schaffen und eine gesunde Wirtschaft zu fördern, die im internationalen Wettbewerb weiter erfolgreich agieren kann. Darüber hinaus spiegeln politische Rahmenbedingungen die Ambitionen einer Regierung wider und können auch Vorbild für andere Länder sein.

Der Politik stehen dafür verschiedene Maßnahmen zur Verfügung. Sie kann mit Vorgaben, Standards und Verboten ein bestimmtes Verhalten vorgeben oder verbieten. Während Vorgaben wie Mindeststandards für den Energieverbrauch von Elektrogeräten, bestimmte Beimischungs- und Recyclingquoten sowie die Rücknahmepflicht von elektrischen Geräten wirkungsvolle Instrumente sind, die von Verbrauchern unterstützt werden, haben Verbote eher ein schlechtes Image. Sie werden häufig mit Bevormundung und Freiheitsberaubung in Verbindung gebracht, können aber durchaus sinnvoll sein, etwa beim Einbau von neuen klimaschädlichen Ölheizungen. Maßnahmen können auch das Vertrauen der Verbraucher zurückgewinnen, wie die neue Green-Claims-Richtlinie der EU, die von Unternehmen zukünftig verlangt, ihre Werbeaussagen transparent und nachweisbar zu formulieren, und so Greenwashing verhindern soll. Preisinstrumente wie Subventionen oder eine CO_2-Bepreisung sollen gezielt Anreize schaffen. Subventionen sind hauptsächlich Finanzspritzen oder Steuervorteile, die die heimische Wirtschaft (beispielsweise mit einem Industriestrompreis oder der kostenlosen Zuteilung von Emissionsrechten) stärken und das Land unabhängiger von Importen machen sollen. Sie dienen auch als Steuerinstrument, um bestimmte Ziele, wie den Ausbau der erneuerbaren Energien, erreichen zu können. Subventionen werden von vielen Experten jedoch kritisch gesehen, weil sie nicht nur die Steuerzahler belasten, sondern oft ein Gewöhnungseffekt eintritt. So leben die deutschen Bauern schon seit Jahrzehnten von Subventionen, die mittlerweile zum festen Bestandteil ihrer Gehälter geworden sind. Bei einem Wegfall wäre die Industrie kaum überlebensfähig. Auch die Gastronomie profitierte lange von der gesenkten Mehrwertsteuer, die als Coronaüberbrückungshilfe gedacht war, und protestierte lautstark, als sie schließlich wieder erhöht wurde. Darüber hinaus fehlt es oft an Bedingungen oder Gegenleistungen und an Transparenz bei der Vergabe von Subventionen. Viele Subventionen sind außerdem klimaschädlich, wie zum Beispiel für Stein- und Braunkohle, die sich trotz Kohleausstieg im Jahr 2022 immer noch auf 1,7 Milliarden Euro beliefen.[1] Allein der Wegfall von drei Subventionen im Verkehrssektor – der Energiesteuerbefreiung von Kerosin, der Steuervergünstigungen für Diesel und des Dienstwagenprivilegs – könnte insgesamt zusätzliche Steuereinnahmen von etwa 14,5 Milliarden einbringen. Eine Studie des Internationalen Währungsfonds ergab, dass die deutschen Subventionen für fossile Energieträger mit 70 Milliarden Euro pro Jahr knapp zwei Prozent der Wirtschaftsleistung betragen und damit immer noch sehr hoch sind.[2] Bei allen Subventionen sollte daher eingehend geprüft werden, ob sie weiterhin notwendig sind und ob sie befristet oder ersetzt werden können. Fragwürdig ist zum Beispiel, warum Fleischprodukte und Milch als sogenannte Grundlebensmittel von einem ermäßigten Mehrwertsteuersatz von nur sieben Prozent profitieren, während Milchersatzprodukte wie Hafer-, Mandel- und Sojamilch mit 19 Prozent versteuert werden. Ebenso werden Biolebensmittel nicht gefördert, obwohl sie der Erde sehr viel weniger Schaden zufügen.

Würden klimaschädliche Subventionen abgebaut, wäre mehr Geld für Förderprogramme für grüne Technologien, Innovationen und Forschung da. Der Net Zero Industry Act der EU ist solch ein Förderprogramm, das Umweltbelastungen verringern, Genehmigungsverfahren beschleunigen und grüne Technologien bei öffentlichen Ausschreibungen bevorzugen soll. Darüber hinaus könnten Programme für ökospezifische Forschung, für die Entwicklung einer Kreislaufwirtschaft und für Innovationen in der Ökolandwirtschaft stärker gefördert werden.

Mittelständische Unternehmen, Existenzgründer und private Haushalte könnten mit Zuschüssen unterstützt, klimafreundliche Sanierungsmaßnahmen angeregt und der Kauf von intelligenten Heizkörperthermostaten, E-Autos und Ladeinfrastruktur stärker gefördert werden.

Ein zentrales politisches Instrument, um klimafreundliches Verhalten zu fördern und klimaschädliches Verhalten zu verteuern, ist die CO_2-Bepreisung, die über den Emissionshandel und die CO_2-Steuer vorgenommen werden kann. Um die höheren Belastungen für heimische Unternehmen auszugleichen, wurde der Grenzausgleichsmechanismus beschlossen. Seit diesem Beschluss prüfen weitere Länder, darunter sogar Indien, eine Einführung eines CO_2-Preises nach EU-Vorbild. Für Privatpersonen ist eine aus den Einnahmen der CO_2-Bepreisung finanzierte Klimaprämie unausweichlich, um soziale Verwerfungen zu verhindern. Gerade Bürger mit geringem Einkommen zahlen anteilig sehr viel mehr von ihrem Einkommen für Heizen oder Autofahren als Bürger mit höherem Einkommen. Die Ärmeren würden von einer Pro-Kopf-Auszahlung der Klimaprämie daher überproportional profitieren.

Eine sehr subtile Art, Menschen zu mehr klimafreundlichem Verhalten zu motivieren, ist das sogenannte Nudging. Mit einem kleinen Anstoß und ohne große Anstrengungen werden Entscheidungen unbewusst positiv beeinflusst. So konnte ein australischer Supermarkt mit einer einfachen Kennzeichnung seiner Produkte entsprechend dem jeweiligen CO_2-Fußabdruck (grün für klimafreundlich, gelb für durchschnittlich und schwarz für klimaschädlich) die Kaufentscheidungen der Kunden maßgeblich beeinflussen. Die Käufe mit grünem Label konnten um acht Prozent gesteigert werden, während klimaschädliche Produkte 19 Prozent weniger gekauft wurden.[3] Darüber hinaus gibt es viele weitere Möglichkeiten: Verkleinern Kantinen die Tellergröße, kann die Lebensmittelverschwendung reduziert werden. Stehen vegetarische Gerichte weiter vorne auf der Speisekarte und sind sie bei Konferenzen als Standardessen angekreuzt, können Verkauf und Verbrauch gesteigert werden. Sehen Mieter ihren Energieverbrauch im Vergleich zu anderen, sind sie motivierter, Energie zu sparen. Und sind Radwege rot markiert, werden sie häufiger genutzt. Dies sind einige Beispiele, wie man mit einfachen, kostengünstigen Maßnahmen einiges bewegen kann.

Sehr wichtig sind internationale Zusammenarbeit und partnerschaftliche Forschung, ohne die der Klimawandel nicht erfolgreich bekämpft werden kann. Aufgabe des von den G7-Staaten gegründeten Klimaclubs ist es, die Pariser Klimaziele einzuhalten und die Industrie zu transformieren. Dafür werden gemeinsame politische Rahmenbedingungen und Mindeststandards definiert, Handelsbeschränkungen untereinander abgebaut und Strafzölle auf Nichtmitgliedsstaaten erhoben. Der Klimaclub hat mittlerweile 37 Mitgliedsländer, darunter auch Schwellenländer wie Thailand und Entwicklungsländer wie Kenia. Deutschland gilt international als einer der Vorreiter der Klimapolitik und könnte gemeinsam mit der EU, den USA und China ein starkes Klimaschutzbündnis bilden, sofern die USA ihre derzeitige klimafreundliche Politik weiterführen und China seinen Ankündigungen Taten folgen lässt. China ist zwar der weltweit größte Emittent von Treibhausgasen, will aber bis 2060 kohlenstoffneutral werden. Schon heute ist China führend im Ausbau erneuerbarer

Energien und will diese weiter massiv ausbauen, genauso wie seinen Emissionshandel. Auch wenn diese Länder wirtschaftlich stark konkurrieren, könnte eine gemeinsame Klimaallianz strengere Rahmenbedingungen schaffen, die andere Länder dazu bringen, mehr für den Klimaschutz zu tun. Deutschland kann außerdem als internationales Vorbild agieren und ärmere Länder, insbesondere ehemalige deutsche Kolonien, finanziell, technologisch und mit Fachwissen so unterstützen, dass ihr Wirtschaftswachstum unabhängig von fossiler Energie stattfinden kann.

Politische Rahmenbedingungen erfordern jedoch in erster Linie eine verlässliche politische Führung, die Planungssicherheit schafft. Gerade Unternehmen müssen sich darauf verlassen können, dass Versprechungen der Politik eingehalten und Maßnahmen frühzeitig angekündigt werden. Sowohl nationale als auch internationale Unternehmen vermissen in Deutschland eine klare Linie bei Zukunftsfragen und sind mittlerweile skeptisch gegenüber der politischen Stabilität.[4] Doch nur mit Stabilität und Verlässlichkeit kann sichergestellt werden, dass Investitionen getätigt und Strategien umgesetzt werden können. Neue Gesetze und Vorgaben sollten schlank aufgesetzt werden, um zusätzliche Bürokratie zu vermeiden. Und niemand sollte unter zusätzlichen Belastungen so leiden, dass er oder sie sich zurückgelassen fühlt. Kompensation und sozialer Ausgleich sind genauso wichtig wie eine klare und transparente Kommunikation, die Akzeptanz schafft. Soziale Akzeptanz erreicht man durch ein glaubwürdiges und Vertrauen schaffendes Auftreten und über ein starkes Narrativ, das die Menschen abholt und mitnimmt auf eine Reise in eine lebenswerte Zukunft. Für alle muss klar werden, dass Klimaschutz unseren Wohlstand sichert und neue Jobs hervorbringt. Daher sollten Klimawandel und Klimaschutz fester Bestandteil des Schulunterrichts werden. Kinder und Jugendliche werden am meisten unter dem Klimawandel leiden und sollten daher frühzeitig aufgeklärt werden.

2 Ein starkes politisches Narrativ

Die letzten Jahre sind geprägt von multiplen Krisen. Viele Menschen sind müde von den negativen Nachrichten, machen sich Sorgen um ihre Zukunft, fürchten finanzielle Verluste und sozialen Abstieg und sind daher nicht offen und bereit, ihr derzeitiges Verhalten für ein besseres Klima einzuschränken oder zu verändern. Viele fragen sich auch, was die Umstellung des eigenen Verhaltens im Großen und Ganzen überhaupt bewirken kann. Rechtspopulisten nutzen diese Situation geschickt aus und erzählen einfache Geschichten, die den Menschen vorgaukeln, es gäbe simple und schnell umsetzbare Lösungen für die aktuellen Herausforderungen. Viele Bürger fühlen sich dadurch angesprochen und glauben an die naiven Handlungsansätze, obwohl die Geschichten auf Angstmacherei, Einschüchterung und Fake News basieren, die die Wahrheit verdrehen und unwahre Erzählungen verbreiten. Die große Herausforderung für die Politik liegt nun darin, es zu schaffen, eine positive Zukunftsgeschichte zu erzählen. Bisher ist dies nicht gelungen. Stattdessen setzt die Politik, vor allem die immer konservativer und populistischer werdende Opposition, auf die Themen der Rechtspopulisten, die sich dadurch in ihren Inhalten bestätigt sehen. Der klimafreundliche Wandel wird auf diese Weise stark ausgebremst.

Wir brauchen eine positive Erzählung für unsere Zukunft, an die die Menschen glauben und an der sie sich orientieren können. Damit solch eine Geschichte überhaupt entstehen kann, müssen Menschen gehört und Sorgen verstanden werden. Nur ein starkes Narrativ einer lebenswerten, erfolgreichen und nachhaltigen Zukunft in Freiheit, in der niemand zurückgelassen wird, kann die Menschen in ihrer jetzigen Situation abholen. Dieses Narrativ muss einfach, verständlich, glaubwürdig und emotional sein. Eine Gesellschaft erreicht man nicht ausschließlich durch Fakten und Argumente, sondern mit emotionalen Erzählungen und Visionen, die ein Zusammengehörigkeitsgefühl hervorrufen. Die meisten Menschen streben nach Zugehörigkeit und wollen an etwas Größerem und Sinnstiftendem beteiligt sein. Das Narrativ sollte unbequeme Wahrheiten so kommunizieren, dass gleichzeitig Chancen, Lösungen und Handlungsansätze aufgezeigt werden, weil wir den Glauben der Gesellschaft in die Zukunftsfähigkeit der Politik brauchen. Dieser Glaube entsteht durch fachliche Kompetenz, sachlich geführte Diskussionen und glaubwürdige Kompromisse, aber auch durch Zuverlässigkeit, Transparenz und Ehrlichkeit der Politiker. Wie bei börsennotierten Unternehmen steigt so der Wert der Politik. Auch Unternehmen werden vor allem anhand ihrer Zukunftsfähigkeit bewertet, die maßgeblich durch die Visionen und Geschichten der Vorstände geprägt wird. Je besser verständlich und je einleuchtender die Visionen sind, desto eher wird ihnen geglaubt und in die Unternehmen investiert.

Es ist daher besonders wichtig, dass die Politik ehrlich und verständlich darüber aufklärt, wie es unserer Erde tatsächlich geht, wie dringend wir handeln müssen, vor welchen Herausforderungen wir stehen und welche ökologischen Folgen und Folgekosten auf uns zukommen, wenn wir weitermachen wie bisher. Klimaschutz wird von konservativen Parteien häufig als Lieblingsthema der Grünen bezeichnet und damit abgewertet. Klimaschutz sollte aber für alle Parteien höchste Priorität haben. Die Politik sollte den Menschen klarmachen, dass Klimaschutz neue Jobs hervorbringt und unseren Wohlstand sichert. Es liegt in ihrer Verantwortung, darüber aufzuklären, was getan werden muss, um das Ziel der Klimaneutralität zu erreichen. Vorhandene wissenschaftliche Erkenntnisse sollten eine transparente Grundlage für einen klar und verständlich formulierten Fahrplan bilden, der den Bürgern die politischen Optionen aufzeigt und notwendige, auch unpopuläre Maßnahmen frühzeitig ankündigt. Politische Entscheidungen können sehr viel besser nachvollzogen werden, wenn sie ehrlich und transparent kommuniziert werden. Zu einem ehrlichen Umgang mit den Bürgern gehören auch transparente Lobbyregelungen, die den Einfluss mächtiger Lobbys beschränken oder ihn zumindest offenlegen und der Gesellschaft ermöglichen, sich über potenzielle Verflechtungen zu informieren. Wir brauchen eine starke Politik, die unabhängig von den vielen Begehrlichkeiten der Industrie ihre eigene Meinung bildet. Die Öffentlichkeit sollte regelmäßig darüber informiert werden, welche Branche aus welchen Gründen wie viele Subventionen erhält, welche Energieträger mit welchen finanziellen Mitteln unterstützt werden und welche Nahrungsmittel tatsächlich nachhaltig und gesund sind. Ein starkes politisches Narrativ sollte die Interessen der Wirtschaft kennen und alles dafür tun, wirtschaftliche Herausforderungen zu lösen. Gleichzeitig sollte sie ihre eigene Agenda verfolgen und nicht auf die Erzählungen der Industrie aufbauen, die meist von Eigeninteresse und Gewinnmaximierung gesteuert werden.

Menschen sollten außerdem die Möglichkeit haben, ihre Gedanken und Ideen aktiv einzubringen, weil die Einbeziehung der Gesellschaft in die Gestaltung und Umsetzung der Klimapolitik die Erfolgsaussichten erhöht. Je mehr Menschen eingebunden werden und Teil der Entwicklung und Ausgestaltung sind, desto stärker sind das Zusammengehörigkeitsgefühl innerhalb der Bevölkerung und der Glaube, an etwas Größerem mitwirken zu können. Werden Maßnahmen von der Politik einfach »von oben« festgelegt, ohne die Meinung der Bürger einzuholen oder sie an Entscheidungen mitwirken zu lassen, erzielt man automatisch mehr Reaktanzen. Ein geeignetes Mittel für die Einbindung der Bevölkerung sind die bereits erprobten Bürgerräte. Bürgerräte gibt es über Landesgrenzen hinweg, zum Beispiel auf EU-Ebene oder global, und in Deutschland auf nationaler und regionaler Ebene. Diese per Losverfahren zusammengestellten Räte werden zur Bearbeitung verschiedener Sachfragen hinzugezogen und sollen für ihre Auftraggeber Handlungsempfehlungen ableiten, die in moderierten Diskussionsrunden demokratisch entwickelt werden. Bei der Zusammenstellung der Bürgerräte wird darauf geachtet, einen Querschnitt der Bevölkerung abzubilden, sodass die Ergebnisse die Meinung der Gesamtbevölkerung repräsentieren. In Deutschland gibt es nationale Bürgerräte zu Themen wie Bildung, Forschung, Demokratie, künstliche Intelligenz sowie zu Klima und

Ernährung. Weitere gibt es in den Bundesländern und Kommunen, wie zum Beispiel den Klima-Bürgerrat in Berlin, den Bürgerrat Klimaschutz im Saarland oder das Dialogforum Wasser und Boden in Baden-Württemberg. Der erste vom Bundestag einberufene Bürgerrat zum Thema »Ernährung im Wandel« präsentierte Anfang 2024 seine Ergebnisse, welche (wie weiter oben schon beschrieben) von der Industrie und den Oppositionsparteien teilweise stark kritisiert wurden. Hier wird auch die Schwachstelle der Bürgerräte deutlich: Sie können lediglich Empfehlungen aussprechen, haben aber keine Entscheidungsbefugnis. Eine große Gefahr besteht darin, dass die Bürger mit solchen Initiativen zwar eingebunden werden, die Politik den Empfehlungen aber nicht folgt, weil sie unpopuläre Maßnahmen erfordern oder weil Lobbyverbände mit aller Kraft dagegenwirken. Auf Dauer spüren die Bürger jedoch sehr deutlich, ob ihr Einfluss etwas bewirken kann oder nicht. Falls nicht, wird eher das Gegenteil des eigentlichen Vorhabens, die Bürger stärker einbinden zu wollen, erreicht und somit schnell zu Demotivation und Politikverdrossenheit führen. Daher ist es sehr wichtig, die Empfehlungen der Bürgerräte in den entsprechenden Gremien ernsthaft weiter zu diskutieren und zumindest Teile davon umzusetzen.

Die Politik sollte bürgerliche Initiativen nicht nur begrüßen und unterstützen, sondern auch Mut und Lust auf die Zukunft machen. Mit positiven Geschichten erreicht man langfristig einen stärkeren Zusammenhalt als mit negativen Erzählungen, die Angst machen. Während Angst lähmt, kann Optimismus motivieren und Energien freisetzen. Gerade in der heutigen Zeit, die von geopolitischen und gesellschaftlichen Krisen geplagt ist, fehlen Geschichten, die ein positives Zukunftsbild malen. Statt ausschließlich die Probleme der Gegenwart zu adressieren, erreicht man Menschen, die sich nach einer besseren Zukunft sehnen, mit optimistischen und vorwärtsgerichteten Botschaften. Nicht alles, über das gemeckert wird, ist schlecht. Deutschland hat in Sachen Klimaschutz, wie alle Länder der Erde, in der Vergangenheit zwar eindeutig nicht genug getan, aber dennoch hat das Land einiges erreicht, und die Regierung kann stolz sein auf diese Errungenschaften. Die Treibhausgasemissionen gehen schon seit 1990 zurück. Und der Anteil der erneuerbaren Energien liegt bei der Stromerzeugung mit über 50 Prozent so hoch wie nie in Deutschland. Es gibt also viel Positives, auf das wir aufbauen können.

Wir sollten uns alle die Frage stellen, wo wir uns als Land hin entwickeln wollen. Wie wollen wir in Zukunft miteinander leben, wie sollen unsere Städte aussehen, wie wollen wir uns auf dem Land fortbewegen? Was brauchen wir dafür, und wie kommen wir dorthin? Wollen wir Bäume sehen, wenn wir aus dem Haus heraustreten, oder ein parkendes Auto? Dabei sollten alle drei Dimensionen der nachhaltigen Entwicklung, die Umwelt, die Wirtschaft und das Soziale,

Die drei Dimensionen der Nachhaltigkeit

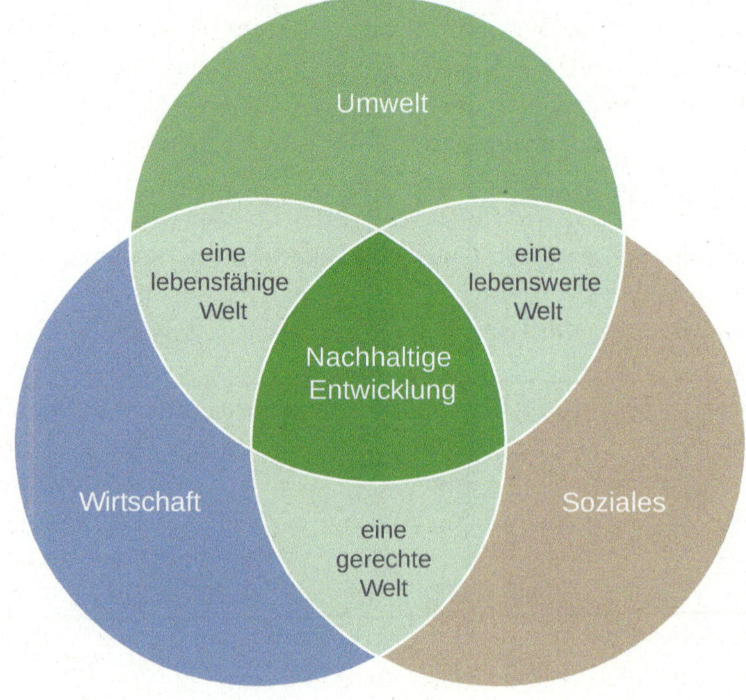

Eigene Darstellung

berücksichtigt werden. Nur das Zusammenspiel dieser drei Dimensionen führt zu einer lebensfähigen, lebenswerten und gerechten Welt. Die täglichen Diskussionen drehen sich leider oft um Verzicht und Einschränkungen, sodass sich Menschen gemaßregelt fühlen: Sie sollten weniger Auto fahren, keine Langstreckenflüge mehr antreten und kein Fleisch mehr essen. Übermäßiges Heizen und langes Duschen sind ebenfalls verpönt. Dabei geht es längst um sehr viel mehr. Nicht um Verzicht, sondern um zukunftsfähige und pragmatische Lösungsansätze. Es geht um Verantwortungsbewusstsein, um eine grundlegende Reflexion unseres Konsum- und Essverhaltens und um ein anderes Verständnis von Wachstum. Nachhaltigkeit bedeutet, nicht weniger zu haben, sondern die besseren Entscheidungen zu treffen. Sobald dieses Zukunftsbild formuliert ist und von der Gesellschaft verstanden und mitgetragen wird, lassen sich daraus viele sinnvolle Maßnahmen ableiten, die von den Menschen akzeptiert und gelebt werden. Denn die große Mehrheit der Bevölkerung hat großes Interesse daran, in einer Zukunft zu leben, die nachhaltig, lebenswert und gerecht ist.

3 Verantwortungsvolle Unternehmen

Genauso wichtig für unsere Gesellschaft wie die Politik sind die Unternehmen. Sie sind nicht nur Arbeitgeber für viele Menschen und halten unsere Wirtschaft am Laufen, sondern sie haben eine besondere Vorbildfunktion, die auch ihr gesellschaftspolitisches Engagement umfasst. Diese Unternehmensverantwortung (Corporate Social Responsibility, CSR) wurde schon mit der zunehmenden Globalisierung und den damit einhergehenden Herausforderungen (wie Kinderarbeit und Armut) immer wichtiger. Durch gesellschaftliche Trends (wie Klima- und Technologiewandel, Digitalisierung sowie das kritische Hinterfragen von Systemen) haben Unternehmen nicht mehr nur die Aufgabe, Gewinne zu erwirtschaften, sondern auch die Verantwortung, einen gesellschaftlichen Mehrwert zu erzielen und unsere Gesellschaft weiterzuentwickeln. Sie tragen die Konsequenzen ihres Handelns und Nichthandelns nicht nur auf das direkte Geschäft bezogen, sondern müssen immer häufiger Rechenschaft ablegen, wie sich ihre Aktivitäten auf die Umwelt und das Gemeinwesen auswirken. Obwohl die letzten Jahre von verschiedenen Krisen geprägt waren und für viele Unternehmen das wirtschaftliche Überleben im Vordergrund stand, wird das Thema Nachhaltigkeit, besonders der Klimaschutz mit der Dekarbonisierung und der Übergang zur Kreislaufwirtschaft, immer wichtiger und als eine der Prioritäten angesehen. Mehr als die Hälfte der deutschen Unternehmen verankert Nachhaltigkeit bereits auf der Vorstandsebene.[5] Allerdings ist das Thema bei nur wenigen Unternehmen voll und ganz etabliert. Durch die Klimakrise werden die Aktivitäten von Unternehmen in der Öffentlichkeit aber noch stärker verfolgt, bewertet und kritisiert, sodass ihre Verantwortung weiter steigt. Ihr Geschäftsmodell sollte daher grundsätzlich verantwortungsvoll gestaltet sein. Dazu gehören faire Geschäftspraktiken, ein umweltfreundlicher Einsatz von Ressourcen, eine mitarbeiterorientierte Personalpolitik, die Einhaltung von Menschenrechten entlang der Lieferkette und soziales Engagement. Hier würde es sehr helfen, wenn Unternehmen die Vergütung des Vorstands und des mittleren Managements (zum Beispiel in der Form von Boni) mit der Erreichung von Nachhaltigkeitszielen verknüpfen. Dies ist bei 72 Prozent der Unternehmen nicht der Fall. Unternehmen werden in Zukunft aber nur dann erfolgreich sein, wenn sie nachhaltige Innovationen entwickeln, wirtschaftlich profitabel sind und einen positiven Einfluss auf die Gesellschaft und unsere Umwelt haben.

Um Verantwortung und Nachhaltigkeit in der Wirtschaft zu etablieren, haben internationale Organisationen Leitlinien entwickelt. Der UN Global Compact ist ein Zusammenschluss von Unternehmen, die sich freiwillig verpflichten, nach zehn Prinzipien (in den Bereichen Menschenrechte, Arbeitnehmerrechte, Umweltrechte, Korruptionsbekämpfung) zu handeln. Mit mehr als achttausend Unternehmen aus 162 Ländern brachte die Initiative einen großen Schub. Das

Thema CSR nimmt seitdem in Politik und Öffentlichkeit immer mehr Fahrt auf. Seit 2017 müssen große deutsche kapitalmarktorientierte Unternehmen sowie Banken und Versicherungen neben der Finanzberichterstattung eine sogenannte nichtfinanzielle Erklärung in Bezug auf Umwelt-, Menschen-, Arbeitnehmerrechte und Korruption nach dem CSR-Richtlinie-Umsetzungsgesetz (CSR-RUG) abgeben. Seit 2023 gilt der neue einheitliche europäische Berichtsstandard »Corporate Sustainability Reporting Directive« (CSRD)[6] für alle an der Börse gelisteten Unternehmen und Großunternehmen, die zwei von den folgenden Merkmalen erfüllen: Die Bilanzsumme beträgt mindestens 20 Millionen Euro, die Nettoumsatzerlöse betragen mindestens 40 Millionen Euro, und das Unternehmen hat mindestens 250 Beschäftigte. Mit der CSRD erhalten die Nachhaltigkeitsinformationen den gleichen Stellenwert wie die Finanzberichterstattung. Im Jahr 2026 wird die nichtfinanzielle Berichterstattung auch für alle börsennotierten kleinen und mittleren Unternehmen, mit Ausnahme von Kleinstunternehmen, zur Pflicht und 2027 zusätzlich für große Unternehmen aus Drittländern mit Tochterunternehmen oder Zweigniederlassung in Deutschland. So wird die Berichtspflicht auch für kleinere mittelständische Unternehmen relevant, da sie Teil der Wertschöpfungskette größerer Unternehmen sind.

Aufgrund dieser rechtlichen Rahmenbedingungen sind immer mehr Unternehmen dazu verpflichtet, einen Nachhaltigkeitsbericht zu erstellen. In der Vergangenheit wurden die Berichte allerdings noch nicht geprüft, daher war das Fenster für Selbstmarketing recht groß, und ein ernsthaftes Bemühen stand nicht immer an erster Stelle. Immerhin werden die Nachhaltigkeitsberichte vom Institut für ökologische Wirtschaftsforschung (IÖW) bewertet und schon seit 1994 in einer Rangliste aufgeführt.[7] Das aktuelle Ranking aus dem Jahr 2021 führt die Deutsche Telekom, die Rewe-Gruppe und Merck auf den ersten Plätzen bei Großunternehmen. Bei den kleinen und mittelgroßen Unternehmen sind Assmann, Lebensbaum und Neumarker Lammsbräu führend. Mit Einführung der CSRD muss der Nachhaltigkeitsbericht mittlerweile von einem Wirtschaftsprüfer testiert werden, wobei die Prüfungstiefe zunächst limitiert ist. Für die Berichterstattung standen bisher verschiedene Standards zur Verfügung. Der weltweit wichtigste und auch in Deutschland meistgenutzte ist die Global Reporting Initiative (GRI), die international anerkannte Indikatoren und Leitfäden enthält. Der Deutsche Nachhaltigkeitskodex (DNK) ist weniger komplex und daher bei kleineren Unternehmen mit kürzeren Wertschöpfungsketten beliebt. Der wissenschaftlich basierte »Corporate Net Zero Standard« zeigt Unternehmen mit den sogenannten Science based Targets einen klaren Fahrplan auf, wie sie

European Sustainability Reporting Standards (ESRS)

Übergreifende Standards	
Allgemeine Grundsätze u. Vorgehen (ESRS 1)	Allgemeines, Strategie, Governance u. Bewertung der Wesentlichkeit (ESRS 2)

Thematische, branchenunabhängige Standards		
Umwelt (E)	Soziales (S)	Governance (G)
Klimawandel (ESRS E1)	Eigene Belegschaft (ESRS S1)	Geschäftspraktiken (ESRS G1)
Umwelt-verschmutzung (ESRS E2)	Arbeitskräfte in der Wertschöpfungskette (ESRS S3)	
Wasser- u. Meeresressourcen (ESRS E3)	Betroffene Gemeinschaften (ESRS S4)	
Biodiversität u. Ökosysteme (ESRS E4)	Verbraucher u. Endnutzer (ESRS S4)	
Ressourcennutzung u. Kreislaufwirtschaft (ESRS E5)		

EFRAG (2023) / eigene Darstellung

das Ziel erreichen, möglichst schnell auf Netto-Null-Emissionen zu kommen. Die CSRD schreibt nun mit den sogenannten Sustainability Reporting Standards (ESRS)[8] eine verbindliche Struktur für Nachhaltigkeitsberichte vor, die sich an der GRI orientiert. Hier gibt es zwei bereichsübergreifende und zehn thematische, branchenunabhängige Standards für die Bereiche Umwelt, Soziales und Governance.

Um die größten Hebel eines Unternehmens aus den verschiedenen Nachhaltigkeitsbereichen und die damit verbundenen Handlungsfelder bestimmen zu können, wird zunächst eine verpflichtende Wesentlichkeitsanalyse durchgeführt. Dabei gilt das Prinzip der doppelten Wesentlichkeit, bei dem nicht nur die Auswirkungen des Klimawandels auf das Unternehmen (finanzielle Wesentlichkeit) berücksichtigt wird, sondern auch die Auswirkungen der Unternehmenstätigkeiten auf das Klima (ökologische und soziale Wesentlichkeit). Auch eine Stakeholderanalyse ist verpflichtend. Hierbei werden zwei Interessengruppen identifiziert: Stakeholder, die den größten Einfluss auf das Unternehmen haben, und Stakeholder, auf die das Unternehmen den größten Einfluss hat. Daraufhin werden jeweils deren Erwartungen und Anforderungen ermittelt. Die Prioritäten des Unternehmens werden durch die Wesentlichkeitsanalyse identifiziert und die wichtigsten Handlungsfelder ermittelt, die zum einen eine hohe Bedeutung für das Unternehmen haben und zum anderen für die Stakeholder. Diese Analysen ermöglichen es, Nachhaltigkeitsziele festzulegen, die eigene Performance zu messen und vor allem transparent zu berichten, auch mit dem Ziel, ein gemeinsames internes und externes Verständnis für Nachhaltigkeitsthemen zu schaffen.

Eine weitere Regulierung für die Einhaltung von Menschenrechten, wie Umweltschutz, Schutz vor Kinder- oder Zwangsarbeit und das Recht auf faire Löhne, traf Anfang 2024 mit dem Lieferkettensorgfaltspflichtengesetz für Unternehmen mit mindestens 1.000 Beschäftigten in Kraft. Damit ist ein Unternehmen nicht nur für seine eigenen Aktivitäten verantwortlich, sondern trägt auch die Sorgfaltspflicht für das Handeln eines Vertragspartners und das Handeln weiterer (mittelbarer) Zulieferer entlang der gesamten Lieferkette.

Prinzip der doppelten Wesentlichkeit

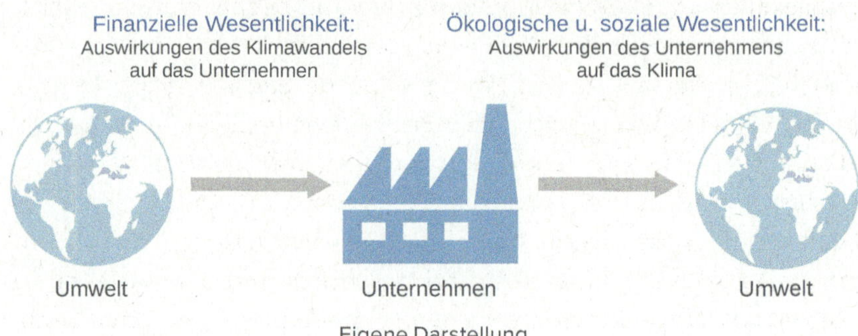

Eigene Darstellung

Für Unternehmen bedeuten die zusätzliche Berichterstattung und neu hinzukommende Regularien enormen Aufwand. Die Themen sind gerade für kleinere und mittelgroße Unternehmen relativ neu, sodass sie sich erst mühsam einarbeiten und beraten lassen sowie Verantwortliche und Beauftragte gefunden und eingearbeitet werden müssen. Große Unternehmen können sich Nachhaltigkeitsmanager leisten, kleinere eher nicht. Die Berichterstattung erfordert eine große Menge an Daten, die gesammelt und bereinigt werden müssen. Das alles kostet viel Zeit. Darüber hinaus sehen Unternehmen großen Aufholbedarf bei der Definition von klaren Nachhaltigkeitszielen und haben Schwierigkeiten bei der Zusammenführung ihrer Daten. Trotz alledem geht eine große Mehrheit der Unternehmen davon aus, dass das Thema Nachhaltigkeit in den nächsten fünf Jahren stärker in den Kern der Wertschöpfung rücken und zu einem wichtigen Wettbewerbsvorteil werden wird.[9]

Trotz der Herausforderungen gibt es viele Unternehmen, die der Nachhaltigkeit sehr positiv gegenüberstehen und bereits früh angefangen haben, umweltfreundlicher zu wirtschaften. Gerade Unternehmen, die stark in der Öffentlichkeit stehen, spüren immer stärkeren Druck der Gesellschaft und verschiedener Interessengruppen, glaubwürdig nachhaltig zu handeln. Stakeholder wie Kunden, Gesellschafter,

Auftraggeber, aber auch die eigenen Mitarbeiter erwarten ernsthafte Anpassungs- und Veränderungsprozesse und beobachten die Aktivitäten der Unternehmen sehr genau. Leider wird sehr häufig die PR- und Marketingmaschinerie genutzt, um die eigenen Produkte und Dienstleistungen in einem »grüneren« Licht erscheinen zu lassen, anstatt sich konsequent und zielorientiert mit einer nachhaltigen Weiterentwicklung des Geschäfts zu befassen. Mit dem sogenannten Greenwashing wird dabei oft nur ein kleiner Ausschnitt eines ansonsten umweltschädlichen Produktes beworben, oder es kommt zu vagen und unklaren Aussagen, die der Kunde nicht einordnen kann. Häufig werden Produkte mit dem Label »klimaneutral« beworben, welches grundsätzlich irreführend ist. Denn klimaneutral kann jedes Produkt werden, wenn die errechneten und häufig zu niedrig angesetzten Emissionen des Produkts über Kompensationsprojekte (wie zum Beispiel Aufforstungsprojekte) ausgeglichen werden. Unternehmen sollten zunächst versuchen, ihre entstehenden Emissionen zu vermeiden und zu reduzieren, und Kompensationsprojekte nur zum Ausgleich unvermeidlicher Emissionen einsetzen. Viele Unternehmen bedienen sich jedoch der Klimaschutzprojekte, um schneller, günstiger und bequemer »klimaneutral« zu werden, statt die eigenen Produkte und Produktionsprozesse umzustellen. Der Nutzen der Klimaschutzprojekte ist darüber hinaus höchst fraglich. Wissenschaftler haben in sechs Ländern auf drei Kontinenten untersucht, welchen Nutzen die Waldschutzprojekte zum Ausgleich von CO_2-Emissionen tatsächlich haben. Wie die Forschenden feststellten, reduzieren die meisten Projekte die Entwaldung nur in geringem Maße, und die wenigen Projekte, die mehr beitragen, weisen wesentlich geringere Vorteile auf, als behauptet wird.[10] Die große Herausforderung besteht darin, dass es (noch) keinen regulierten Markt für CO_2-Kompensationen gibt und der private Emissionshandel auf freiwillige Angaben setzt. Dadurch ist es relativ einfach, Kompensationsprojekte anzubieten und mit Zertifikaten zu handeln. Die EU hat das Problem erkannt und will die Nachhaltigkeitslabels unter staatliche Obhut stellen, womit zukünftig jedem Label ein anerkanntes Zertifizierungssystem zugrunde liegen soll. Unternehmen sollten sich spätestens dann darauf konzentrieren, ihre Gewinne von vornherein umwelt- und auch sozialverträglich zu erwirtschaften, statt die Gewinne ausschließlich in Umweltprojekte zu investieren.

Viel erfolgversprechender als grüne Labels oder Greenwashing und auch Indikator für langfristigen Erfolg in einem wettbewerbsintensiven und dynamischen Geschäftsumfeld ist die Innovationsfähigkeit eines Unternehmens. Studien zeigen eine positive Korrelation zwischen Innovation und der Rentabilität einer Organisation.[11] Fühlen sich die Mitarbeiter wertgeschätzt, involviert und inspiriert und empfinden sie eine psychologische Sicherheit, dann sind sie bereit, Risiken einzugehen. Wenn sie Raum dafür bekommen, kreativ zu sein, können aus dem Inneren des Unternehmens von jedem einzelnen Mitarbeiter Impulse und Innovationen entstehen. Dabei sind die individuelle Wertschätzung und Förderung wichtig, da Mitarbeiter unterschiedliche Stärken und Bedürfnisse haben und dadurch verschiedene Führungsstile brauchen. Mitarbeitenden sollte die Freiheit gegeben werden, eigene Ideen und Ansätze zu kommunizieren und weiterzuentwickeln. Außerdem sollte es ein hohes Maß an Transparenz geben, um es anderen Mitarbeitenden zu ermöglichen, auf den Ideen anderer aufzubauen. So kann aus einer kleinen Idee am Ende eine Innovation werden. Haben Mitarbeitende den Eindruck, dass sie einen Impact haben (können), empfinden sie eine höhere Selbstverwirklichung, Identifikation und berufliche Erfüllung, die wiederum durch weniger Krankheitstage etc. auch dem Unternehmen zugutekommt.

Immer mehr Geschäftsgründer starten neue Geschäftsmodelle für ein besseres Gemeinwohl und einen positiven Wandel der Gesellschaft. Diese sogenannten Social Entrepreneurs oder Green Start-ups integrieren Nachhaltigkeit tief in ihre Geschäftsstrategie und -prozesse und fokussieren sich neben dem klassischen Unternehmertum auf gemeinwohlorientiertes Engagement. Dabei richten sich ihre Innovationen auf die Herausforderung der Klimakrise oder auf die

Lösung von sozialen Problemen. Ihr Ziel ist es weniger, komplette Marktanteile zu übernehmen, sondern positiven Einfluss auf die Gesellschaft zu haben. So können sie als Pionierunternehmen eine Schlüsselrolle als Innovationstreiber einnehmen. Laut dem »Green Start-up Monitor 2023« liegt der Anteil grüner Start-ups bei mittlerweile 35 Prozent.[12] Gerade für grüne Start-ups ist die Kapitalbeschaffung allerdings eine sehr große Herausforderung. Sie erhalten weniger Kapital als nicht-grüne Start-ups und werden seltener von sogenannten Business Angels (erfahrenen Unternehmern) unterstützt. Daher brauchen wir bessere Unterstützungs- und Finanzierungsangebote, die grüne Start-ups bei ihrem Vorhaben unterstützen, die Transformation in verschiedenen Branchen voranzutreiben.

4 Nachhaltige Investitionen

Gastbeitrag von Wilhelm Möller
(Head of Sustainability bei der HÖVELRAT Holding AG)

Die Wirtschaft hat eine große Hebelwirkung und kann mit ihren Aktivitäten eine verantwortungsvolle und nachhaltige Zukunft fördern. Insbesondere die Finanzwirtschaft spielt eine Schlüsselrolle im Übergang zu einer emissionsarmen und ressourcenschonenden Wirtschaft. Nachhaltige Investitionen von institutionellen, aber auch von privaten Anlegern können dabei eine große Rolle spielen, indem sie mit ihren Anlageentscheidungen nachhaltige Unternehmen unterstützen. Hierfür benötigt es allen voran ein effizientes Finanzierungssystem wie den kapitalmarktrechtlichen Rahmen des European Green Deal. Unter dem »Green Deal« vom Dezember 2019 sammeln sich finanzpolitische Maßnahmen, die das Ziel der EU, als erster Kontinent klimaneutral zu werden, unterstützen.[13] Diese sehen eine Mobilisierung von mindestens einer Billion Euro an nachhaltigen Investitionen bis 2030 vor. Neben der Verfügung von Geldern aus dem EU-Haushalt wurden aber auch die Voraussetzungen geschaffen, private Mittel gezielt lenken zu können.[14] Hiermit setzt die EU die Verpflichtung aus dem Pariser Klimaschutzabkommen um, die Finanzmittelflüsse in Einklang zu bringen mit einer »emissionsarmen und gegenüber Klimaänderungen widerstandsfähigen Entwicklung«.[15]

Aufgrund der Maßnahmen der europäischen Finanzwirtschaft und wahrscheinlich auch aufgrund eines stärkeren Klimabewusstseins und des Drucks in der Gesellschaft verläuft die Entwicklung der nachhaltigen Investitionen in Deutschland positiv. Das Volumen der nachhaltigen Publikumsfonds, Mandate und Spezialfonds beträgt 2022 insgesamt 476 Milliarden Euro und hat damit einen Anteil von 12,5 Prozent am deutschen Gesamtvolumen von 3,8 Billionen Euro.[16] In den USA ist der Anteil mit 12,6 Prozent (8,4 Billionen USD von insgesamt 66,6 Billionen USD) an nachhaltigen Investitionen ähnlich stark ausgeprägt.[17] Interessanterweise ist der Markt der nachhaltigen Geldanlagen in Deutschland weiter gewachsen, während das Gesamtvolumen aller Fonds und Mandate im Vergleich zum Vorjahr um zwölf Prozent rückläufig war.[18] Im Vorjahr, 2021, lag der Anteil der nachhaltigen Geldanlagen noch bei 9,4 Prozent. Vor allem die Publikumsfonds, die grundsätzlich jedem Anleger offenstehen, konnten stark zulegen.

Nachhaltige Investitionen in Deutschland (in Milliarden Euro)

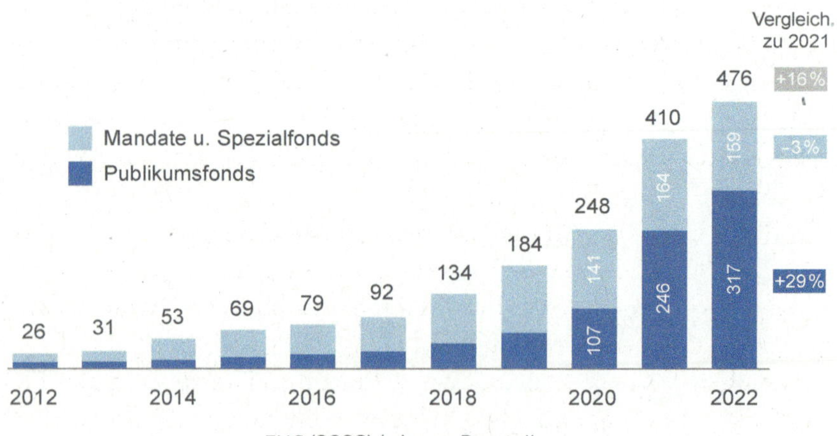

FNG (2023) / eigene Darstellung

Mandate und Spezialfonds, die nicht für die Öffentlichkeit konzipiert, sondern für spezielle institutionelle Anleger oder Anlegergruppen wie Stiftungen, betriebliche oder öffentliche Pensionsfonds, Kirchen oder auch Universitäten aufgelegt werden, waren dagegen mit einem Minus von drei Prozent zuletzt leicht rückläufig. Dies liegt wohl zum einen an einer Kombination aus geopolitischen Turbulenzen, Inflation und steigenden Zinsen und der daraus resultierenden verschobenen Schwerpunktsetzung, und zum anderen an fehlenden oder zu technischen Vorschriften und generellen Meinungsverschiedenheiten innerhalb des Green Deal.

Das häufigste Streitthema war das wohl wesentlichste Instrument im kapitalmarktrechtlichen Rahmen des Green Deal: die sogenannte Taxonomie für nachhaltige Investitionen. Sie ist das Klassifizierungssystem für nachhaltige Wirtschaftsaktivitäten in der EU, deren Verordnung Mitte 2020 in Kraft trat. Die Taxonomie versucht den abstrakten Begriff der Nachhaltigkeit für die Finanzmärkte zu definieren und »enthält die Kriterien zur Bestimmung, ob eine Wirtschaftstätigkeit als ökologisch nachhaltig einzustufen ist, um damit den Grad der ökologischen Nachhaltigkeit einer Investition ermitteln zu können« (Art. 1 Taxonomie-VO). Sie ist das rechtliche Rahmenwerk auch für weitere, darauf aufbauende Finanzierungsvehikel und richtet sich an Finanzmarktteilnehmer, die Finanzprodukte bereitstellen, Unternehmen, die verpflichtet sind, nichtfinanzielle Berichte zu veröffentlichen, und nicht zuletzt an EU-Mitgliedsstaaten und die EU selbst. Grundlage sind vier übergreifende Prinzipien, die wirtschaftliche Tätigkeiten erfüllen müssen, um als ökologisch nachhaltig eingestuft zu werden:

1. Sie müssen »wesentlich« zu mindestens einem der sechs in der Verordnung definierten Umweltziele beitragen.
2. Sie dürfen keine dieser Umweltziele erheblich beeinträchtigen (»Do No Significant Harm«-Prinzip).
3. Sie müssen die »technischen Evaluierungskriterien« erfüllen, die für jedes Umweltziel den »wesentlichen« Beitrag und die »erheblichen« Beeinträchtigungen festlegen.

4. Sie müssen mit einem »Mindestschutz« für Arbeitnehmer vereinbar sein.

Wirtschaftsaktivitäten sind nur dann als ökologisch nachhaltig zu klassifizieren, wenn sie eines der folgenden sechs Umweltziele anstreben:

- Eindämmung des Klimawandels
- Anpassung an den Klimawandel
- nachhaltige Nutzung von und Schutz der Wasser- und Meeresressourcen
- Übergang zu einer Kreislaufwirtschaft
- Verhütung und Bekämpfung der Umweltverschmutzung
- Schutz und Wiederherstellung der biologischen Vielfalt und der Ökosysteme.

Für jedes Umweltziel wurde ein technischer Katalog mit relevanten Wirtschaftstätigkeiten definiert. Diese technischen Kriterien waren in der Vergangenheit häufig Grund für Diskussionen unter den Mitgliedsstaaten. Medial prominent waren dabei die Pläne der EU-Kommission, Investitionen für neue Atomkraftwerke und deren Laufzeitverlängerungen unter bestimmten Bedingungen als nachhaltig zu deklarieren. So sind Atomkraftwerke zum Beispiel in Frankreich, Polen und den Niederlanden als nachhaltig klassifiziert, sofern die Anlagen den neuesten technischen Standards entsprechen, ein konkreter Plan für eine Entsorgungsanlage für spätestens 2050 vorliegt und eine entsprechende Baugenehmigung bis 2045 erteilt ist.

Ebenfalls strittig war die insbesondere von Deutschland gewünschte Deklarierung der Investitionen in Gaskraftwerke, die übergangsweise als nachhaltig eingestuft wurden, sofern die Anlagen eine bestimmte Menge an Treibhausgasemissionen nicht überschreiten und bis spätestens 2035 auch mit grünem Wasserstoff oder kohlenstoffarmem Gas betrieben werden können. Dass diese Einschätzung einer rechtlichen Prüfung nicht standhalten könnte, war Anlass für Klagen vor dem Europäischen Gerichtshof, da sowohl fossiles Erdgas als auch eine fehlende Recyclingfähigkeit von Atommüll gegen eine nachhaltige Kreislaufwirtschaft sprechen.[19] Mit einem Urteil ist allerdings nicht vor 2025 zu rechnen. Einigkeit besteht darin, dass für die Transformation in eine Kreislaufwirtschaft pragmatische Kompromisse eingegangen werden müssen. Wirtschaftsaktivitäten deshalb als nachhaltig zu definieren, hat die EU jedoch an Glaubwürdigkeit gekostet.

Neben dem Klassifizierungssystem für nachhaltige Wirtschaftsaktivitäten und den daraus resultierenden Berichtspflichten wurde auch der einheitliche Berichtsstandard, die schon beschriebene CSRD-Richtlinie mit den ESRS-Standards, geschaffen, um Fortschritte messbar und sichtbar zu machen. Die CSRD erweitert die vorher geltende NFRD und weitet ihren Anwendungsbereich deutlich aus, sodass die Zahl der berichtspflichtigen Unternehmen in der EU von 11.600 auf etwa 49.000 deutlich wachsen wird. Die CSRD soll bestehende Lücken schließen und die Nachhaltigkeitsberichterstattung insgesamt ausweiten. Unternehmen müssen fortan jährlich standardisiert im Jahresabschluss über wesentliche Nachhaltigkeitsaspekte berichten. Finanzmarktteilnehmer haben durch Taxonomie und CSRD eine bessere Transparenz und Vergleichbarkeit und können Unternehmen anhand ihres Beitrags zur Erreichung von Nachhaltigkeitszielen besser bewerten.

Hierbei haben sich unterschiedliche Anlagestrategien entwickelt. Die meisten Anleger achten bei der Auswahl von Geldanlagen auf bestimmte Ausschlusskriterien. So können zum Beispiel Unternehmen ausgeschlossen werden, die in den Bereichen Tabak, Alkohol, Waffen oder fossile Brennstoffe tätig sind. Ebenfalls beliebte Strategien sind die aktive Ausübung von Stimmrechten und ein direktes Engagement, mit dem Unternehmen zu nachhaltigem Verhalten und verantwortungsvoller Unternehmensführung aufgefordert werden können. Investoren können durch den Dialog mit Unternehmen und durch Einreichung von Anträgen auf Hauptversammlungen einen positiven Einfluss auf deren ESG (Umwelt-, Sozial- und Governance-) Praktiken ausüben und den Fortschritt der Maßnahmen sodann über die verpflichtenden Nachhaltigkeitsberichte bewerten. Der aktuelle Zuwachs der Gelder in genau diesen Anlagestrategien zeigt, dass die jüngsten Maßnahmen das nötige Vertrauen bei den Anlegern geschaffen haben. Investoren bevorzugen darüber hinaus Unternehmen, die starke ESG-Praktiken und -Standards haben und ihre Geschäftsprozesse dementsprechend ausrichten. Diese können sie mit der Anlagestrategie der ESG-Integration identifizieren, bei der Unternehmen, basierend auf den Daten der Taxonomie, anhand ihrer Leistung in den Bereichen Umweltschutz, soziale Verantwortung und Unternehmensführung bewertet werden.

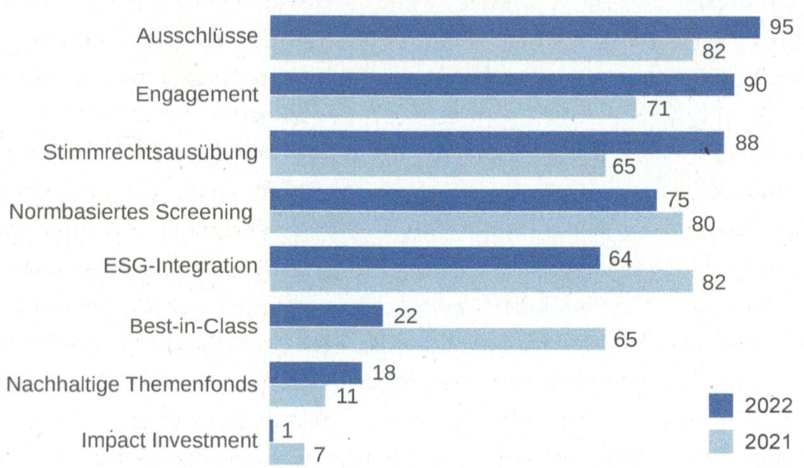

FNG (2023) Mehrfachnennungen möglich / eigene Darstellung

Beim normbasierten Screening werden Unternehmen ausgewählt, die international anerkannte Normen und Standards, wie beispielsweise die Prinzipien des UN Global Compact oder internationale Menschenrechtsstandards, vollumfänglich einhalten. Best-in-Class beschreibt eine Anlagestrategie, in der Investitionen in Unternehmen erfolgen, die innerhalb ihrer Branche oder Region führend in ESG- oder Nachhaltigkeitskriterien sind, unabhängig von der allgemeinen ESG-Performance. So können beispielsweise auch Rüstungswerte in einem nachhaltigen Anlageprodukt mit aufgenommen werden. Nachhaltige Themenfonds konzentrieren sich auf spezifische nachhaltige Themen, wie erneuerbare Energien, sauberes Wasser, Gesundheit oder Bildung.

Einen sehr geringen und im Vergleich zum Vorjahr weiter sinkenden Anteil an den nachhaltigen Anlagestrategien hat der Bereich des Impact Investment. Diese Investitionen unterstützen Unternehmen, Projekte oder gezielte Transformationsprozesse finanziell, die eine positive Wirkung auf Gesellschaft oder Umwelt haben, und können in verschiedenen Formen wie Eigenkapitalinvestitionen, Darlehen oder auch Anleihen erfolgen. Ende 2023 wurde mit dem EU-Green-Bond-Standard (EU-GBS) ein einheitlicher und europaweiter Rechtsrahmen für nachhaltige Anleihen (Green Bonds) verabschiedet. Green Bonds sind Anleihen, die von Unternehmen, Regierungen oder anderen Einrichtungen ausgegeben werden, um spezifische umweltfreundliche Projekte zu finanzieren wie beispielsweise die Einhaltung des Pariser Klimaschutzabkommens. Anleihen sind festverzinsliche Wertpapiere, welche über den Kapitalmarkt ausgegeben werden, um Kapital zu beschaffen. Alle Erlöse aus den EU Green Bonds müssen in Wirtschaftstätigkeiten investiert werden, die der EU-Taxonomie entsprechen, da der EU-GBS auf den vier Prinzipien und den sechs Umweltzielen der Taxonomie aufbaut. Der Rechtsrahmen des EU-GBS enthält auch ein Registrierungs- und ein Aufsichtssystem für externe Prüfer, sodass Unternehmen oder Staaten nachweisen können, legitime grüne Projekte zu finanzieren. Somit wird Greenwashing durch erhöhte Transparenz erschwert und das Vertrauen der Anleger in grüne Investitionen weiter gestärkt. In Deutschland ist zum Beispiel die staatliche Förderbank, die Kreditanstalt für Wiederaufbau (KfW), eine Institution, die regelmäßig grüne Anleihen ausgibt und damit eine Vielzahl von Projekten in den Bereichen Umweltschutz, erneuerbare Energien, Energieeffizienz, nachhaltige Infrastruktur und soziale Entwicklung finanziert und unterstützt.[20] Diese grünen Anleihen werden verwendet, um Kredite an Unternehmen, Kommunen oder andere Organisationen zu vergeben, die in umweltfreundliche Initiativen investieren.

Auch für Privatanleger spielen nachhaltige Finanzen bereits eine große Rolle. Ob beim Abschluss einer fondsgebundenen Rentenversicherung oder im Beratungsgespräch beim Finanzberater – überall werden Nachhaltigkeitspräferenzen abgefragt und Informationen über die nachhaltigen Auswirkungen eines Finanzprodukts ausgegeben. Durch die verstärkte Präsenz von Nachhaltigkeitsthemen stieg der Anteil der deutschen Privatanleger am Gesamtmarkt der nachhaltigen Investitionen von 36 Prozent in 2021 auf 45 Prozent in 2022 und liegt damit deutlich höher als bei konventionellen Anlagen, bei denen der Anteil der Privatanleger nur knapp 33 Prozent beträgt.[21] Deutsche Privatanleger sind im Nachhaltigkeitsmarkt auch deutlich stärker engagiert als Privatanleger in den USA, deren Anteil dort nur elf Prozent ausmacht. Seit 2021 können Privatanleger auf ein EU-Klassifizierungssystem für Finanzprodukte zurückgreifen, die Sustainable Finance Disclosure Regulation (SFDR). Diese besteht aus drei Kategorien, welche die Nachhaltigkeitsausrichtung von Finanzprodukten rechtlich kennzeichnen: Artikel 6 umfasst Produkte ohne explizite Nachhaltigkeitsausrichtung, während Artikel 8 Produkte mit typischen Nachhaltigkeitsrisiken, wie Investitionen in Rüstungs- oder Tabakkonzerne oder Verstöße gegen den UN Global Compact, enthält. In Artikel 9 finden sich Produkte mit nachhaltiger Ausrichtung, die bestimmte nachhaltige Ziele fördern. Zusätzlich müssen Finanzmarktteilnehmer und Finanzberater ihren Kunden spezifische Informationen zu den ESG-Kriterien und den Auswirkungen bereitstellen, wodurch die Identifizierung und Bewertung von Finanzprodukten für Anleger erleichtert wird. Dies fördert wiederum die Investitionen in nachhaltige Projekte und Unternehmen. Börsennotierte Unternehmen profitieren von Kapitalzuflüssen, einer breiten Aktionärsbasis und einem Reputationsgewinn, die ihre finanzielle Stabilität stärken und das Wachstum fördern. Investitionen von Privatanlegern sind auch eine Bestätigung an bereits nachhaltig wirtschaftende Unternehmen und ein Anreiz für Unternehmen, die sich in der Transformation befinden. Am Ende muss natürlich auch die Rendite stimmen. Eine Metastudie untersuchte einen potenziellen Renditevorteil von nachhaltigen gegenüber konventionellen Geldanlagen und kam zu dem Schluss, dass die Mehrheit der 2.000 unabhängigen Studien einen positiven Zusammenhang zwischen ESG-Kriterien und der finanziellen Performance der Unternehmen feststellen konnte.[22]

5 Technologische Innovationen

Für die Erreichung unserer Klimaziele sind vor allem eine erfolgreiche Energiewende und eine damit verbundene CO_2-Reduktion erforderlich. Dafür brauchen wir Technologien, die die Energiegewinnung effizienter machen und Wirkungsgrad, Speicherung und Transport der erneuerbaren Energien weiter verbessern. Allein damit werden wir die Energiewende aber nicht schaffen, weil wir nicht in der Lage sein werden, komplett auf Emissionen zu verzichten. CO_2-Emissionen können in der Zement- und Stahlindustrie sowie im Flugverkehr und im Schwerlasttransport nicht ganz vermieden werden, ebenso die Methanemissionen in der Landwirtschaft. Außerdem hat Kohlendioxid eine extrem lange Verweildauer in der Atmosphäre, die unserem Klima langfristig Schaden zufügt. Daher sind wir auf das sogenannte Geoengineering oder Climate Engineering angewiesen, auf Technologien, die in das natürliche Klima eingreifen. Diese Technologien werden viel und kontrovers diskutiert, weil längst nicht geklärt ist, wie gefährlich die Manipulation des Klimas tatsächlich ist und welche potenziellen Nebenwirkungen hervorgerufen werden können. Weltweit laufen viele Projekte zur Erforschung und Machbarkeit von Geoengineering, noch stecken die meisten Technologien aber in den Kinderschuhen. Die Methoden können in zwei Bereiche eingeteilt werden: Zum einen geht es um die aktive Beeinflussung der Sonnenstrahlung und zum anderen um eine Entnahme und Bindung von CO_2. Wie der Name schon sagt, zielt die Beeinflussung der Sonnenstrahlung (engl. Solar Radiation Management, SRM) darauf ab, die Sonnenstrahlen von der Erde abzulenken. So wird darüber diskutiert, das Rückstrahlvermögen (Albedo) von dunklen Flächen wie Dächern und Straßen zu erhöhen, indem sie weiß gefärbt werden und so das

Sonnenlicht besser reflektieren können. Diese Methode ist allerdings wenig effektiv und zudem sehr teuer. Methoden zur Aufhellung von Ozeanen, Wüsten und Wolken wurden viel diskutiert, mittlerweile aber aus unterschiedlichen Gründen kaum noch verfolgt.

Bei der Ausbringung von Aerosolen (zum Beispiel Sulfat) in die Stratosphäre dient ein Vulkanausbruch als Vorbild. Die eingebrachten Partikel sollen das einfallende Sonnenlicht reflektieren und so eine Abkühlung hervorrufen. Allerdings würde sich dadurch die Atmosphäre verdunkeln und nicht abschätzbare Risiken wie eine Verlagerung von Regengebieten und Anpassungsprobleme bei Tieren und Pflanzen damit einhergehen. Genauso schwierig gestaltet sich die Umsetzung von Installationen im Weltraum. Diskutiert werden verschiedene Möglichkeiten, spiegelnde Scheiben, Riesenspiegel, Aluminiumfäden oder Zonen aus Staubpartikeln in erdnahen Umlaufbahnen, zwischen Erde und Sonne oder auf dem Mond zu installieren. Hier sind sowohl die Machbarkeit (man braucht Spiegel, die Millionen von Quadratkilometern abdecken) als auch die Steuerbarkeit sehr fraglich, ganz zu schweigen von potenziellen Auswirkungen auf das Klima. Aufgrund der bestehenden Unsicherheiten, Risiken

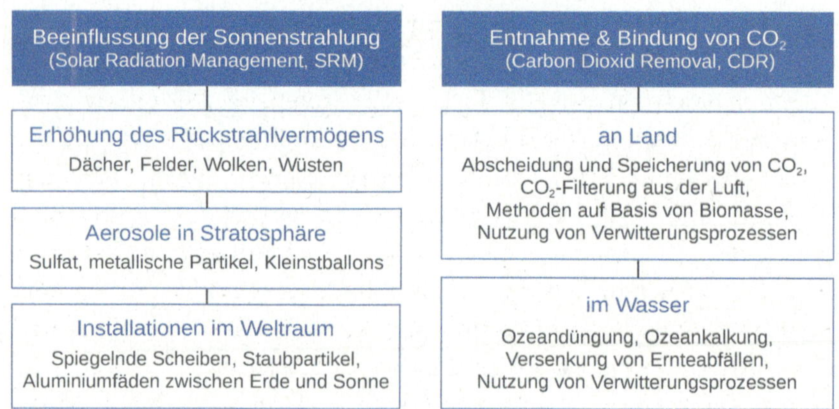

Eigene Darstellung

und Gefahren rät der Weltklimarat aktuell von den SRM-Methoden ab, und auch für die Bundesregierung stellen diese Technologien keine klimapolitische Option dar.[23]

Wie im Koalitionsvertrag vereinbart, arbeitet die Regierung jedoch an der Nutzung von Entnahmetechnologien (CDR), da die Netto-Treibhausgasneutralität bis zum Jahr 2045 nur mit Negativemissionen und den dafür notwendigen Technologien zu erreichen sei. Bei der Entnahme und Bindung von Kohlendioxid wird zwischen technischen und naturnahen Methoden unterschieden. Die naturnahen Methoden sollen die natürlichen Prozesse beschleunigen. So wird zum Beispiel der Verwitterungsprozess von Gesteinen genutzt, deren Minerale Kohlendioxid binden. Durch das Ausbringen von Gesteinspulver an Land oder im Meer kann die CO_2-Aufnahme verstärkt werden. Hierfür müssten allerdings milliardenfache Mengen an Gestein gewonnen und verarbeitet werden. Der natürliche Prozess von Pflanzen, die Kohlendioxid aufnehmen, kann ebenfalls genutzt werden, indem schnell wachsende Pflanzen zur Energieerzeugung verbrannt werden und das dabei entstehende Kohlendioxid herausgefiltert und gespeichert wird. Hierfür sind aber große Landflächen, viel Düngemittel und große Wassermengen notwendig. Auch die Ozeandüngung basiert auf natürlichen Prozessen. Ziel ist es, über Einbringung von Stickstoff, Phosphor und Eisen die Algen im Wasser zum Wachstum anzuregen, die dann über die Photosynthese Kohlendioxid in Form von Biomasse speichern. Erste Ansätze zeigen, dass die Algen sich aber nur kurzfristig vermehren und eine Tiefenspeicherung von Kohlendioxid nicht nachgewiesen werden kann. Zudem ist der Einfluss auf die Tier- und Pflanzenwelt unbekannt. Eine weitere naturnahe Idee ist die Versenkung von Ernteabfällen (wie Stroh) in die Tiefen der Ozeane, die dort aufgrund der Kälte und Sauerstoffarmut nicht so schnell zersetzt werden und damit das CO_2 länger binden können. Allerdings sind die Auswirkungen auf die Tiefsee nicht absehbar und der Transport der Abfälle bisher nicht berücksichtigt.

Eine Direktentnahme bei der Entstehung von CO_2 in der Industrie, zum Beispiel in Kohlekraftwerken, ist mit der CO_2-Abscheidung und -speicherung (CCS) möglich. Hier können Emissionen zum Beispiel aus den Abgasen von Kohlekraftwerken mit der »Direct Air Capture«-Methode entnommen und gespeichert werden. Idealerweise wird dafür ausschließlich grüner Strom verwendet, doch es ist ein extrem hoher Energieaufwand notwendig. Zurzeit ist die CSS-Technologie die einzige Technologie, die einigermaßen erprobt und einsetzbar ist. Norwegen speichert schon seit 1996 Kohlendioxid unterhalb des Meeresbodens, und Dänemark sieht vor, CO_2-Speicher neben der See auch an Land zu nutzen. Daher verfolgt auch das deutsche Wirtschaftsministerium die Idee eines CO_2-Endlagers auf hoher See. Trotzdem bleiben große Unsicherheiten, wie und wo das CO_2 überhaupt sicher gelagert werden kann. Die weltweiten Meinungen zum Geoengineering klaffen weit auseinander, da alle anderen der oben genannten Methoden noch nicht im größeren Stil erprobt sind. Die einen bezeichnen die Technologien als unverzichtbar, die anderen sprechen von Größenwahn. Für ein erfolgreiches Geoengineering werden auf jeden Fall globale Regulierungsmaßnahmen benötigt, die sicherstellen, dass keine irreparablen Schäden für uns Menschen und unsere Umwelt entstehen.

Sehr wichtige Bausteine beim Kampf gegen den Klimawandel sind neben den bereits erwähnten Technologien die digitalen Lösungen, das maschinelle Lernen und die künstliche Intelligenz (KI). In allen Industrien hat die Digitalisierung schon längst Einzug gehalten, allerdings mit einem starken Fokus auf Wirtschaftswachstum, Effizienz und Kostenreduzierung. Der Einsatz von Digitalisierung zur Erreichung der Klimaziele ist mehr als ausbaufähig. Dabei sind maschinelles Lernen und KI bei der Unterstützung gegen den Klimawandel und in der Klimaforschung bereits stark im Einsatz. Ereignisse wie Waldbrände, Ölverschmutzungen oder Landnutzungsänderungen können schnell aufgespürt werden, sodass Katastrophen schneller gesichtet werden und Einsatzkräfte gezielter handeln können. Satellitendaten können schnell ausgewertet und Vorhersagen getroffen werden. Darüber hinaus bieten digitale Technologien vielfältige Einsatzmöglichkeiten. Sie sind in der Lage, den Energieverbrauch zu senken, die Stromversorgung flexibel zu gestalten und Emissionen zu reduzieren. Wärmepumpen können zum Beispiel genau dann anspringen, wenn günstiger Strom aus erneuerbaren Energien zur Verfügung steht. KI kann mittels einer Schadensanalyse den Ressourcenverbrauch bei der Produktion senken und mit einem integrierten Code bei der Entsorgung unterstützen. KI-basierte Simulationen können dabei helfen, die Umweltfolgen einer Produkteinführung besser einzuschätzen und Emissionen zu reduzieren. Auch im Verkehrssektor kann KI dazu beitragen, Mobilität klimafreundlicher zu gestalten, indem zum Beispiel das bestehende Schienennetz optimal ausgelastet oder das Fahrzeugdesign optimiert wird. In der Landwirtschaft gibt es ebenfalls vielfältige Einsatzmöglichkeiten. So können Pflanzenschutzmittel reduziert, Wasser eingespart und Unkraut und Ernteausfälle frühzeitig erkannt werden. Um Ernteausfälle zu vermeiden, kommen vielerorts schon Roboterbienen zum Einsatz, um das Bestäuben in Gewächshäusern zu sichern, und Windkraftanlagen werden automatisch gedrosselt, sobald ihre Sensoren Vögel erkennen. Digitalisierung und neue Technologien können einen wertvollen Beitrag leisten und tun dies auch heute schon. Jedoch werden sie die Herausforderungen des Klimawandels nicht allein lösen können.

[7] Verantwortung übernehmen

1 Deutschlands Rolle in der Welt

Mit 1,4 Prozent ist Deutschland nur für einen Bruchteil der weltweiten Treibhausgasemissionen verantwortlich. Diese Tatsache wird oft von Skeptikern und Klimawandelleugnern hervorgehoben, und es wird betont, Deutschlands Aktivitäten in Sachen Umweltschutz seien daher irrelevant und ohne großen Einfluss. Der Zeigefinger wird dann gern Richtung China und Indien erhoben, die viele als die wahren Klimasünder sehen. Dabei wird vergessen, dass Deutschland seit der Industrialisierung insgesamt 94 Milliarden Tonnen CO_2 ausgestoßen hat und damit weltweit auf Platz vier liegt. Auch heute sind wir keine Unschuldslämmer. Unsere Pro-Kopf-CO_2-Emissionen liegen mit acht Tonnen pro Kopf genauso hoch wie die der Chinesen, die aufgrund ihrer enormen Bevölkerungszahl einen bedeutend höheren absoluten Emissionswert aufweisen. Weltweit gibt es nur drei Länder (USA, Russland, Japan), die höhere Pro-Kopf-CO_2-Emissionen aufweisen als Deutschland. Wir haben die Erderwärmung maßgeblich beeinflusst und tragen auch heute noch überdurchschnittlich viel zum Klimawandel bei. Wir tragen also eine historische Schuld und haben die Verantwortung, als mittlerweile drittgrößte Volkswirtschaft und drittgrößte Exportnation der Welt mit positivem Beispiel voranzugehen.

Zu Recht werfen die Länder des Globalen Südens den Industrieländern vor, die Hauptverantwortung für die Erderwärmung zu tragen, und fordern globale Gerechtigkeit und finanziellen Ausgleich. Sie sehen sich ebenso im Recht auf industriellen Fortschritt, der ohne einen steigenden Ausstoß von Treibhausgasemissionen schwer erreichbar ist. Die Industrieländer sind auf die Hilfe der Länder des Globalen Südens angewiesen, sträuben sich aber gegen finanzielle Zusagen. Dies macht es schwierig, sich international auf eine gemeinsame Klimapolitik zu verständigen. Internationale Absprachen sind aber erforderlich, um den Klimawandel aufzuhalten. Deutschland spielt dabei eine wichtige Rolle auf internationaler Bühne und kann mit seinen Entscheidungen einerseits positive Signalwirkungen erzielen, andererseits aber auch durch Vetopositionen die Klimapolitik bremsen, wie es zum Beispiel bei den CO_2-Grenzwerten für die Automobilindustrie geschehen ist. Häufig kommt es innenpolitisch zu Abstimmungskonflikten oder zum Widerstand von Interessengruppen, sodass sinnvolle Maßnahmen verhindert werden. So musste das Bundesverfassungsgericht die Bundesregierung zu ehrgeizigeren und konkreteren Zielen auffordern.

Der Klimawandel ist auch eine große Herausforderung für unsere Demokratie. Demokratische Länder wie Deutschland oder Frankreich, die international und klimapolitisch eher zu den progressiven Kräften zählen, stehen vor einer großen Belastungsprobe. Auf der einen Seite nimmt der Handlungsdruck durch Extremwetterereignisse und Klimabewegungen der Gesellschaft immer mehr zu. Auf der anderen Seite steigt die Gefahr, dass wichtige politische Maßnahmen durch Populismus verhindert und durch Kompromisse so aufgeweicht werden, dass sie ihre Wirksamkeit verlieren. Umso wichtiger sind eine ambitionierte und zielorientierte Klimapolitik in Zusammenarbeit mit den demokratischen Ländern dieser Welt und eine Vorreiterrolle Deutschlands und der EU auf internationaler Ebene. Wenn wir es schaffen, unser Land zu dekarbonisieren und uns wirtschaftlich gut zu entwickeln, ist Deutschland in der Lage, ein starkes Signal an aufstrebende Länder wie Indien oder Brasilien zu senden. Deutschlands Einfluss auf eine erfolgreiche internationale Klimapolitik hängt stark davon ab, wie wir es schaffen, uns selbst und andere Länder zum Handeln zu bewegen.

2 Wie kann ich beitragen?

Wir sollten der jungen Generation um Greta Thunberg und der Fridays-for-Future-Initiative dankbar sein, dass sie uns aufgerüttelt und der Welt einen neuen Impuls gegeben haben. Wir können von Heranwachsenden aber nicht erwarten, unsere Welt zu retten. In erster Linie sind Politik und Wirtschaft für die anstehenden Transformationen verantwortlich, und auch die älteren Generationen sind in der Pflicht, den Klimawandel und die Klimawandelleugner zu bekämpfen, weil sie bereits lange auf Kosten der Jungen gelebt haben. Es sollte aber niemandem vorgeschrieben werden, wie er oder sie sich verhalten sollte. Wir brauchen weder Kulturkämpfe noch frustrierten Aktivismus, sondern Respekt vor den Entscheidungen unserer Mitmenschen. Schon heute sind viele Menschen sehr daran interessiert, umweltbewusster zu leben, sich nachhaltiger zu ernähren und ihre Verhaltensweisen dementsprechend anzupassen. Aber nur wenige haben im Alltag die Zeit und Muße, sich intensiv mit dem Thema auseinanderzusetzen und lange zu recherchieren, wie hoch zum Beispiel der CO_2-Abdruck von Rindfleisch, Garnelen oder Butter ist oder wie viel Wasser bei der Herstellung von Kaffee und Kakao benötigt wird. Verzehrt man im Urlaub an der Nordsee lokale Speisen wie Büsumer Krabben, muss man im Nachhinein enttäuscht feststellen, dass diese in Marokko gepult und geschält werden. Es ist also nicht einfach, richtige Entscheidungen zu treffen, weil in der Nahrungsmittelindustrie die Transparenz fehlt. Dennoch achten immer mehr Deutsche auf ihre Ernährung, verzichten auf Fleisch, reduzieren den Konsum von tierischen Produkten und fragen sich darüber hinaus, wie sie sich noch nachhaltiger verhalten können. Weniger Auto fahren und auf das Rad oder die Öffentlichen umsteigen scheint für die meisten Menschen eine sinnvolle Maßnahme, ist aber häufig nicht umsetzbar, weil (noch) die Alternativen fehlen. Im Bereich Wohnen können Haus- und Wohnungsbesitzer mit Energiesparmaßnahmen einiges bewirken, und die Mieter können reduziert heizen, weniger häufig warm baden und zu Ökostrom wechseln. Aber wo haben wir im privaten Bereich eigentlich die größten Hebel? Wo entstehen die meisten Emissionen? Erst wenn wir das besser verstehen, können wir unser Verhalten sinnvoll anpassen.

Der persönliche CO_2-Fußabdruck kann mittlerweile mit diversen Onlinerechnern bestimmt werden. Das Umweltbundesamt bietet sowohl einen Schnellcheck als auch eine detaillierte Analyse und hat den durchschnittlichen Pro-Kopf-Wert für Deutschland ermittelt.[1] Dieser liegt bei 10,5 Tonnen CO_2-Äquivalenten, wobei die Effekte von unterschiedlichen Treibhausgasen wie Methan zu CO_2-Äquivalenten umgerechnet und in die Berechnung einbezogen werden.[2] Ein Großteil dieser Emissionen entsteht interessanterweise nicht im Bereich Mobilität, Wohnen oder Ernährung, sondern im Bereich »sonstiger Konsum«. Hier finden sich alle Produkte wie Kleidung, Schuhe, Fernseher, Handy, Laptop, Waschmittel, Duschgel und Hundespielzeug wieder, die wir neben den Lebensmitteln einkaufen.

Fußabdruck pro Kopf in Deutschland
(im Durchschnitt in 2023 in CO_2-Äquivalenten)

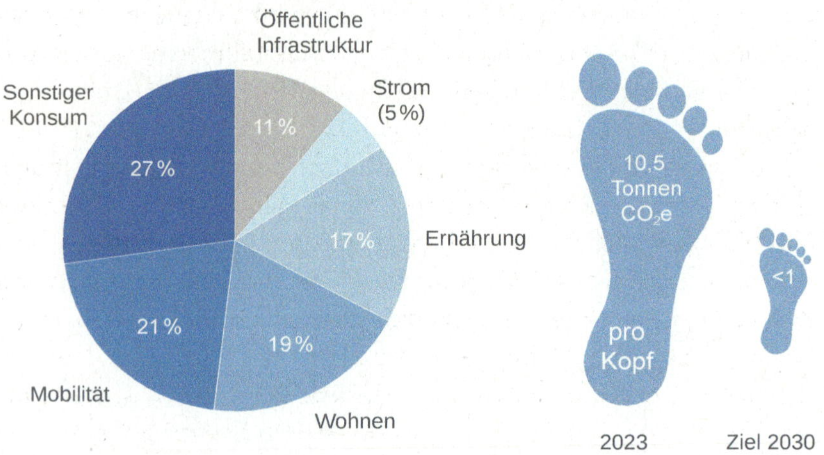

BMUV (2023) / eigene Darstellung

Nun stellt sich die Frage, ob wir wirklich alles brauchen, was wir kaufen, und ob wir überhaupt wissen, woher die Produkte kommen, auf welchen Wegen sie transportiert wurden und wer sie wie hergestellt hat. Auch hier fehlt uns die Transparenz über die Nachhaltigkeit der Produkte. Werden sie in Deutschland hergestellt, sind sie wirklich aus recyceltem Material, oder wurden sie doch von Kindern in Asien aus giftigen Substanzen produziert? Es ist schwierig zu entscheiden, was und wie viel man überhaupt noch kaufen darf – das coole Paar Sneaker oder den kuscheligen Kapuzenpulli oder doch lieber den schicken Mantel? Den meisten Menschen ist bewusst, dass wir sehr viel weniger konsumieren sollten und weniger Kohlendioxid ausstoßen dürfen, wenn wir unsere Klimaziele noch erreichen wollen. Dass jede Person dann aber nur noch weniger als eine Tonne Kohlendioxid verursachen dürfte, ist auf den ersten Blick doch ziemlich ernüchternd. Darüber hinaus profitieren wir nicht davon, wenn wir nachhaltiger leben als andere. Diese Tatsache stellt eine große Herausforderung dar, denn warum sollte ich auf coole neue Klamotten und trendige Beautyprodukte verzichten, wenn meine Freunde und Bekannten das nicht tun? Jede Person sollte für sich entscheiden, welche Maßnahmen umsetzbar sind. Wichtig ist zuerst einmal der Aufbau von Verständnis dafür, wie wichtig Nachhaltigkeit ist, und dass sie daher von der Politik mit vielfältigen Maßnahmen adressiert werden muss. Diese Sensibilisierung schafft nicht nur Verständnis, sondern führt automatisch zu einer bewussteren Lebensweise. Wer für diese Themen offen ist, beginnt, sich selbst kritischer zu hinterfragen und zu lernen, wie man sich bewusster ernähren, nachhaltiger konsumieren und sogar nachhaltiger investieren kann. So werden nach und nach persönliche Emissionen reduziert und Klimaschutz aktiv in das eigene Leben integriert. Der eigene Geldbeutel sollte dabei nicht unterschätzt werden. Mit jeder Kaufentscheidung können wir im Supermarkt Zeichen setzen. Statt jeden Tag könnten wir zum Beispiel nur zweimal die Woche Fleisch essen. Wir könnten unseren Konsum von Tomaten im Winter reduzieren und Erdbeeren nur im Sommer essen. Auch könnten wir Kleidung mit Freunden tauschen oder mehr secondhand kaufen. Wir müssen nicht jedes Jahr ein neues Handy haben, nur weil es ein neues Feature gibt. Und wir könnten beim Kauf von Produkten noch stärker auf recyceltes Material und plastikfreie Verpackungen achten.

Je mehr wir reflektieren, unser Wissen mit Freunden und Bekannten teilen und uns austauschen, desto mehr Aufmerksamkeit und Ernsthaftigkeit erfährt das Thema Nachhaltigkeit auch in unseren

Unterhaltungen und in der Gesellschaft. Statt sich aber gefrustet immer wieder den eigenen CO_2-Fußabdruck anzuschauen, sollten wir uns überlegen, welchen Einfluss wir auf größere Strukturen haben können – in unseren Netzwerken, bei der Arbeit oder im Ehrenamt. Wo und wie können wir größere Hebel in Gang setzen und dadurch unser Wissen verbreiten und so unseren sogenannten Handabdruck vergrößern? Politiker und Politikerinnen haben die Wahl, ob sie das Volk glaubwürdig vertreten und sich für die richtigen Maßnahmen einsetzen, auch wenn sie dadurch ihre Popularität aufs Spiel setzen – oder ob sie als karriereorientierter Machtmensch in Erinnerung bleiben wollen. Medien, Produzenten, Journalisten sowie Prominente und Influencer haben mit ihren Mitteln und ihrer Reichweite eine besondere Verantwortung, kritisch zu hinterfragen, ihre eigene Agenda zu setzen und ihre Stimme zu erheben. Besonders Führungskräfte können Klimaschutz in ihrem Wirkungskreis aktiv praktizieren. Neben dem Erstellen des obligatorischen Nachhaltigkeitsberichts können Unternehmen den Klimawandel als Chance betrachten und Mitarbeitende aus allen Bereichen ihres Unternehmens motivieren, sich einzubringen, um Ideen und Handlungsansätze zu finden. Das Einbeziehen der Mitarbeitenden erhöht die Innovationsfähigkeit eines Unternehmens und schafft Wettbewerbsvorteile, welche die Zukunftssicherheit des Unternehmens stärken. Ein von den Mitarbeitenden mit entwickeltes Nachhaltigkeitsnarrativ untermauert die Ambitionen der Unternehmensführung und überzeugt auch Kunden und Lieferanten, die im Geschäfts- und Freundeskreis zu Botschaftern werden. Darüber hinaus wird die Mehrheit der Mitarbeitenden darauf achten, dass kein Greenwashing betrieben, sondern ehrlich und transparent kommuniziert wird.

Je mehr Menschen sich interessieren, hinterfragen und engagieren, desto aufgeklärter, stärker und unabhängiger wird unsere Gesellschaft, die ein gesamtgesellschaftliches Umdenken ermöglichen kann. Aus der Schwarmintelligenz wissen wir, dass eine Verhaltensänderung von einem ausreichend hohen Prozentsatz der Gesellschaft bereits Auswirkungen auf das Gesamtverhalten hat und dass die Veränderung automatisch und ganz ohne Aufforderung stattfindet. Demnach reichen bereits fünf Prozent einer Gruppe aus, um einen Schwarm zu lenken. Sobald also fünf Prozent der Bevölkerung ein bestimmtes Verhalten an den Tag legen, übernimmt die Mehrheit der Bevölkerung dieses. Wir brauchen also genau diesen Kipppunkt, damit die Klimabewegung von der breiten Masse getragen wird. Ist er überschritten, bekommt die Gesellschaft viel mehr Relevanz, hat größeren Einfluss und kann stärkeren Druck auf Politik und Wirtschaft ausüben.

Anmerkungen

Alle Onlinequellen wurden zwischen dem 01.10.2023 und dem 14.04.2024 abgerufen.

[2] Was passiert eigentlich mit unserer Erde?

1. M. Lynas et al. (2021): Environ. Res. Lett. 16 114005 [https://doi.org/10.1088/1748-9326/ac2966].
2. D. Kaufman; N. McKay; C. Routson et al. (2020): Holocene global mean surface temperature, a multi-method reconstruction approach. Sci Data 7, 201 [doi.org/10.1038/s41597-020-0530-7]. Dazugehörige Abbildung »Globale Temperaturentwicklung der letzten 2.000 Jahre«: Ed Hawkins (2020): 2019 years – Climate Lab Book. Lizenziert und verändert über die CC BY-SA 4.0 Deed Lizenz.
3. NOAA National Centers for Environmental information (2023): Climate at a Glance [https://www.ncei.noaa.gov/access/monitoring/climate-at-a-glance/global/time-series/europe/land/12/12/1910-2023].
4. Deutscher Wetterdienst (2023): Anzahl der Tage mit einem Lufttemperaturmaximum über 30 Grad Celsius (Gebietsmittel).
5. NOAA National Centers for Environmental Information (2022): The NOAA annual greenhouse gas index.
6. IPCC (2014) / Deutsches Klima Konsortium: Klimaänderung 2013: Naturwissenschaftliche Grundlagen [https://www.deutsches-klima-konsortium.de/de/klimafaq-12-3.html].
7. H. Ritchie et al., OurWorldInData.org (2023): CO2 and Greenhouse Gas Emissions [https://ourworldindata.org/co2-and-greenhouse-gas-emissions].
8. S. Boehm et al. (2023): State of Climate Action 2023; Bezos Earth Fund, Climate Action Tracker, Climate Analytics, ClimateWorks Foundation, NewClimate Institute, the United Nations Climate Change High-Level Champions, and World Resources Institute [https://doi.org/10.46830/wrirpt.23.00010].
9. Umweltbundesamt (2023): Treibhausgas-Emissionen in Deutschland.
10. Transport & Environment (2022): Der wahre Klimaeffekt des deutschen Luft- und Seeverkehrs [https://www.transportenvironment.org/wp-content/uploads/2022/03/Der-wahre-Klimaeffekt-des-deutschen-Luft-und-Seeverkehrs_Roadmap.pdf].
11. Umweltbundesamt (2023): Emissionen der Landnutzung, -änderung und Forstwirtschaft [https://www.umweltbundesamt.de/daten/klima/treibhausgas-emissionen-in-deutschland/emissionen-der-landnutzung-aenderung#bedeutung-von-landnutzung-und-forstwirtschaft].
12. D. Kasang (2023): Globaler Kohlenstoffkreislauf – Wie viel CO2 bleibt jährlich in der Atmosphäre und wie viel Zeit haben wir noch? [http://doi.org/10.25592/uhhfdm.12770].
13. M. C. Long et al. (2021): Strong Southern Ocean carbon uptake evident in airborne observations [https://www.science.org/doi/10.1126/science.abi4355].

14. Global Forest Watch (2023) [https://www.globalforestwatch.org/dashboards/global/?category=climate].
15. NASA (2023): Global Climate Change – Vital Signs [https://climate.nasa.gov/vital-signs/ice-sheets].
16. D. R. Rounce et al. (2023): Global glacier change in the 21st century: Every increase in temperature matters [https://www.science.org/doi/10.1126/science.abo1324].
17. Lancet, Statista (2021): Prognose zur Anzahl der betroffenen Menschen durch den Meeresspiegelanstieg in ausgewählten Ländern [https://de.statista.com/statistik/daten/studie/1273831/umfrage/meeresspiegelanstieg-gefaehrdete-bevoelkerung].
18. A. Hooijer & R. Vernimmen (2021): Global LiDAR land elevation data reveal greatest sea-level rise vulnerability in the tropics. Nat Commun 12, 3592 [https://doi.org/10.1038/s41467-021-23810-9].
19. B. Biskaborn, Alfred-Wegener-Institut – Helmholtz-Zentrum für Polar- und Meeresforschung (2022): Permafrost – Eine Einführung [https://www.awi.de/im-fokus/permafrost/permafrost-eine-einfuehrung.html].
20. R. Simmon, NASA (2009) mit geringfügigen Änderungen von Robert A. Rohde und Silvia Tornier. Lizenziert unter der Creative Commons Attribution-Share Alike 3.0 Unported.
21. L. Caesar et al. (2021): Current Atlantic Meridional Overturning Circulation weakest in last millennium. Nature Geoscience, 14(3), 118–120 [https://doi.org/10.1038/s41561-021-00699-z].
22. G. Thunberg (2022): Das Klima-Buch von Greta Thunberg. Der aktuellste Stand der Wissenschaft unter Mitarbeit der weltweit führenden Expert:innen.
23. Centre for Research on the Epidemiology of Disasters (2023): 2022 Disasters in numbers [https://www.cred.be/sites/default/files/2022_EMDAT_report.pdf].
24. WWF (2019): Drought Risks – The Global Thirst for Water in the Era of Climate Crisis.
25. International Rescue Committee (2022): Emergency Watchlist 2023 [https://www.rescue.org/sites/default/files/2023-06/CS2301_Watchlist%20Project_Report_Final__1.pdf].
26. A. Park Williams et al. (2020): Large contribution from anthropogenic warming to an emerging North American megadrought. Science 368, 314–318 [https://www.science.org/doi/full/10.1126/science.aaz9600].
27. Europäische Kommission – European Drought Observatory (2023) [https://edo.jrc.ec.europa.eu/edov2/php/index.php?id=1059].
28. World Resources Institute: Aqueduct Tools [https://www.wri.org/applications/aqueduct/country-rankings].
29. Bundeszentrale für politische Bildung (2017): Wasserverbrauch [https://www.bpb.de/kurz-knapp/zahlen-und-fakten/globalisierung/52730/wasserverbrauch].
30. Vereinte Nationen (2022) [https://unstats.un.org/sdgs/report/2022/goal-06].
31. Stiftung Unternehmen Wald: Funktionen des Waldes [https://www.wald.de/waldwissen/der-wald].

32. Food and Agriculture Organization of the United Nations (2022): The State of the World's Forests.
33. G. Willinger, Neue Zürcher Zeitung (2020): Wieso Afrika seit 1900 ein Drittel seiner Waldfläche verloren hat [https://www.nzz.ch/international/afrikas-waelder-unter-druck-ld.1538948].
34. James S. Albert et al. (2023): Human impacts outpace natural processes in the Amazon. Science 379, eabo5003 [https://www.science.org/doi/10.1126/science.abo5003].
35. WWF (2022): Der Amazonas vor dem Kollaps [https://www.wwf.de/themen-projekte/projektregionen/amazonien/der-amazonas-vor-dem-kollaps].
36. Greenpeace (2023): Der Amazonas Regenwald [https://www.greenpeace.de/biodiversitaet/waelder/waelder-erde/amazonas-regenwald].
37. INPE, Instituto Nacional de Pesquisas Espaciais (2023) [http://terrabrasilis.dpi.inpe.br/queimadas/portal].
38. Heinrich-Böll-Stiftung (2021): Fleischatlas. Daten und Fakten über Tiere als Nahrungsmittel.
39. BMEL, Bundesministerium für Ernährung und Landwirtschaft (2023): Ergebnisse der Waldzustandserhebung 2022.
40. Deutscher Bauernverband (2023): Situationsbericht 2023/2024 [https://www.situationsbericht.de/1/12-jahrhundertvergleich].
41. B. Tiemeyer/Heinrich-Böll-Stiftung (2023) [https://www.boell.de/de/2023/01/10/trockengelegte-moore-so-viele-emissionen-wie-der-gesamte-deutsche-flugverkehr].
42. European Environment Agency (2023): Infografik geändert unter der Creative Commons Attribution 4.0 International Lizenz (https://www.eea.europa.eu/en/legal-notice) [https://www.eea.europa.eu/de/signale/signale-2020/infografiken/verschmutzung-und-andere-auswirkungen-der/view].
43. International Fertilizer Association, IFA (2022): Fertilizer Consumption – Historical Trends by Country or Region [https://www.ifastat.org/databases/graph/1_1].
44. D. Wallinga & A. Kar, Natural Resources Defense Council, NRDC (2020): New Data: Animal vs. Human Antibiotic Use Remains Lopsided [https://www.nrdc.org/bio/david-wallinga-md/new-data-animal-vs-human-antibiotic-use-remains-lopsided].
45. Heinrich-Böll-Stiftung (2022): Pestizidatlas. Daten und Fakten zu Giften in der Landwirtschaft.
46. International Agency for Research on Cancer (2015): IARC Monographs Volume 112: evaluation of five organophosphate insecticides and herbicides [https://www.iarc.who.int/wp-content/uploads/2018/07/MonographVolume112-1.pdf].
47. The World Bank (2023): World Development Indicators.
48. Heinrich-Böll-Stiftung (2024): Bodenatlas. Daten und Fakten über eine lebenswichtige Ressource.
49. Bundesanstalt für Landwirtschaft und Ernährung (2023): Bericht zur Markt- und Versorgungslage mit Fleisch 2023.

50. Bundesinformationszentrum Landwirtschaft (2024): Wie lange leben Rind, Schwein, Schaf und Huhn? [https://www.landwirtschaft.de/landwirtschaft-verstehen/haetten-sies-gewusst/tierhaltung/wie-lange-leben-rind-schwein-schaf-und-huhn].
51. Johann Heinrich von Thünen-Institut (2023): Steckbriefe zur Tierhaltung in Deutschland: Milchkühe / Ferkelerzeugung und Schweinemast / Legehennen.
52. Haltungsform.de, Gesellschaft zur Förderung des Tierwohls in der Nutztierhaltung mbH (2022): Mindestanforderung für Programme, die Kriterien für Betriebe mit Hähnchenmast festlegen [https://haltungsform.de/wp-content/uploads/20221021_ITW_Haltungskriterien_Tabellen.pdf].
53. Bayerische Landesanstalt für Landwirtschaft (2023): Gruber Tabelle zur Fütterung in der Rindermast.
54. Heinrich-Böll-Stiftung (2021): Fleischatlas. Daten und Fakten über Tiere als Nahrungsmittel.
55. Albert Schweitzer Stiftung (2017): Pferdeblut für Schweinefleisch [https://albert-schweitzer-stiftung.de/aktuell/hormonhandel-pferdeblut-fuer-schweinefleisch].
56. G. E. Fraser et al. (2020): Dairy, soy, and risk of breast cancer: those confounded milks. Int J Epidemiol. 49(5):1526–1537 [https://pubmed.ncbi.nlm.nih.gov/32095830].
57. University of Oxford (2022): Dairy products linked to increased risk of cancer [https://www.ox.ac.uk/news/2022-05-06-dairy-products-linked-increased-risk-cancer].
58. Prostata Hilfe Deutschland (2022): Erhöht Milch das Risiko für Prostatakrebs? [https://www.prostata-hilfe-deutschland.de/prostata-news/prostatakrebs-risiko-milch].
59. Deutscher Allergie- und Asthmabund: Laktose-Unverträglichkeit [https://www.daab.de/ernaehrung/nahrungsmittel-unvertraeglichkeit/laktose/laktose-unvertraeglichkeit].
60. Deutsches Ärzteblatt (2015): WHO-Behörde stuft rotes Fleisch und Wurst als krebserregend ein [https://www.aerzteblatt.de/nachrichten/64572/WHO-Behoerde-stuft-rotes-Fleisch-und-Wurst-als-krebserregend-ein].
61. Germanwatch (2019): Germanwatch-Analyse von Hähnchenfleisch auf antibiotikaresistente Erreger.
62. Greenpeace (2021): Gefährliches Grillgut. Greenpeace-Test von Fleisch auf antibiotikaresistente Bakterien.
63. Focus online (2023): Multiresistente Keime in Lidl-Hühnchenfleisch entdeckt: »Absolut besorgniserregend« [https://www.focus.de/gesundheit/news/71-prozent-der-proben-positiv-multiresistente-keime-in-lidl-huehnchenfleisch-entdeckt_id_193394062.html].
64. Plastics Europe (2022): Plastics – the Facts 2022.
65. L. Greenspoon et al. (2023): The global biomass of wild mammals [doi.org/10.1073/pnas.2204892120].
66. Greenpeace (2021): Klimakrise unverpackt.
67. Statistisches Bundesamt, Pressemitteilung (2023): Exporte von Plastikmüll in den letzten zehn Jahren um 51 % zurückgegangen.

68. Röchling Stiftung (2020): Der Abfall der Anderen.
69. M. Bergmann et al. (2022): Plastic pollution in the Arctic. Nat Rev Earth Environ 3, 323–337 [doi.org/10.1038/s43017-022-00279-8].
70. J. Garthwaite, Stanford University (2022): How much microplastic do whales eat? Up to 10 million pieces per day, research finds [https://phys.org/news/2022-11-microplastic-whales-million-pieces-day.html].
71. H. Leslie et al. (2022): Discovery and quantification of plastic particle pollution in human blood, Environment International, Volume 163, 107199, ISSN 0160-4120 [doi.org/10.1016/j.envint.2022.107199].
72. Industrievereinigung Kunststoffverpackungen (2023): Aus alt wird neu. Was ist eigentlich Rezyklat? [https://newsroom.kunststoffverpackungen.de/2023/02/27/buzzword-rezyklatanteil].
73. NOAA Fisheries: Understanding Ocean Acidification [https://www.fisheries.noaa.gov/insight/understanding-ocean-acidification].
74. United States Environmental Protection Agency (2023): Understanding the Science of Ocean and Coastal Acidification [https://www.epa.gov/ocean-acidification/understanding-science-ocean-and-coastal-acidification].
75. Coral Reef Alliance [https://coral.org/en/coral-reefs-101/reef-threats].
76. Umweltbundesamt – Umweltindikatoren Wasser (2022) [https://www.umweltbundesamt.de/daten/umweltindikatoren].
77. Census of Marine Life. (2011): How many species on Earth? About 8.7 million, new estimate says. ScienceDaily [www.sciencedaily.com/releases/2011/08/110823180459.htm].
78. R. Costanza et al. (2014): Changes in the global value of ecosystem services [doi.org/10.1016/j.gloenvcha.2014.04.002].
79. L. Greenspoon et al. (2023): The global biomass of wild mammals [doi.org/10.1073/pnas.2204892120].
80. F. Fischer & H. Oberhansberg (2021): Was hat die Mücke je für uns getan?
81. Food and Agriculture Organization of the United Nations (2022): The State of World Fisheries and Aquaculture.
82. Greenpeace: Red List Fish [https://www.greenpeace.org/usa/oceans/sustainable-seafood/red-list-fish].
83. International Union for Conservation of Nature, IUCN (2023): The IUCN Red List of Threatened Species [https://www.iucnredlist.org].
84. NABU: Kleine Tierchen mit großer Leistung. Warum Insektenbestäubung lebenswichtig ist.
85. D. M. Raup (1991): A kill curve for Phanerozoic marine species. Paleobiology, 17(1), 37–48 [doi.org/10.1017/S0094837300010332].
86. World Organization for Animal Health: One Health facts [https://www.woah.org/en/what-we-do/global-initiatives/one-health].
87. World Health Organization (2023): Cumulative number of confirmed human cases for avian influenza A(H5N1) reported to WHO, 2003–2023.
88. G. Thunberg, G. (2022): s. o.
89. Azote for Stockholm Resilience Centre, Stockholm University. Based on Richardson et al. (2023), Steffen et al. (2015), and Rockström et al. (2009): Pla-

netary boundaries. Infografik verwendet unter der CC BY-NC-ND 3.0 Lizenz, keine Veränderungen vorgenommen, nur Sprache auf Deutsch übersetzt.

[3] **Was bedeutet das für unsere Zukunft?**

1. D. I. Armstrong McKay et al. (2022): Exceeding 1.5 °C global warming could trigger multiple climate tipping points. Science 377 [https://www.science.org/doi/10.1126/science.abn7950].
2. Potsdam-Institut für Klimafolgenforschung (2022): Kippelemente – Großrisiken im Erdsystem [https://www.pik-potsdam.de/de/produkte/infothek/kippelemente].
3. Global Carbon Project (2023): Global Carbon Budget 2023.
4. Climate Analytics, New Climate Institute (2023): Climate Action Tracker [https://climateactiontracker.org/global/temperatures].
5. Kreienkamp et al., Deutscher Wetterdienst, Umweltbundesamt (2022): Empfehlungen für die Charakterisierung ausgewählter Klimaszenarien.
6. V. Masson-Delmotte et al. Figure SPM.4 und Figure SPM.8 in IPCC (2021): Summary for Policymakers. In: Climate Change 2021: The Physical Science Basis. Contribution of Working Group I to the Sixth Assessment Report of the Intergovernmental Panel on Climate Change [10.1017/9781009157896.001].
7. S. Kaviani (2021): Oxidative Chemical Vapor Deposition of Conjugated Polymers: Electroactive Organic Thin Films [https://www.researchgate.net/figure/3-Global-warming-and-climate-change-causes-and-effects-Credit-NASA_fig3_356243059].
8. World Economic Forum (2024): The Global Risks Report 2024.
9. V. Clement et al. (2021): Groundswell Part 2: Acting on Internal Climate Migration, © World Bank, Washington, D.C. [http://hdl.handle.net/10986/36248].
10. Swiss Re Institute (2021): The economics of climate change – no action not an option.
11. C. Beltrone & D. Sylvan; New York University School of Law – Institute for Policy Integrity (2021): Drastic and rapid action on climate change is warranted, say vast majority of economists.
12. Lloyd's (2023): Lloyd's new data tool highlights vulnerability of the global economy to extreme weather [https://www.lloyds.com/about-lloyds/media-centre/press-releases/lloyds-new-data-tool-highlights-vulnerability-of-the-global-economy-to-extreme-weather].
13. Dr. J. Trenczek et al., Prognos AG (2022): Projektbericht »Kosten durch Klimawandelfolgen«. Übersicht vergangener Extremwetterschäden in Deutschland.
14. L. Chancel (2022): Global carbon inequality over 1990–2019. Nat Sustain 5, 931–938 [https://doi.org/10.1038/s41893-022-00955-z].
15. Centre for Research on the Epidemiology of Disasters (2023): 2022 Disasters in numbers [https://www.cred.be/sites/default/files/2022_EMDAT_report.pdf].
16. K. Georgieva et al., IMF Blog (2022): Poor and Vulnerable Countries Need Support to Adapt to Climate Change [https://www.imf.org/en/Blogs/

Articles/2022/03/23/blog032322-poor-and-vulnerable-countris-need-support-to-adapt-to-climate-change].
17. Food and Agriculture Organization of the United Nations (2023): Suite of Food Security Indicators [https://www.fao.org/faostat/en/#data/FS].
18. Pacific Institute (2023): Water Conflict Chronology [https://www.worldwater.org/conflict/list].
19. OECD (2023): Climate Finance Provided and Mobilised by Developed Countries in 2013–2021.
20. Bundesverfassungsgericht, Pressemitteilung (Nr. 31/2021): Verfassungsbeschwerden gegen das Klimaschutzgesetz teilweise erfolgreich.
21. Handelsblatt online (30.11.2023): Gericht verpflichtet Regierung zu zusätzlichen Klima-Maßnahmen.
22. Germanwatch (2022): Climate Change Performance Index 2023 [https://ccpi.org/download/climate-change-performance-index-2023].
23. UN Environment Programme (2023): Adaptation Gap Report 2023.
24. Bundesministerium für Umwelt, Naturschutz, nukleare Sicherheit und Verbraucherschutz (2023): Das Klimaanpassungsgesetz (KAnG) [https://www.bmuv.de/themen/klimaanpassung/das-klimaanpassungsgesetz-kang].
25. Umweltbundesamt (2022): Klimalotse [https://www.umweltbundesamt.de/themen/klima-energie/klimafolgen-anpassung/werkzeuge-der-anpassung/klimalotse#Einführung].
26. Deutsches Klimavorsorge-Portal, Die Bundesregierung (KLiVO) [https://www.klivoportal.de/DE/Home/home_node.html].

[4] Wie konnte es überhaupt so weit kommen?

1. Climate Accountability Institute, Pressemitteilung (9.12.2020): Update of Carbon Majors 1965–2018 [https://climateaccountability.org/wp-content/uploads/2020/12/CAI-PressRelease-Dec20.pdf].
2. B. Gardiner, Yale Environment 360, Yale School of Environment (2022): How an Early Oil Industry Study Became Key in Climate Lawsuits [https://e360.yale.edu/features/climate-lawsuits-oil-industry-research].
3. E. Robinson, R. C. Robbins (1968): Sources, abundance, and fate of gaseous atmospheric pollutants. Final report and supplement. United States [https://www.smokeandfumes.org/documents/document16].
4. S. Hall (2015): Scientific American [https://www.scientificamerican.com/article/exxon-knew-about-climate-change-almost-40-years-ago].
5. R. P. W. M. Jacobs et al., Shell International Petroleum, Health, Safety and Environment Division, Den Haag (1988): The Greenhouse Effect [https://biotech.law.lsu.edu/blog/Shell_Climate_1988.pdf].
6. K. Mulvey & S. Shulman, Union of Concerned Scientists (2015): The Climate Deception Dossiers – Internal Fossil Fuel Industry Memos Reveal Decades of Corporate Disinformation [https://www.ucsusa.org/sites/default/files/attach/2015/07/The-Climate-Deception-Dossiers.pdf].
7. B. Franta (2021): Early oil industry disinformation on global warming, Environmental Politics, 30:4, 663–668 [https://doi.org/10.1080/09644016.2020.1863703].

8. K. Mulvey & S. Shulman, Union of Concerned Scientists (2015): s.o.
9. InfluenceMap (2019): Big Oil's Real Agenda on Climate Change – How the oil majors have spent $1bn since Paris on narrative capture and lobbying on climate.
10. International Energy Agency (2023): The Oil and Gas Industry in Net Zero Transitions – World Energy Outlook Special Report.
11. M. Grasso & R. Heede, Cell Press Open Alliance Commentary (2023): Time to pay the piper: Fossil fuel companies' reparations for climate damages [https://doi.org/10.1016/j.oneear.2023.04.012].
12. J. Setzer & C. Higham (2023): Global Trends in Climate Change Litigation: 2023 Snapshot. London: Grantham Research Institute on Climate Change and the Environment and Centre for Climate Change Economics and Policy, London School of Economics and Political Science.
13. B. Schmidt-Mattern und A. Noll, Deutschlandfunk (2021): Shell verliert Klima-Prozess. Das Urteil von Den Haag und die Folgen [https://www.deutschlandfunk.de/shell-verliert-klima-prozess-das-urteil-von-den-haag-und-100.html].
14. M. Serif, Frankfurter Rundschau (2023): FDP-Klimareferent leugnete Krise – mit »Ladenhütern aus der Skeptiker-Szene« [https://www.fr.de/politik/fdp-klima-referent-klimawandel-krise-skeptiker-kritik-rahmstorf-koehler-zdf-frontal21-zr-92237812.html].
15. LobbyControl: Europäisches Institut für Klima und Energie (EIKE) [https://lobbypedia.de/wiki/Europäisches_Institut_für_Klima_und_Energie].
16. [https://www.lobbyfacts.eu].
17. Greenpeace (2013): Schwarzbuch Kohlepolitik [https://www.greenpeace.de/publikationen/20130409-schwarzbuch-kohle.pdf].
18. Europäische Kommission (2022): Euro 7 standards: new rules for vehicle emissions [https://single-market-economy.ec.europa.eu/system/files/2022-11/Euro%207 %20factsheet.pdf].
19. Deutscher Bauernverband (2023): Situationsbericht 2023/2024 [https://www.situationsbericht.de].
20. Heinrich-Böll-Stiftung (2021): Fleischatlas. Daten und Fakten über Tiere als Nahrungsmittel.
21. [https://www.abgeordnetenwatch.de/profile/albert-stegemann/nebentaetigkeiten].
22. Umweltbundesamt (2022): Chemischer Zustand für Nitrat.
23. N. Husmann, Chrismon (2023): Mensch, Albert! [https://chrismon.de/artikel/55096/bauer-im-bundestag-albert-stegemann-von-der-cdu-will-mehr-respekt-fuer-die].
24. [https://www.lobbyfacts.eu].
25. Handelsblatt Online (2024): US-Geschworene sprechen Glyphosat-Kläger 2,2 Milliarden Dollar zu.
26. N. Rubröder & H. Adamsen, Handelsblatt Online (2024): So hat die Agrarlobby eines der wichtigsten Gesetze gekippt.

27. Heinrich-Böll-Stiftung (2024): Bodenatlas. Daten und Fakten über eine lebenswichtige Ressource.
28. InfluenceMap (2022): Corporate Climate Policy Footprint – The 25 Most Influential Companies Blocking Climate Policy Action Globally.
29. Greenpeace (2021): Klimakrise unverpackt. Wie Konsumgüterkonzerne die Plastikexpansion der Erdölkonzerne anheizen.
30. The White House (1965): Restoring the Quality of our Environment. Report of the Environmental Pollution Panel, President's Science Advisory Committee [https://s3.documentcloud.org/documents/3227654/PSAC-1965-Restoring-the-Quality-of-Our-Environment.pdf].
31. National Research Council (1979): Carbon Dioxide and Climate: A Scientific Assessment. Washington, D.C.: The National Academies Press [https://doi.org/10.17226/12181].
32. Landeszentrale für politische Bildung Baden-Württemberg [https://www.lpb-bw.de/kyoto-protokoll].
33. UNICEF: Die globalen Ziele für nachhaltige Entwicklung – die zehn wichtigsten Fragen und Antworten.
34. Vereinte Nationen (2023): The Sustainable Development Goals Report (Special Edition) [https://unstats.un.org/sdgs/report/2023/The-Sustainable-Development-Goals-Report-2023.pdf].
35. Europäische Kommission [https://commission.europa.eu/strategy-and-policy/priorities-2019-2024/european-green-deal_de].
36. Climate Action Network Europe (2019): Defenders, Delayers, Dinosaurs: Ranking of EU political groups & national parties on climate change.
37. T. Kehler, Gastkommentar Handelsblatt Online (2019): Was heute Erdgas ist, wird morgen grünes Gas sein.
38. J. Schröder, MEEDIA Gästelisten-Auswertungen (2020, 2021, 2022).
39. D. Bouhs, NDR Zapp (2021): Medien und Klima: Versagt?! [https://www.ndr.de/fernsehen/sendungen/zapp/Medien-und-Klima-Journalismus-Versagt,klima472.html].
40. M.-E. Perga et al. (2023): The climate change research that makes the front page: Is it fit to engage societal action?, Global Environmental Change, Volume 80, 102675, ISSN 0959-3780 [https://doi.org/10.1016/j.gloenvcha.2023.102675].
41. Prof. W. Weber, BILD.de (2012): Die CO_2-Lüge: Renommiertes Forscher-Team behauptet: Die Klima-Katastrophe ist Panik-Mache der Politik. D. Steffens, Redaktionsnetzwerk Deutschland (2021): Moderator Dirk Steffens: »Es ist falsch, Verblendeten das Wort zu erteilen«.
42. D. Steffens, Redaktionsnetzwerk Deutschland (2021): Moderator Dirk Steffens: »Es ist falsch, Verblendeten das Wort zu erteilen«.
43. TÜV-Verband (2023): TÜV-Sustainability-Studie 2023. Nachhaltig leben, arbeiten und wirtschaften. So denken Bürger:innen über Umwelt- und Klimaschutz.
44. Bundesministerium für Umwelt, Naturschutz, nukleare Sicherheit und Verbraucherschutz (2023): Umweltbewusstsein in Deutschland 2022. Ergebnisse einer repräsentativen Bevölkerungsumfrage.

45. Allianz Research (2021): Allianz Climate Literacy Survey: Time to leave climate neverland. A. Keilen, Handelsblatt Online (2024): Keine Windkraft vor meiner Haustür.
46. A. Keilen, Handelsblatt Online (2024): Keine Windkraft vor meiner Haustür.
47. J. K. Swim et al. (2020): Gender Bending and Gender Conformity: The Social Consequences of Engaging in Feminine and Masculine Pro-Environmental Behaviors. Sex Roles 82, 363–385 [https://doi.org/10.1007/s11199-019-01061-9].
48. T. G. Coan et al. (2021): Computer-assisted classification of contrarian claims about climate change. Sci Rep 11, 22320 [https://doi.org/10.1038/s41598-021-01714-4].
49. [https://www.afd.de/grundsatzprogramm/#13.]

[5] Welche Transformationen sind notwendig?

1. Energy Institute (2023): Statistical Review of World Energy 2023.
2. IRENA, International Renewable Energy Agency (2023): Renewable Capacity Statistics 2023.
3. BMWK, Bundesministerium für Wirtschaft und Klimaschutz (2023): Erneuerbare Energien in Zahlen. Nationale und internationale Entwicklung im Jahr 2022.
4. Umweltbundesamt (2024): Erneuerbare Energien in Zahlen [https://www.umweltbundesamt.de/themen/klima-energie/erneuerbare-energien/erneuerbare-energien-in-zahlen#uberblick].
5. R. Wiser et al. (2011): Wind Energy. In IPCC Special Report on Renewable Energy Sources and Climate Change Mitigation, Cambridge University Press, Cambridge, United Kingdom and New York, NY, USA [https://www.ipcc.ch/site/assets/uploads/2018/03/Chapter-7-Wind-Energy-1.pdf].
6. A. Franck, Planet Wissen (2021): Erneuerbare Energien. Energie aus Biomasse [https://www.planet-wissen.de/technik/energie/erneuerbare_energien/energie-aus-biomasse-100.html].
7. C. Kemfert, Ørsted EnergieWinde (2023): Warum Kernkraft das Klima nicht retten kann [https://energiewinde.orsted.de/energiepolitik/atomkraft-teuer-unflexibel-gefaehrlich].
8. W. König, Deutschlandfunk (2023): Behördenchef König sieht neue Atomdebatte als Folge von Unwissenheit [https://www.deutschlandfunk.de/behoerdenchef-koenig-sieht-neue-atomdebatte-als-folge-von-unwissenheit-100.html].
9. K. Stratmann & K. Witsch, Handelsblatt Online (2024): »Neue Atomkraftwerke nicht die Lösung für die Energieversorgung«.
10. Lazard (2023): Levelized Cost of Energy.
11. McKinsey & Company (2024): Energiewende-Index [https://www.mckinsey.de/branchen/chemie-energie-rohstoffe/energiewende-index].
12. McKinsey & Company (2024): s. o.
13. Vereinigung der Bayerischen Wirtschaft e. V. (2023): Internationaler Energiepreisvergleich für die Industrie.

14. International Carbon Action Partnership (2022): Emissions Trading Worldwide: Status Report 2022 [https://icapcarbonaction.com/system/files/document/220408_icap_report_rz_web.pdf].
15. Umweltbundesamt (2023) [https://www.umweltbundesamt.de/daten/klima/der-europaeische-emissionshandel].
16. WWF (2022): Where did all the money go? How EU member states spent their ETS revenues – and why tighter rules are needed [https://www.wwf.de/fileadmin/fm-wwf/Publikationen-PDF/Klima/WWF-Report-ETS-Revenues-2022.pdf].
17. H. Ritchie & M. Roser (2019): Half of the world's habitable land is used for agriculture [https://ourworldindata.org/global-land-for-agriculture].
18. OroVerde – Die Tropenwaldstiftung: Wie hängen Fleischkonsum, Soja und Regenwald zusammen? [https://www.regenwald-schuetzen.org/regenwaldschutz-im-alltag/verbrauchertipps-im-alltag/soja-fleischkonsum].
19. M. Warschun et al., Kearney (2020): When consumers go vegan, how much meat will be left on the table for agribusiness? Meat alternatives could disrupt a multibillion-dollar global industry.
20. Heinrich-Böll-Stiftung (2021): Fleischatlas. Daten und Fakten über Tiere als Nahrungsmittel.
21. G. Reinhardt et al., Umweltbundesamt (2020): Ökologische Fußabdrücke von Lebensmitteln und Gerichten in Deutschland.
22. Food and Agriculture Organization of the United Nations (2023) [https://www.fao.org/faostat/en/#data/QCL].
23. Bundesinformationszentrum Landwirtschaft (2023) [https://www.bzl-datenzentrum.de/agrarmarkt/fleisch].
24. C. Deblitz, Thünen-Institut für Betriebswirtschaft (2023) Steckbriefe zur Tierhaltung in Deutschland. Ein Überblick.
25. Statista (2023) [https://www.statista.com/outlook/cmo/food/worldwide#revenue].
26. Bundesvereinigung der Deutschen Ernährungsindustrie (2023): BVE-Jahresbericht 2023.
27. M. Warschun et al., Kearney (2020): s. o.
28. World Obesity Federation (2023), World Obesity Atlas 2023 [https://data.worldobesity.org/publications/?cat=19].
29. Food and Agriculture Organization of the United Nations (2023) [https://www.fao.org/faostat/en/#data/FS].
30. Europäische Kommission: About Food Wast [https://food.ec.europa.eu/safety/food-waste_en].
31. Bundesministerium für Ernährung und Landwirtschaft (2023) [https://www.bmel.de/DE/themen/ernaehrung/lebensmittelverschwendung/studie-lebensmittelabfaelle-deutschland.html].
32. EAT-Lancet-Commission (2019): Summary Report: Healthy Diets From Sustainable Food Systems – Food, Planet, Health [https://eatforum.org/content/uploads/2019/07/EAT-Lancet_Commission_Summary_Report.pdf].

33. [https://www.buergerrat.de/aktuelles/buergergutachten-zu-ernaehrung-uebergeben].
34. Lebensmittelverband Deutschland, Pressemitteilung (2024) [https://www.lebensmittelverband.de/de/presse/pressemitteilungen/20240115-empfehlungen-des-buergerrates-ernaehrung-sind-realitaetsfern].
35. Statista, Consumer Insights Global (2023): Consumer Insights Sustainable Consumption 2023.
36. M. Warschun et al., Kearney (2020): s. o.
37. C. Chafin, Kearney (2022): Dawn of the Climavores. By 2030, our routine food choices will be climate-directed. The companies that mobilize now will win the future of food.
38. B. Loken PhD, WWF, EAT Lancet (2020): Diets for a Better Future: Rebooting and Reimagining Healthy and Sustainable Food Systems in the G20.
39. WWF (2021): Klimaschutz, landwirtschaftliche Fläche und natürliche Lebensräume.
40. Bund Ökologische Lebensmittelwirtschaft, BOLW (2023): Branchenreport 2023.
41. Earth Overshoot Day (2023) [https://www.overshootday.org/newsroom/past-earth-overshoot-days].
42. WWF (2024): Die Zukunft ist zirkulär [https://www.wwf.de/nachhaltiges-wirtschaften/circular-economy/die-zukunft-ist-zirkulaer].
43. Circular Economy Initiative Deutschland (2021): Circular Economy Roadmap für Deutschland.
44. Umweltbundesamt (2022): Die Nutzung natürlicher Ressourcen. Ressourcenbericht für Deutschland 2022.
45. Bundesministerium für Umwelt, Naturschutz, nukleare Sicherheit und Verbraucherschutz (2022): Verbraucherbereitschaft zu klimaschonendem Konsum und Einstellungen zu wahren Preisen.
46. WWF (2023): Living Planet Talk – Kreislaufwirtschaft.
47. T. Dammertz, ZDF Heute Online (2023): Die Folgen von Fast Fashion. Der Kampf gegen Kleiderberge.
48. Europäische Kommission, Eurostat (2023): Circular material use rate [https://ec.europa.eu/eurostat/databrowser/view/cei_srm030/default/bar].
49. Europäischer Rechnungshof (2023): Sonderbericht Kreislaufwirtschaft. Langsame Umsetzung in den Mitgliedstaaten trotz EU-Maßnahmen.
50. WWF (2023): Modell Deutschland Circular Economy. Eine umfassende Circular Economy für Deutschland 2045 zum Schutz von Klima und Biodiversität.
51. OECD Better Life Index [https://www.oecdbetterlifeindex.org].
52. United Nations Development Programme, Human Development Index (HDI) [https://hdr.undp.org/data-center/human-development-index#/indicies/HDI].
53. Hans-Böckler-Stiftung / IMK (2023) [https://www.imk-boeckler.de/fpdf/HBS-008538/p_imk_study_85_2023.pdf].

[6] Was brauchen wir für die Umsetzung?

1. C. Rasch, Green Planet Energy Blog (2023): Subventionen für Braunkohle. Trotz Kohleausstieg weiterhin milliardenschwere Förderung.
2. M. Fratzscher, DIW Berlin Blog (2021): Schluss mit den gigantischen Subventionen für Kohle, Öl und Gas. D. Nelles & C. Serrer (2021): Machste Dreckig – Machste Sauber. Die Klimalösung.
3. D. Nelles & C. Serrer (2021): Machste Dreckig – Machste Sauber. Die Klimalösung.
4. KPMG Pressemitteilung (2024): Business Destination Germany 2024 [https://kpmg.com/de/de/home/media/press-releases/2024/03/investoren-attestieren-deutschland-sinkende-attraktivitaet.html].
5. Bertelsmann Stiftung (2023): Sustainability Transformation Monitor 2023 [DOI 10.11586/2023003].
6. Europäische Union, EUR-Lex (2024) [https://eur-lex.europa.eu/TodayOJ].
7. IÖW & future: Ranking der Nachhaltigkeitsberichte. Die besten Berichte im Ranking 2021.
8. European Financial Reporting Advisory Group, EFRAG (2023): The first set of ESRS.
9. Bertelsmann Stiftung (2023): s. o.
10. Thales A. P. West et al. (2023): Action needed to make carbon offsets from forest conservation work for climate change mitigation. Science 381, 873–877 [DOI:10.1126/science.ade3535].
11. D. Minor et al., MIT Sloan Management Review (2017): Are Innovative Companies More Profitable?
12. Borderstep Institut für Innovation und Nachhaltigkeit (2023): Green Startup Monitor 2023.
13. S. Götze, Spiegel Online (2019): Klimaschutzvorhaben der EU-Kommission. Von der Leyen präsentiert Plan für grünes Europa.
14. Europäisches Parlament (2021): Klimaschutz: Europas Eine-Billion-Euro-Plan [https://www.europarl.europa.eu/topics/de/article/20200109STO69927/klimaschutz-europas-eine-billion-euro-plan].
15. Europäische Union, EUR-Lex (2024) https://eur-lex.europa.eu/TodayOJ.
16. US SIF, Sustainable Investment Forum (2022): Sustainable Investing Overview [https://www.ussif.org//Files/Trends/2022/Overview%20infographic.pdf].
17. FNG Forum Nachhaltige Geldanlagen (2023): Marktbericht Nachhaltige Geldanlagen 2023 [https://fng-marktbericht.org/fileadmin/Marktbericht/2023/FNG_Marktbericht2023_Online.pdf].
18. BVI Bundesverband Investment und Asset Management e. V. (2022): BVI 2022 Daten. Fakten. Perspektiven.
19. ZEIT Online (2022): EU-Taxonomie. Österreich klagt gegen Einstufung von Gas und Atomkraft als grün.
20. KfW Bank Online (2023): Das Green Bond Portfolio der KfW [https://www.kfw.de/nachhaltigkeit/Über-die-KfW/Nachhaltigkeit/Nachhaltige-Unternehmensprozesse/Nachhaltiges-Investment/KfW-Green-Bond-Portfolio].

21. FNG Forum Nachhaltige Geldanlagen (2023): s. o.
22. G. Friede, T. Busch & A. Bassen (2015): ESG and financial performance: aggregated evidence from more than 2000 empirical studies, Journal of Sustainable Finance & Investment, 5:4, 210–233 [DOI: 10.1080/20430795.2015.1118917].
23. Deutscher Bundestag (2023): Bundesregierung äußert sich zu Geoengineering [https://www.bundestag.de/presse/hib/kurzmeldungen-959468].

[7] Verantwortung übernehmen

1. Umweltbundesamt, CO2-Rechner [https://uba.co2-rechner.de/de_DE].
2. BMUV (2023): Kohlenstoffdioxid-Fußabdruck pro Kopf in Deutschland (Infografik).